儿童发展与辅导

李曙光 ◎ 主编
甘超 ◎ 副主编

北京师范大学出版集团
安徽大学出版社

图书在版编目(CIP)数据

儿童发展与辅导/李曙光主编. —合肥:安徽大学出版社,2018.10(2020.1重印)
教师教育系列教材
ISBN 978-7-5664-1514-1

Ⅰ.①儿… Ⅱ.①李… Ⅲ.①儿童心理学-师资培训-教材 Ⅳ.①B844.1

中国版本图书馆 CIP 数据核字(2017)第 304607 号

儿童发展与辅导

李曙光　主　编

出版发行:	北京师范大学出版集团 安 徽 大 学 出 版 社 (安徽省合肥市肥西路3号 邮编230039) www.bnupg.com.cn www.ahupress.com.cn
印　　刷:	合肥现代印务有限公司
经　　销:	全国新华书店
开　　本:	170 mm×240 mm
印　　张:	17.75
字　　数:	308 千字
版　　次:	2018 年 10 月第 1 版
印　　次:	2020 年 1 月第 2 次印刷
定　　价:	39.00 元

ISBN 978-7-5664-1514-1

策划编辑:姜　萍	装帧设计:李伯骥
责任编辑:姜　萍	美术编辑:李　军
责任印制:陈　如	

版权所有　侵权必究

反盗版、侵权举报电话:0551-65106311
外埠邮购电话:0551-65107716
本书如有印装质量问题,请与印制管理部联系调换。
印制管理部电话:0551-65106311

前　言

教师教育课程一直是教育研究者重点关注的内容,关乎未来优质教师的培养。教育部在2011年下发的《关于大力推进教师教育课程改革的意见》(教师〔2011〕6号)文件中,对高校教师教育课程改革方向与设置标准进行了具体规范与要求,大幅度增加了师范专业教师教育课程的比例。巢湖学院率先在全省开展了教师教育课程体系改革,重点突出教师职业的师范作用。在2013年巢湖学院开启首批校本教材建设之际,教师教育课程组及时组织了首批校本教材的开发与建设。经过三年多的努力,首本教师教育校本教材《儿童发展与辅导》终于编写完成并即将出版,这是我校校本课程建设取得的重要成果,也是我校教师教育课程建设迈出的重要一步,对我校师范专业学生提升教师专业技能也将产生积极作用,是值得庆贺的一件事情。

诚然,新的教师教育课程体系包含的多门课程都是全新的,需要教师根据时代变化与要求精心选择内容。如何深度挖掘校本教材内涵,准确定位教师教育课程的意义,是一个复杂的问题。教师教育课程组力求做到准确把握校本教材的特征,既要体现一定的理论水平,又要突出课程的实践性、活动性、校本性、选择性,符合新课程理念。呈现在大家面前的这本校本教材,正是综合考虑以上因素形成的教师教育改革与研究工作的阶段性成果。从教材内容来源看,这本教材具有以下特点:第一,取材于我校教师的课题研究成果;第二,源于我校的教育教学实践;第三,在体现完整知识体系的同时,兼顾实践性、活动性,注重学生综合素质的培养。

本教材也是巢湖学院、安徽省校企合作项目，教师教育实践教育基地（2012sjjd096）阶段性成果。

本教材各章执笔者如下：第一章，李曙光、甘超；第二章，信中贵；第三章，邹长华；第四章，鲁如艳；第五章，韩建涛；第六章，孙志富；第七章，贾艳贤；第八章，朱小泉。最后由甘超定稿统稿。如果师范专业学生能够从这本教材中吸收到关于儿童发展各阶段特点与规律的实际知识，并形成相应的技能，将是我们莫大的欣慰。

限于编者理论水平和实践能力，教材很多部分还显得比较稚嫩，有的甚至很不成熟，存在这样那样的缺点和不当之处，需要进一步修改、完善和充实。希望读者和专家多提宝贵意见，并给予帮助指导！

李曙光

2017年11月于巢湖学院

目　录

第一章　导　论 … 1
第一节　儿童发展与辅导研究概述 … 2
第二节　儿童发展的基本理论问题 … 12

第二章　儿童生理与运动技能的发展 … 20
第一节　儿童身体发展的适应 … 21
第二节　儿童运动技能的发展 … 29

第三章　儿童认知过程的发展与辅导 … 33
第一节　认知发展理论 … 34
第二节　儿童认知发展的特征 … 48
第三节　儿童认知心理辅导 … 71

第四章　儿童言语的发展与辅导 … 81
第一节　言语概述 … 82
第二节　言语获得理论 … 84
第三节　儿童言语发展的年龄特征 … 97
第四节　儿童口语能力的培养 … 121

第五章　儿童智力创造力的发展与辅导 ········· 127

第一节　儿童智力发展的理论观 ········· 128
第二节　智力的发展与影响因素 ········· 140
第三节　儿童创造力发展及其培养 ········· 148

第六章　儿童情绪情感的发展与辅导 ········· 162

第一节　情绪及其发展理论 ········· 163
第二节　儿童情绪情感的发展 ········· 170
第三节　儿童情绪情感辅导 ········· 179

第七章　儿童个性的发展与辅导 ········· 191

第一节　个性发展的理论 ········· 192
第二节　儿童个性发展的因素分析 ········· 204
第三节　儿童个性发展的年龄特征 ········· 207
第四节　儿童个性的辅导 ········· 225

第八章　儿童社会性的发展与辅导 ········· 231

第一节　儿童依恋的发展 ········· 232
第二节　儿童同伴交往的发展 ········· 241
第三节　儿童性别角色的社会化 ········· 249
第四节　儿童道德的发展 ········· 262

参考文献 ········· 274

第一章

导 论

【本章相关问题】

※什么是心理发展
※儿童发展与辅导研究的任务
※跨文化研究
※生态化趋势
※关键期
※心理辅导的教育性原则
※心理发展的年龄阶段性
※心理发展的影响因素

随着社会发展与新的时代特征的显现,儿童发展与辅导问题日益成为社会各界特别是教育界关注的焦点。儿童心理有其自身发生发展的过程、规律。为了帮助新时期儿童成长为对社会有用的人才,我们应该掌握儿童心理发展规律、特点及开展辅导的有效方法。本章首先概述儿童发展与辅导研究的基本问题,然后探究儿童发展的基本理论问题。

第一节 儿童发展与辅导研究概述

一、儿童发展与辅导研究的对象

儿童发展与辅导是探讨儿童从出生到成熟的过程中身心发展规律及辅导教育策略的学科。这里的"儿童"泛指从出生到成熟的所有阶段的个体（0～18岁），这里的儿童发展主要指儿童心理的发展。因此，本课程的主要研究对象就是儿童心理发展问题。

人的一生中无时无刻不在经历着发展和变化。但是，各个时期发展变化的速度却是不同的。人的心理发展是人的发展的重要组成部分，尽管心理现象有时非常微妙，复杂多变又不易直接观察。广义的心理发展观点认为，心理发展包含三个方面：其一是动物种系进化过程中的心理发展；其二是民族心理的发展，即人类历史发展过程中心理的发展；其三是个体的心理发展，即个体从出生到衰老过程中的心理发展。狭义的心理发展单指个体心理发展，是研究个体从出生到衰老的整个过程中心理发展和变化规律的。一般来说，心理发展是由低级到高级、由简单到复杂的变化过程。

儿童发展与辅导研究的内容越来越丰富，但归纳起来，主要包含三个部分：第一，儿童生理和运动技能的发展与健康指导，这是研究儿童发展的前提和基础，是探讨心理发展的重要条件；第二，儿童认知言语的发展与辅导，这是探讨儿童智力发展的重要基础；第三，儿童个性、社会性的发展与辅导，这是研究儿童如何从自然人转变成社会人的重要方面。三个方面协调发展，推动儿童个体具备适应社会环境的生理与心理能力。具体到每一部分内容，又从以下几方面开展探讨：第一，儿童生理心理发展的年龄特征；第二，儿童心理发展的影响因素分析及辅导依据；第三，儿童辅导的基本策略。

二、儿童发展与辅导研究的任务和意义

（一）儿童发展与辅导研究的任务

第一，儿童发展与辅导研究需要描述儿童心理发展的普遍模式，预测儿童心理发展走向

儿童心理发展与辅导研究首先需要了解儿童心理发展规律与普遍模式,预测心理发展基本走向,确定心理良好发展状态的基准,从而为儿童心理辅导提供基础依据。心理发展普遍模式是不同个体在心理发展方向、发展顺序、发展速度以及发展的转折等方面表现出来的共同样式。心理的方方面面都有其发展模式：言语发展模式、思维发展模式、情绪发展模式、道德认知发展模式、自我概念发展模式等。例如,皮亚杰研究思维时就发现儿童思维的发展顺序都是从感知运动阶段过渡到前运算阶段,然后是具体运算阶段,最后才到形式运算阶段。所有思维历程的发展都要经历这四个阶段,因此这四个阶段被公认为儿童思维的一般心理发展模式。也正因为有这样的普遍性和不可逆性,我们的教育与辅导不能任意为之,不能拔苗助长。需要指出的是,对心理发展模式不宜作简单化理解。心理发展是一个复杂的过程。心理的不同方面有着不同的发展模式,不同的发展模式有着不同的内涵。

第二,儿童发展与辅导研究需要解释儿童心理发展的个别差异

个体之间的心理发展除具有共同的一面之外,还存在差异的一面。科学地描述、测量和解释这类个体之间心理发展上的差异,是关注心理发展的一项重要任务,是开展儿童心理辅导的关键环节。心理发展,不论是认知、情绪、意志方面或是兴趣、性格、能力方面,都不仅有水平上的差异,而且有类型上的差异,这都需要通过科学研究加以揭示和分析。同样的心理问题可能有着不同的背景、不同的辅导方式。对儿童心理发展差异的研究,固然应该以研究儿童之间心理发展的差异为主,但不能不研究儿童内部各心理成分发展水平的差异。前一类研究可称为儿童之间的差异研究,后一类研究可称为儿童的内差异研究。儿童之间的差异研究与内差异研究相结合,对于深入而准确地理解儿童,以及扬其所长,补其所短是十分必要的。

第三,儿童发展与辅导研究需要分析儿童心理发展的影响因素,探索心理的起源

任何人心理的发展,都要受到环境因素、机体因素以及过去已经形成的心理因素的影响。然而,我们也不能否认这样的事实,即虽然上述三大因素制约着一切人心理的发展,但同一种影响因素对成人的影响与对儿童的影响可能很不相同。比如说,成人一般对于环境因素的影响具有较强的自主选择和控制能力,而儿童的这种能力要弱得多。因此,我们不能笼而统之地谈影响心理发展的因素,而必须结合年龄特点来研究这些影响因素。换言之,要站在不同年龄段儿童的角度来认识和研究他们心理发展的因素,而不是套用现成的结论。在研究儿童心理发展的影响因素时,要对环境、机体、心理三大因素作进一步分解,如把环境因素分为社区环境、学校环境和家庭环境等,进而把家庭环境又分为家庭结构、家庭气氛、家庭教育方式等。更为重要的是,在辨析出种种更为具体的影响因素之后,要查明这些因素对该年龄段儿童心理发展产生了何种影响和以怎样的方式发生影响。这样才能对心理发展现状和心理、行为上的个别差异作出有科学根据的解释。不了解每一个具体的儿童心理发生发展的具体因素,心理辅导就无从谈起。

第四,儿童发展与辅导研究必须提出帮助和指导儿童心理发展的具体方法,解决心理发展过程中存在的问题,促进心理发展最优化

这是儿童发展与辅导研究的终极任务。由于环境和自身原因,或由于某些无法控制因素的影响,儿童心理发展通常并不一帆风顺。如不少未到入学年龄的儿童渴望入学,但一旦到了年龄入了学,却适应不了学校生活,心理充满挫折感,可谓"年纪小小,烦恼多多";而许多基本上能适应小学生活的儿童,也或多或少遇到过心理发展方面的困扰,并为此付出过代价。因此,儿童发展与辅导固然要高度重视儿童心理发展的理论研究,但丝毫不能忽视对有助于儿童发展的教育方法的研究。一位儿童心理学家说得很中肯:"描述心理发展的模式,揭示心理发展的机制和原因,测定和解释发展的个别差异,探讨不同环境对发展的影响,目的只有一个,就是为了帮助顺利地度过每个发展阶段,帮助解决发展中遇到的困难或暂时的障碍。我们不仅要解决发展是什么、为什么发展的问题,还要解决怎么办、怎么指导发展的问题,还应该结合社会实际来指导正常、健康地发展。"有良好的教育愿望并不能保证取得良好的教育效果,好的愿望与好的方法相结合才能取得好的效果。儿童发展与辅导在创造有效地促进发展的教育方法方面,应当有所作为。

(二)儿童发展与辅导研究的意义

儿童发展与辅导研究能够为唯物辩证法、认识论、实践论提供理论依据。例如,一岁以前儿童还没有自我意识,他们啃自己小手、小脚就像啃其他东西一样。还分不出主体与客体,只有在与外界接触中才能逐渐产生自我意识。所以人的意识不是天生就有的,而是在外界环境的作用下逐渐产生的,是第二性的东西。儿童发展与辅导关注儿童心理发展的基本轨迹,探索儿童心理发展的现实性依据,雄辩地证明了物质第一性,意识第二性。这为认识论、辩证法提供了科学基础。列宁在《哲学笔记》中指出:认识论和辩证法是由许多科学构成的。

各门科学史、儿童智力发展史、动物智力发展史、语言史、心理学、感官生理学是构成认识论和辩证法的知识领域。

儿童发展与辅导研究通过揭示心理发展客观规律,为教育及其他相关事业提供科学依据。首先在教育方面,心理发展与教育有着密切联系,教育必须依赖于心理发展的特点,按照心理发展规律开展教育,就可以充分发挥教育的主导作用。例如,在学校教育中,针对不同年龄儿童的特点,改进课堂教学,积极开发智力;根据心理发展的个别差异,因材施教;根据道德判断发展的规律,积极培养独立的道德判断能力,根据个性发展规律,积极塑造良好的个性。另外,教育能够根据心理发展的规律,预见这种发展,并为这种发展积极创设条件。例如,幼儿园大班儿童在形象思维发展的基础上出现逻辑思维的萌芽,如果及时采取相应的教育措施,如用皮亚杰的守恒实验训练儿童,就会促使儿童逻辑思维萌芽,为童年期儿童初步发展逻辑思维奠定良好的基础。除了传统的教师岗位,还有许多近期发展的新的工作岗位。它们共同的宗旨是围绕学生的成长和发展做好各种各样的服务工作。这与当前我们正在全面推进的素质教育不无共同之处。因为素质教育在某种意义上就是一种"以人为本""以学生为本"的教育。凡是与心理发展有关的,都有儿童发展与辅导的问题。例如,儿童发展与辅导能够为医疗保健、弱智儿童诊断和治疗、行为异常教育、心理咨询提供科学知识;能够为文艺工作者的创造性活动提供心理依据;能够为广播、玩具制造、儿童服装设计、儿童营养配餐等提供重要指导。这些部门的工作者,若能结合自己的业务来掌握和体会心理的年龄特征,就可以更好地改进自己的工作,从而不断提高工作质量。有些儿童广播作者受到广大儿童欢迎的因素固然很多,他们善于体会儿童的心理特征,应当是其中重要因素之一。目前无论是在国内还是在国外,儿童心理学界都十分关注早期教育、超常儿童问题、智力开发问题、青少年问题、独生子女问题以及社会化问题等。总之,儿童发展与辅导的任务很重,研究课题很多,意义十分重大。广大教师、家长和一切有志于儿童工作的朋友应依据儿童心理发展规律,促进儿童全面发展,为祖国建设事业培养新时期需要的一代新人。

三、儿童发展与辅导研究的历史和现状

儿童发展与辅导研究的历史首先是一部儿童心理学的发展史,再是与教育心理学、心理咨询等学科相融合的产物。所以探讨儿童发展与辅导学科的发展史,主要就是研究儿童心理学的发展过程。

(一)科学儿童心理学的产生

近代儿童心理学的产生并不直接源于心理科学的建立,而是有其自身独特的历史背景。

首先,社会发展及儿童观的演变为儿童心理研究提供了坚实的思想基础。推动儿童心理研究的首要原因是近代社会的发展。在西方,和其他封建社会一样,妇女和儿童是没有独立的社会地位的,不可能产生关于儿童心理的研究。约从十四五世纪文艺复兴起,新兴资产阶级从经济、政治乃至意识形态上进行了反封建反教会的斗争,一些进步的思想家开始提出尊重儿童、发展儿童天性的口号。例如,17世纪捷克的教育家夸美纽斯编写了第一本儿童课本《世界图解》,17世纪英国唯物主义经验主义哲学家洛克提出对儿童的教育要"遵循自然的法则";18世纪法国启蒙教育家卢梭发表了有名的儿童教育小说《爱弥儿》,他抨击当时的儿童教育违反儿童天性,指出:"他们总是用成人的标准来看待儿童,而不去想想他在未成年之前是个什么样子。"

其次,近代自然科学的发展为儿童心理研究提供了方法论基础。推动儿童心理研究的第二个原因是近代自然科学的发展。近代自然科学三大发现:细胞学说、能量守恒与转化定律和生物进化论,推翻了形而上学的科学观,促进了辩证自然观的发展,要求科学应从发展变化上来研究事物的本质和规律。受这一影响,心理科学也先后开展了动物心理发展、民族心理发展、儿童心理发展研究。伟大的进化论创造者达尔文根据对自己孩子心理发展长期观察所作记录而写的著作《一个婴儿的传略》(1876),就是一个很好的例子。当时这方面的著作是很少的,这就为儿童心理学的产生奠定了基础。

再次,近代倡导的心理学化教育为儿童心理研究提供了实践基础。近代教育的一个重要特点,就是要求了解儿童、尊重儿童。除上面提到的夸美纽斯、卢梭外,在教育理论中还有一种所谓的"心理学化教育"观点,主张教育应以心理学的规律为依据。这种观点的著名代表有裴斯泰洛齐、福禄贝尔、赫尔巴特等人。裴斯泰洛齐在1774年还特别对他的一个不到三岁的孩子用日记法写下了大约一个月的观察记录。虽然现在看来,科学价值不大,但这应当算是儿童心理研究的先声。在这些教育家的推动下,到19世纪后期,研究儿童的著作和组织就如雨后春笋般地涌现。在西方,儿童心理学研究可以追溯到文艺复兴以后的一些人文主义教育家,如夸美纽斯、卢梭、裴斯泰洛齐、福禄贝尔等人所做的工作。他们提出尊重儿童、了解儿童的新教育思想,为儿童心理学的产生奠定了思想基础。达尔文进化论思想则直接推动了儿童发展研究。达尔文根据对自己孩子心理发展长期观察所作记录而写的《一个婴儿的传略》，是儿童心理学早期专题研究成果之一，它对推动儿童心理的传记法（或日记法）研究有着重要影响。

最后，科学心理学的诞生为儿童心理研究成为独立学科提供了学科基础。学科发展需要基本学科的发展与支撑，科学心理学诞生以后，心理学学科各个领域都得到了发展，在此基础上，儿童心理研究也就有了发展的土壤。

科学的儿童心理学产生于19世纪后半期。儿童心理学正式成为科学应从1882年德国生理和心理学家普莱尔的《儿童心理》一书的出版算起，因为这是第一部用观察和实验方法研究儿童心理发展的比较系统的科学著作。普莱尔对他的孩子从出生直到三岁，每天都作系统的观察，有时也进行实验，他对这些记录加以整理，写成《儿童心理》，于1882年出版，这部书的出版，给科学的儿童心理学奠定了基石。普莱尔的书共分三编：第一编，讲感觉的发展（关于视觉、听觉、肤觉、嗅觉、味觉和机体觉的发展）；第二编，讲意志的发展（主要关于动作的发展）；第三编，讲智力的发展（主要关于语言的发展）。直到现在，这部古典的儿童心理学著作，还具有一定的生命力和参考价值。

应当指出，对儿童心理发展的观察研究工作，并不是从普莱尔开始才有的。除上面提到的裴斯泰洛齐、达尔文等以外，早就有很多学者从事这方面工作，这些工作可以说给普莱尔的集大成工作提供了前提条件。以下按照时间的次序列举一些主要的先驱性研究：(1)提德曼，德国医生。用日记法对自己孩子的发展作了详细的观察记录，1787年出版《儿童心理发展的观察》一书。当时并未引起人们的注意，过了五六十年，到19世纪中期，才受到国际上的注意（1863年译为法文，1897年译为英文），产生很大的影响。(2)罗别许，法国儿科医生。1851年出版《儿童心理发展史》，偏重于儿童生理发展研究。受到当时人们的热烈欢迎。(3)席格门，法国人。1856年发表《儿童与世界》，记录他对男孩出生后动作、语言等方面的研究。(4)库斯谟，德国人。1859年出版《新生儿心理生活的研究》一书，这是对较多婴儿进行观察实验以后统计整理的结果，在当时来说，是一种具有新的特点的研究。如他用糖水、盐水、奎宁水等分别放在新生儿口中，观察他们的反应。这已经接近实验法了。(5)太因，法国人。研究儿童和种族的语言发展，1876年出版《儿童与民族语言的研究》。以上这些研究，有一些共同特点：大多限于早期年龄，特别是三岁以前；大多限于感知觉、动作、语言发展的研究，思维、个性方面的研究很少；大多是用日记法（或传记法），观察研究较多,其他方法较少。由于方法上的问题,科学性一般不是很高。但是它们都为普莱尔的研究工作积累了经验和材料。

(二)西方儿童心理学的发展与传播

1. 传播与形成期(1882年——战)

在儿童心理研究历史上,第二个有较大影响的人物是霍尔。他主要采用问卷法对儿童心理进行了大量研究,并出版专门刊物刊登大量儿童心理研究的报告和论文,还发起组织儿童研究机构等。他采用的研究方法及提出的发展理论——复演说,虽引起许多争论,但对推动美国儿童心理学的发展有着重要贡献。

2. 分化、演变与重组时期(一战—70年代中期)

继霍尔之后,儿童心理学研究有较大进展。主要有斯腾关于儿童语言发展的研究;彪勒夫妇关于儿童心理发展阶段的划分以及儿童发展测验的研究;华生把实验法引入儿童心理学领域,进行了有名的儿童情绪条件反射实验研究;格赛尔对儿童心理发展进行了追踪研究,编制了格赛尔婴幼儿发展量表;比奈的测验研究对儿童心理发展的数量化研究起了重要作用,至今还是一个重要的研究手段;弗洛伊德的精神分析理论,对西方儿童心理学的理论和实践,特别是对儿童个性及心理治疗有着重大影响。

3. 儿童心理学的新发展(70年代中期—现在)

无论是在理论争鸣或是研究成果上,现代儿童心理学都呈现出一派繁荣景象。在西方,法国瓦隆提出了一些较新的发展理论和观点。皮亚杰、布鲁纳分别提出了独具特色的实验方法和理论概括。一些儿童心理学家还企图把认知理论和信息加工理论结合起来。与此同时,新行为主义者如斯金纳、比乔和贝尔,新精神分析的代表如埃里克森,也各自提出新的儿童心理学观点,发表研究成果。

(三)儿童发展与辅导学科的未来走向

第一,研究中思维方式的变革

近年来儿童发展与辅导出现迅猛发展,这一点突出表现在研究体制和研究方法的进步上,这种进步必然带来发展心理学家思维方式的变革,那些适应于表态的封闭体制的思维方式必然向反映整体化趋势的新的思维方式发展,研究者的思维方式将由原来的以还原论和决定论为代表的牛顿-笛卡尔范式向系统论、相对论和辩证法的方向过渡。这种思维方式的变化必将引起儿童心理学研究体制和研究思路的发展。因为思维方式的变革历来与科学的体制突破相呼应,正如库恩所说,新范式的出现将给科学带来革命性的发展。

从以实体为中心的研究思路过渡到以系统为中心的研究思路。儿童发展与辅导以往的研究多是把儿童心理看作一个一成不变的实体或元素,而忽略了其系统性、层次性和动态性,其结果是把复杂问题简单化,把变化问题静止化,把立体问题平面化,甚至线性化。随着科学技术发展带来的发展心理学研究体制的变化,系统思想必然成为研究者的主要思维方式。采用系统论的思维方式,就可以对儿童心理有更深入、科学的认识,用系统论的原理指导儿童发展与辅导的研究将会得出更为合理的结论。

从对心理现象的唯正性确证过渡到多样性、不确定性的接受与容忍。当把心理当作一个实体来看待时,那么它的值就是单一的,即在某种特定的背景下,某一心理现象具有唯一性,不存在"既A又B"的状况,其典型的表现就是行为主义的心理观。但个体的心理更多表现为多样性和不确定性,当把系统论原理引入发展心理学的研究之后,研究者们逐渐接受了心理现象有系统性、层次性、动态性和不确定性的特征,开始把发展心理的研究放在一个更为广阔的背景下,认真考虑不同因素、不同结构之间的交互作用,考虑个体心理的变化与发展过程。

在考察心理现象的因果关系时由直接的单一线性联系过渡到多维线性联系,甚至非线性联系。随着学科研究的进展,特别是系统论原理被引入发展心理学研究之后,人们普遍认识到,心理现象间不存在单一的线性因果关系,任何心理现象都是系统活动的产物,它们之间的因果关系是非线性的,或至少是多元线性的因果关系。现在儿童发展与辅导研究中流行的多元统计分析就是以多元线性模型为基本假设的,相信在不久的将来,在儿童发展与辅导研究中,还会出现非线性的分析手段。

第二,研究体制的跨学科与跨文化特点

随着社会的发展和学科之间的融合,对儿童发展问题的研究常常不是儿童发展与辅导学科所能独立承担和解决的,而要从多学科角度研究儿童心理发展的规律,探讨发展中的各种现象,解决发展中的各种问题。这种跨学科的方式有两种:其一,儿童发展与辅导研究和心理学领域内的其他有关分支学科的协作,这种心理学多分支协同的研究方式,使心理学各分支之间形成相互联系、补充和促进的动态过程,大大推进了发展心理学的发展;其二,儿童发展与辅导研究和心理学领域之外的各有关学科的协作。

随着研究的深入和发展,儿童发展与辅导研究者们越来越重视不同文化背景对儿童心理发展的影响,从而寻求不同社会文化背景中不同年龄个体的行为表现和心理发展的类似性、特殊性,即探讨哪些心理发展规律是在特定文化背景下存在,哪些心理发展规律在各文化背景下均普遍存在。作为研究方式的一种新趋势,跨文化研究涉及如何根据不同文化类型进行实验设计、被试取样、研究和统计方法的选择以及研究结果的推论等一系列特殊问题,对这些问题的研究已经成为儿童心理学研究方法的重要内容。有关儿童发展的跨文化研究,极大地丰富了儿童心理学研究的成果,对于解释人类心理、行为的起源及其发展过程、弄清影响儿童心理发展的各种因素、探讨儿童心理发展的规律及适用范围、建立儿童心理学理论等都有重要意义。对于儿童心理学研究者来说,跨文化研究也促进了儿童心理学家间的合作与交流,这对学科发展也是大有裨益的。

第三,儿童发展与辅导研究方法的进展和趋势

研究情境的生态化趋向:生态化运动指强调在现实生活中、自然条件下研究儿童心理与行为,研究儿童与自然、社会环境中各种因素的相互作用,从而揭示其心理发展与变化的规律。从生态学观点来看,儿童是在真实的自然和社会环境中成长起来的,其心理发展要受到多种因素的影响,而这些因素之间又是相互作用、相互影响的,是一个完整的系统。儿童心理发展水平、特点和变化,都是该系统中各因素相互作用的综合结果。实验室实验由于情境系人为创设,且变量控制严格,孤立考察某个或某些因素对心理发展的影响,因而难以揭示自然条件下个人的真实心理和行为。为此,对个体心理发展的研究应离开实验室,走向现实环境,把实验室研究固有的严格性移植到现实环境中,从而揭示变量之间、现象之间的因果关系。正是在生态化趋势的影响下,儿童心理学家创造了许多先进的研究设计方式和研究方法,其中最典型的当属准实验设计方法。准实验设计方法主要是由库克和坎贝尔发展起来的。"所谓准实验设计,是指在现场情境中不能用真实验设计以选择样本、控制实验情境或处理有关变量,但可以用真实验设计的某些方法来计划收集资料。"准实验设计在某种程度上满足了对个体发展研究的生态化要求,其适应范围更广,更能反映个体心理发展的实际情况,因而这种设计思想一经出现,就为广大研究者所重视,纷纷在自己研究中加以运用。

研究方法的综合化:个体心理发展的复杂性决定了研究方法的复杂性,近年来,儿童心理学研究方法出现了综合化特征,具体表现在以下方面:强调采用多种方法去研究、探讨特定的心理发展规律;强调和大量使用多变量设计;强调采用综合设计方式;注重将定量分析和定性分析结合起来。

研究手段的现代化:随着科学技术的迅速发展,儿童心理学研究手段和技术也日益现代化。在目前的相关研究中,录音、录像、摄像设备以及

布朗芬布伦纳生态系统理论

各种专门化研究工具和手段(如视崖装置、眼动仪、多导仪等仪器)被大量运用,计算机的广泛使用更为儿童心理学研究开辟了广阔的途径。研究手段和研究工具现代化,大大提高了儿童心理学研究的精度与科学性水平。

研究结果的数量化特征:自科学心理学诞生以来,数量化一直是心理学家孜孜以求的梦想,但在过去,受各种条件的限制,心理学研究的数量化特征并不明显。随着科学技术,特别是应用数学的发展,自20世纪70年代以来,儿童心理学研究的数量化程度越来越高。数量化已经成为发展心理学研究的一个重要特征,它对发展心理学研究水平的提高,对发展心理学研究的深入确实起到了重要的推动作用。当然,我们也应注意到,心理规律的复杂性决定了研究结果完全数量化的不可能。

第四,儿童发展与辅导研究内容的趋势

未来儿童发展与辅导的研究内容,我们可以用一句话来概括,即研究课题的应用性倾向越来越明显,儿童发展与辅导的研究者越来越多地参与到社会生活中。具体地说,在早期研究中,优生优育与早期教育研究继续得到加强,早期智力开发问题仍是儿童心理学家研究的重点问题;在对学龄儿童的研究中,对儿童社会关系的研究、独生子女的心理特点与教育的研究、儿童问题行为的预防与矫正的研究、计算机辅助教学对儿童发展的影响的研究等将是儿童心理学家需要着力研究的课题;在对青少年的研究中,影响青少年道德形成的因素及其道德教育的研究、青少年生理变化的心理反应的研究等将成为研究的重点内容。

第二节 儿童发展的基本理论问题

一、影响儿童发展的因素分析

(一)儿童发展因素的争论

单因素论。以高尔顿、霍尔为代表的遗传决定论为一派,强调心理的发展是先天不变的遗传的结果。认为个体发展及其个性品质早在生殖细胞的基因中就决定了,发展只是这些内在因素的自然展开,环境与教育仅起一个引发作用。高尔顿认为,一个人的能力乃由遗传得来,其受遗传决定的程度如同机体的形态和组织之受遗传决定一样。霍尔认为,一两的遗传胜过一吨的教育。彪勒认为,心理发展是内部素质向着自己的目的有节奏的运动过程,外界因素只不过起延缓和促进的作用,而不能改变这个过程。格式塔学派强调心理发展决定先天原有的先验的格式。弗洛伊德强调存在于潜意识中的性本能是推动心理发展的动力。在我国有人说:"龙生龙,凤生凤,老鼠的儿子打地洞",就是遗传决定论的写照。另一派是以华生为代表的环境决定论,完全否定遗传的作用,否定儿童的主动性,否定心理发展的内部规律,片面夸大、机械看待环境和教育的作用。认为心理的发展完全是外界影响的结果,是由环境决定的。华生认为,所谓心灵特质的遗传实在没有可靠的证据。他说,代代为骗子、为凶手、为窃贼、为娼妓的人们所生的婴孩,只要是身体强健,没有缺点,我们都可以将他们教养成为良善的人。还有很多儿女们是由规矩的父母们所生,因为他们所处的环境,不能使他们成为别的样子,只好成为不规矩的人。

二因素论。二因素论主张心理的发展是由遗传和环境两个因素决定的,实际上是遗传决定论和环境决定论的混合体。施太伦的幅合说认为,心理的发展是内在的品质与外在的环境合并发展的结果。吴伟士的相乘说认为,心理的发展等于遗传和环境的乘积。格赛尔的成熟势力说认为,先天成熟和后天学习共同决定心理的发展,成熟更为重要。二因素说既看到了遗传的作用,又看到了环境的作用,无疑是对遗传决定论和环境决定论的一大发展,但它并没有克服机械性,没有看到实践活动和本身在心理发展中的作用,没有看到在发展中各种因素的辩证关系,其实质是调和论。

相互作用说。相互作用说认为,遗传和环境相互作用影响儿童心理发展。皮亚杰认为,遗传和环境两种因素呈相互依存关系,其中任何一种因素作用的性质、大小都依赖于另一种因素,它们之间不是简单的相加相会合,遗传和环境两种因素呈相互转化、相互渗透的关系,一个人的心理反应是他的遗传和他所经历的环境相互作用的产物。瓦龙认为,社会环境和个体的生物机构、遗传素质、个体机体生长不断相互作用,促进心理发展。埃里克森在修正弗洛伊德性本能说的基础上,强调儿童行为既有性心理的,又有认识的因素,注重自我与环境相互作用的心理社会机制。班杜拉认为,人的个性就是在行为、人的内部认知因素和环境相互作用下决定的。一个人行为的产生首先依赖于他对环境中榜样的观察,同时,也依赖于他自身对所观察到的榜样的认识,依赖于人的活动的内部诱因。行为、个人因素、环境因素三者在相互影响的过程中发挥作用。相互作用说看到了遗传、环境两种因素的相互依存、相互转化、相互渗透的辩证关系,在一定程度上提出了两种因素各自的作用,这是有意义的,是值得重视的。

(二)儿童发展的因素分析

根据相关理论的争论,我们可以看到,儿童发展受到主观因素、客观因素的综合影响,在不同的年龄段,不同的心理现象受到各种因素制约的程度有较大差异,总体而言,心理发展既受到客观环境的影响和制约,也受到发展主体主观因素的制约。

客观因素方面:生物因素是心理发展的前提和基础;环境和教育使遗传提供的可能性转化为现实,决定心理发展的水平、方向、速度和个别差异。

主观因素方面:心理发展的内部矛盾是心理不断发展的动力;活动是产生内部矛盾的途径。

主客观因素之间还会相互作用:客观因素影响心理的发展,心理的发展又反过来影响客观因素的变化,这种主客观相互作用的循环过程,始终伴随儿童心理的发展过程。从身心发展的相互作用看,出生时比较健康的儿童情绪比较愉快,情绪愉快又有利于身体健康。有研究指出,同在慈善机构的婴儿,成人照顾同样很少,其中活泼的婴儿智商分数高于安静的婴儿。因为他们主动地"改造环境",寻求"自我刺激",如较多移动身体位置,使身体受到较多的触觉和本体觉、动觉刺激,从而增加了发展智力的"营养"。成人心理和儿童心理相互作用情况更为突出。父母亲对于子女的态度和养育方式对儿童心理发展起很大作用,然而,父母亲的态度和养育方式又从一开始就受孩子的影响。在父母塑造儿童心理的过程中,孩子也塑造父母的心理。因为心理是客观现实的反映,儿童心理受外界环境的影响,特别是成人的影响,成人心理同样受外界环境的影响,其中包括儿童心理的影响。可以说是"你中有我,我中有你"。在这里还要指出遗传和儿童的生理素质对成人心理的影响以及由此形成的成人心理对儿童心理的影响。在幼儿园,常常发现容貌漂亮的孩子有骄傲心理。漂亮不可能是骄傲的生理基础。只是因为漂亮的孩子容易引起成人的喜爱和夸赞,成人的喜爱和夸赞反映到儿童心理,使他渐渐产生骄傲心理。从教育工作的角度看,儿童和成人心理相互影响的循环过程,可能是良性循环,也可能是恶性循环。比如,老师对新入园的幼儿本来一无所知,但是聪明伶俐的孩子很快就引起老师的好感,从此老师对他注意较多,交给他的任务也较多。老师的态度使孩子对老师产生较亲切的感情,引起较高的学习积极性,加以受教育和锻炼的机会较多,这种孩子就会比别人聪明。这样构成一种良性循环。相反,有的孩子刚到班上就显得怯懦迟钝。这种心理特点使老师对他注意较少,因而他较少得到老师的帮助,长此下去,他的智力发展相对落后于别人,就构成了恶性循环。在幼儿的行为方面常有这种情况:孩子缺点越多,老师越不喜欢;老师越讨厌,孩子越顽皮。优秀教师的成功就在于清楚地认识并控制成人和儿童之间的相互作用,加强和巩固良性循环。

二、儿童心理发展的特点

(一)心理发展的方向性和顺序性

正如世间万物都在不停变化一样,人的心理也总是在不断发生变化。儿童心理变化的特点是它的进步性。成人的心理也在变化,但是,变化方向有时是进步,有时则是退步。比如,成人到了一定年龄,记忆力变化表现为减退。儿童心理的变化则总是在进步。儿童的记忆力总是在不断提高,思维的发展也是如此;无论是心理过程或是个性方面,都向着更高级的方向变化,这种变化称为发展。儿童心理的发展,偶尔也出现短时停顿,或类似倒退的现象。例如,有的小孩在学会自己拿小勺吃饭以后,突然不好好吃了,且把饭撒在桌子上。有的小孩刚满周岁时会喊"妈妈",会说出几个单词,过一个月,却不开口了。这些现象往往使年轻的父母烦恼和担忧。其实,只要耐心等待和细心观察,就会发现,这是孩子在前进中的倒退,他在酝酿着新的发展。原来,不再好好吃饭的孩子正在学习新的动作技能,他发现了可以用两个手指头去捡起小东西,于是兴致勃勃地把掉在桌上的饭粒逐一捡起来；停止开口的孩子，则正在积累语言进一步发展的力量，过一段时间后，他会像河水决堤一样，忽然不断说出许多话来。

从简单到复杂。最初的心理活动只是非常简单的反射活动，以后越来越复杂化。我们知道，人的各种心理过程和个性，在初生的时候并非已经齐备，而是在发展过程中先后形成的。比如，1岁半以前，儿童还没有想象活动，也谈不上有人类特有的思维。各种心理过程出现和形成的秩序，服从由简单到复杂的发展规律。待各种心理过程都已齐全，并形成个性时，儿童的心理就比最初要复杂得多。同时，儿童最初的心理活动是笼统而不分化的。无论认知活动或情绪态度，发展的趋势都是从混沌和暧昧到分化和明确。也可以说，最初是简单和单一的，后来逐渐复杂和多样化。比如，新生儿不但对碰到他嘴唇的东西发出吸吮反应，对一切碰到他嘴附近的东西也作出吸吮反应，后来，婴儿逐渐不作出这种笼统的反应，只是在东西碰到嘴唇时才动嘴吸吮了。又如，最初孩子的情感只有愉快和不愉快之分，后来逐渐分化为高兴、快乐和痛苦、嫉妒、畏惧等复杂而多样的情感。

从具体到抽象。儿童心理活动最初是非常具体的，以后越来越概括化。从认识过程看，最初是感觉过程，以后出现比感觉更为概括化的知觉和表象，再发展到思维。思维过程本身的发展趋势也是如此。从非常具体发展到略微抽象，最后形成人类典型的抽象逻辑思维。从情绪发展过程看，最初引起情绪活动的是非常具体的事物，以后才是越来越抽象的事物。

从被动到主动。儿童的心理活动最初是被动的。心理活动的主动性是逐渐发展起来的。心理最初是无意的，或称不随意的心理活动，即直接受外来影响所支配。新生儿的原始反射是本能活动，即对外界刺激的直接反应。稍后，出现有目的和方向的活动，但那时儿童还不能意识到自己心理活动的目的，然后出现自己能意识到、有明确目的的心理活动，再然后发展到不仅意识到活动目的，还能够意识到自己心理活动进行的情况和过程。换句话说，儿童的注意、记忆、情感等心理活动最初都是无意识的，以后向着有意识的或称随意的心理活动的方向发展，出现有意注意、有意记忆等；最初各种心理活动以无意性为主，后来发展到以有意性为主，即以由自己的意识控制的心理活动为主；最初没有意志活动，后来逐渐形成意志，心理活动的自觉性也不断提高。幼小儿童的心理活动，很大程度上受地理的制约和局限。比如，几个月大的孩子，其快乐和不安主要决定于生理上的需要是否得到满足，两三岁儿童的注意力不集中，坚持性不强，主要是由生理上不成熟所致。随着儿童生理的成熟，它对心理活动的制约和局限作用渐渐减少,心理活动的主动性渐渐增长,四五岁儿童有时(比如在做某些作业时)注意力非常不集中,有时(比如在他自发的游戏中)又能长时间坚持集中注意力。在生理发育达到足够成熟的时候,儿童心理发展的方向,甚至包括心理发展的速度,都和儿童心理活动本身的主动性有着密切关系。

从零乱到成体系。心理活动最初是零散混乱的。心理活动之间缺乏有机联系,而且非常容易变化。比如,七八个月大的婴儿离开妈妈时,哭得很伤心,当妈妈的身影消失后,阿姨和他玩一个玩具,他就会破涕为笑。儿童心理发展的方向是心理活动逐渐组织起来,形成整体,有了系统性,有了稳定的倾向,出现了各人特有的个性。比如,有的孩子喜欢汽车,不论何时何地,他的兴趣都首先集中在汽车上。以上所列举的是儿童心理发展趋势的几个侧面,几条发展线索。它们之间有密切联系,绝不是简单并行的。心理活动体系(即个性)的形成,和心理活动的抽象概括化、主动性的发展分不开,同时体现了心理活动的复杂化。儿童心理发展始终遵循上述趋势和路线进行。从初生到入学的儿童心理,处于发展的早期阶段,即发展的起始阶段,其特点集中为各种心理活动逐渐发生,陆续出现,开始达到基本齐全;心理活动从笼统到开始分化;从非常具体到出现抽象概括的萌芽;从完全被动到出现最初的主动性;从非常零乱到出现系统性的萌芽。回顾本书前面各章的资料,我们可以看到这种发展趋势在心理发展各个方面和各个发展阶段的具体表现。

(二)心理发展的连续性和阶段性

心理的发展过程和其他事物的发展过程一样,是不断矛盾运动的过程:新生儿最初只有无条件反射,只能以最简单的感觉和原始情绪反映周围现象。而周围现象的刺激是多种多样的,它们对新生儿提出的要求反映到新生儿的头脑中,与他原有无条件反射性的心理活动产生矛盾,这就是新生儿心理矛盾的表现。矛盾运动使新生儿产生了条件反射性的心理活动。这种最原始的心理活动,又遇到了新的要求,于是,新的矛盾运动又产生了。在儿童心理发展过程中的矛盾运动,也和其他事物的发展过程一样,不断产生矛盾激化过程:有些矛盾激化了,另一些矛盾暂时解决或缓和,新的矛盾又发生。例如,在动作发展上,4~5个月的孩子看见东西抓不住,眼手不协调,这时,想要抓住东西和手不能准确达到目的物的矛盾激化了。矛盾斗争的结果,是眼手动作协调起来。但是,另一种矛盾又激化了,婴儿不满足于只抓住物体,而且想要按物体的特点来抓。心理发展过程中矛盾运动激化或缓和,使心理发展过程表现出不同阶段,形成了发展阶段性。在各个发展阶段,矛盾表现为一定的特殊性和质的特征,构成心理发展的年龄特征。以思维发展为例,童年期从以具体形象思维为主要形式逐步过渡到以抽象逻辑思维为主要形式;少年期抽象逻辑思维逐渐占主导地位,但在很大程度上还属于"经验型";青年初期不仅抽象逻辑思维具有更高的理论性和概括性,而且开始形成辩证逻辑思维;大学阶段理论型逻辑思维和辩证逻辑思维逐渐占主导地位。心理发展的阶段性表明,当个体心理发展到某一年龄阶段时,就具有这一年龄阶段共同的、一般的、典型的、本质的心理特征,即心理发展的年龄特征。一般说来,在一定教育条件下,个体心理发展的年龄特征具有一定的普遍性和稳定性,显示出阶段顺序,每一个阶段的变化过程和速度大体上是稳定的、共同的。但相同的教育条件和社会环境在不同的儿童身上所起作用也可能是不同的,因而在个体心理发展的过程和速度上,也就会形成一定差异,表现出可变性。随着各种条件的不同,个体心理发展的年龄特征在一定范围内也可以发生一些变化。研究个体心理发展年龄阶段的划分和各阶段的主要年龄特征在教育上具有重要意义,教育者通常要根据个体发展的年龄特征进行教材和教学方法的安排,以年龄特征为出发点来引导儿童的发展;个体心理发展各个相邻的年龄阶段,既是互相区别的,又是互相联系的,而且同一个年龄阶段的开始和结束,也表现出很大的差异,儿童心理年龄特征是一定年龄阶段中儿童心理发展的一般特征,除此之外,儿童心理发展过程中还具有个别特征,也就是个别差异。

　　心理发展的年龄特征,是指在每个年龄阶段中形成并表现出来的一般的、典型的、本质的心理特征。它只能代表这一年龄阶段儿童心理发展的一般趋势和典型特点,而不能代表这一年龄阶段每个儿童所有的心理特点。正如前面所说,儿童心理发展具有不均衡性,每个儿童心理发展的特征有个别差异。但是,从总的方面说,心理年龄特征代表该年龄段一般儿童本质的心理特征,而同龄儿童之间的个别差异,往往是非本质的特征。在年龄特征问题上,要正确处理一般与个别、典型与多样、本质与非本质特征的辩证关系。不能用一般否定个别,用典型性否定多样性,用本质特征否定非本质特征。更不能反过来,用个别性否定一般性,用多样性否定典型性,用非本质特征否定本质特征。大家知道,智力测验或行为量表,往往以"常模"代表某个年龄阶段儿童的发展水平,事实上,"常模"有利于说明群体的行为,了解儿童心理发展的大体速度和特征,但不完全适用于每一个个体。心理发展的阶段划分是相对的,心理发展是阶段性和连续性的统一。

(三)心理发展的稳定性和可变性

一般来说,心理年龄特征具有一定的稳定性。如阶段的顺序,每一阶段变化的过程和速度,大体上都是稳定的、共同的。心理年龄特征具有稳定性的原因,在于它受下列因素制约:脑结构和机能发展有一个大致稳定的顺序和阶段,在头脑中建立神经联系是有一定次序的;人类知识经验本身是有一定顺序的,人掌握人类知识经验也必须遵循这一顺序;从掌握知识经验到心理机能发生变化,也要经过一个大体相同的不断量变质变的过程。

由于社会和教育条件不同,儿童心理发展的情况有各种差别,它们构成儿童心理年龄特征的可变性。儿童心理年龄特征有可变性的主要原因在于儿童心理年龄特征受外界条件,主要是受社会和教育条件的制约,而社会和教育条件是经常变化的。

心理年龄特征的稳定性和可变性是相对的,表现为心理年龄特征只是在一定范围内可以变化,其变化是有限的。正因为年龄特征有稳定性,所以现代社会,相隔许多年的研究和不同地区的跨文化研究表明,不同时期和不同文化背景下的儿童心理发展有共同的年龄特征。正因为有可变性,教育改革能够促进儿童心理年龄特征的变化。处理儿童心理年龄特征稳定性和可变性问题,要反对两种片面性:在实际工作中过分强调儿童心理年龄特征的稳定性,就容易忽视社会条件和教育工作对儿童心理发展的作用;而过分强调儿童心理年龄特征的可变性,则容易过分夸大社会条件和教育工作的影响。只有全面、辩证地理解儿童心理年龄特征稳定性和可变性的相互关系,才能真正把握儿童心理年龄特征的实质。

(四)心理发展的主动性和被动性

心理发展是应该按照个体自身条件和要求主动发展还是按照父母、教师等人的期望和要求发展呢?无论是理论工作者,还是实践工作者,一般不会明确地说儿童是个消极被动的个体,但实际上他们往往是这样认为的。将人看成一个主动的个体,就必然会尊重人的主体性。将人看成一个有独特气质、性格、兴趣、爱好,有探究性的独立个体。重视开发个体的"优势领域",充分发挥个体自身的积极性和主动性,对人的发展有着重要意义。只有将人看作一个主动积极的个体,才能够更好地在尊重儿童发展实际的基础上开展教育与辅导,并鼓励儿童积极投身社会实践,激发自己的内部矛盾运动,推动心理水平不断发展与提升。

(五)心理发展的关键期

心理学家所讲的关键期,是指人或动物的某些行为与能力的发展有一定的时间,如在此时给以适当的良性刺激,会促使其行为与能力得到更好的发展;反之,则会阻碍发展甚至导致行为与能力的缺失。我们现今的教育要关注儿童发展的关键期,注重在关键期进行积极的激发,尊重规律。

第二章

儿童生理与运动技能的发展

【本章相关问题】

※ 大脑机能的变化
※ 运动技能发展规律
※ 儿童运动技能发展的心理学意义
※ 单侧化
※ 神经机能的兴奋和抑制
※ 运动技能发展的年龄特征

儿童生理的发展有其自身的特点和规律,生长发育具有连续性、阶段性、顺序性及个体差异性等特征,各器官的发育也不平衡,如神经系统发育较早,而生殖系统发育较晚;由于生理是运动技能发展的基础,所以运动技能的发展也有其自身的趋势和规律,

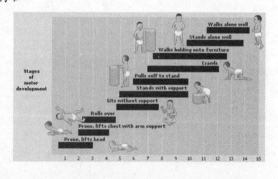

且运动技能的发展也能促进生理机能和神经系统的发展。为了促进儿童生理和运动技能的良好发展,应对儿童开展适当的运动训练,给儿童积极鼓励和支持,引导儿童参与集体活动。

第一节　儿童身体发展的适应

一、身体发育

(一)身高和体重

身高和体重是儿童身体发展的重要标志,它们标志着内部器官,如呼吸、消化、排泄系统及骨骼的发育状况。婴儿出生后,身体迅速发展。出生后第一、二年是一个人身体发展的第一个高峰期。刚出生时,足月男婴体重为3.3~3.8kg,足月女婴为3.1~3.3kg,大约第六个月,体重就翻了1倍,1岁时增加了2倍;婴儿身体发育的速度比乳儿期有所降低。体重到3岁时约为初生儿的3.5~4.5倍,重约11~17kg。新生婴儿身高约50cm,在第一年内,身长就增加了25~35cm,是出生时身长的50%。从第二年开始,婴儿的生长发育速度减慢,此后身高和体重的增加十分平稳,身高平均每年增长8~10cm,2岁时约为80~95cm,3岁时约为90~110cm,比初生儿身高增加了近一倍。幼儿阶段身体仍然迅速发展,但增长速度比婴儿期慢,身高每年增长4~5cm,体重增加1.5~2.5kg,保持着相对平稳的速度。

从进入小学到青春发育期,身体是缓慢而又稳步发展的,身体发展相对来说是平稳的,身高每年平均增长3~5cm,体重增长2.5kg,身材的变化不会像入学前那么显著,直到青春期。

少年期正处在青春发育期,进入了身体发育的第二加速期,身高和体重迅速增长,童年期身体发展相对来说是平稳的,身高每年平均增长3~5cm,体重增长2.5kg。进入少年期,生理机体出现了急剧变化,每年身高至少要增长6.8cm,体重增长5kg左右。男性生长高峰年龄在14岁左右,女性比男性提早2年,约在12岁。少年期末,身高和体重已接近成人。

(二)牙齿和骨骼的发育

婴儿的牙齿有切牙、犬牙和乳磨牙。婴儿的乳牙在出生后6个月之间开始生长。婴儿骨骼的发育有其规律。据研究,12个月的婴儿腕骨已发育出状骨和钩状骨,36个月时长出三角骨。婴儿的骨骼还在继续骨化的过程中,仍只有弹性大、易弯曲变形的特点。大肌肉已有所发展,但耐力很差,易疲劳。小肌肉还未发展,因此一般还不能从事需要手指活动灵活性、准确性很高的精细活动。13岁时才能完成腕骨骨化过程。幼儿阶段,身体的组织结构和器官功能都有所加强,骨骼比以前坚固,血管各种组织和器官在解剖上逐步形成,在机能上也有所发展。另外,由于大肌肉的发展,幼儿会不知疲倦地从事各种活动,而小肌肉的发展,也使幼儿能够从事绘画、写字等各种比较精细的活动。具体表现为2岁半的幼儿能够精确地把小馒头送进嘴里,把硬币投进游戏机里;3岁的幼儿会折纸;4岁以后能稳步独立行走,可以一只脚站立;5岁可以一只脚跳;6岁则会画方形、画人。

幼儿的身体发育和健康状况在某种程度上影响幼儿心理的发展。个体的生物特征会产生各种愉快的或消极的体验,影响孩子的活动,也影响父母或养育者对孩子的教养方式、态度和期望。例如,一个健康、结实、灵活、漂亮而优雅的孩子往往会给他人留下良好的第一印象,并可能得到更多的表扬,他们动作协调,活动能力强,活动范围广,可能拥有更多的兴趣爱好和活动伙伴;而一个体弱多病、动作笨拙,特别是有先天缺陷的孩子则有可能得到更多的消极体验,成人往往由于孩子的身体状况欠佳或发育缺陷而放弃对他的严格要求,降低对孩子的期望,从而在养育方式上是宽容的,甚至是带有补偿性的。由于幼儿期是人的自我意识开始发展的时期,也是个性萌芽时期,自尊与自卑、自信与消极、独立与依赖、大胆与羞怯、有能力与无能感等心理品质都开始形成,是获得积极的品质还是形成消极的品质,除社会环境、教育等影响外,身体发育和健康状况也成为一个重要因素,影响到孩子心理的发展,尽管这种影响要到青春期以后才被充分感受到。

童年时期,在骨骼发育方面,虽然骨骼更坚固,但仍有许多组织,如四肢骨和骨盆等还未骨化。骨骼中含有的石灰质较少,胶质较多,因而儿童的骨骼富有弹性,易变形、脱臼。肌肉组织有了一定的发展,但肌肉还比较柔软,蛋白质少,水分多,缺乏耐力,容易疲劳。心脏和血管的容积比成人小,但新陈代谢快,因此儿童的心跳约为80~90次/分钟,比成人快。肺泡开始发育成熟,肺活量迅速增加。在童年期,开始换牙,内乳牙更换为永久牙。童年阶段整个躯体构造形式发生了较大的变化,躯干和手臂变长,躯干和臀部变宽,整个骨骼结构变大变宽,整个身体显得修长。同时,相貌开始改变,额头变宽,嘴唇增厚,鼻孔变大,面貌不再是稚气的娃娃脸,而开始接近成人。这时,具有高度自尊的儿童对他们自己的躯体、外貌有了基本的评价,并产生了相应的情感体验。

青少年阶段,骨骼增长比肌肉增长快,四肢增长比躯干增长快,体形就像"豆芽"。男性和女性的发育存在差异。

(三)内部机能的变化

婴儿的内脏器官有了一定的发展。3岁时,心律已降为100次/分钟,但与成人相比仍然很快。因此仍不宜剧烈运动,以免加重心脏负担。

幼儿阶段,身体的组织结构和器官功能都有所加强,骨骼比以前坚固,血管各种组织和器官在解剖上逐步形成,在机能上也有所发展。另外,肺的发育明显加速,肺小叶结构逐渐完善,肺泡容量增大,从而呼吸功能得到加强,肺活量增强。心脏机能也有了提高,频率为90次/分钟,接近成人水平,骨骼发展比肌肉快。在肌肉力量的发展水平上,男女之间存在明显差异。

少年期出现了身体发育的第二加速期,但心脏的发育跟不上血管和各器官系统的增长,容易发生心脏机能障碍,引起头昏、头痛、心跳加速、血压偏向、容易疲劳等现象。神经系统对运动的调节也落后于身体的增长,因此,少年的动作显得笨拙、不自在。在少年期,身体的各项机能迅速发展并逐渐达到成熟。生殖系统是发育成熟最晚的,它的成熟标志着人体生理发育的完成。性的发育成熟是少年期生理发展的一大特征,它表现在以下几个方面:

(1)性激素增多。在青春期的迅速成长中,起关键作用的是性激素的分泌。性激素是由脑垂体控制的,青春发育期前,人体就有性激素,但含量很少。进入青春期后,"成熟"信号传到脑垂体,脑垂体受到刺激,它就释放出先前被抑制的性激素,导致性激素水平提高。男女体内同时含有雄性激素和雌性激素,只是男性雄性激素含量高,女性雌性激素含量高。同时,性腺激素水平也提高了,它促进性腺的发育,女性的性腺是卵巢,男性的性腺是睾丸。性腺的发育成熟使女性出现月经,男性出现遗精。

(2)第二性征的出现。少年的外形发生很大变化,其重要标志是第二性征的出现,第二性征是性发育的外部表现,随着第二性征的出现,少年从童年期的中性状态发展到两性分化状态,这时,你很容易就能从外形上分辨出男性和女性。男性第二性征的主要表现是:喉结明显突出,嗓音降低,出现胡子、腋毛和阴毛,肌肉发达,体格高大,显现男子体型;女性第二性征的主要表现是:乳房隆起,骨盆增大,声音变高,出现阴毛和腋毛,体态丰满,显现女子体型。

(3)性机能的发育。进入青春期后,男女性器官发育加速。女性性器官包括卵巢、子宫、阴道;男性性器官包括睾丸、排精管道、精囊、前列腺、阴茎。正如身高、体重的突增存在个体差异和性别差异,性的成熟也有早有晚,而且男性的性器官发育比女性要晚一些。随着性器官的发育成熟,女性出现月经,男性出现遗精,这标志着男女性机能发育成熟。

少年期生理发展是以青春期发育为特征的。影响青春期个体生长发育的原因有很多,如遗传、营养、生活条件、气候环境等。随着全球气候的变化,科学的发展,特别是营养的提高,个体发育的时间有提前趋势。

(四)身体发育的规律

生长发育是一个连续的、有阶段性的过程,但并非等速进行,具有阶段性。一般而言,年龄越小,体格生长越快,出生后6个月内生长最快,周岁后基本稳步成长,至青春期又迅速加快。各系统器官发育的不平衡性表现为各系统的发育快慢不同,各有先后,神经系统发育先快后慢,生殖系统发育较晚;淋巴系统则先快而后回缩;皮下脂肪发育年幼时较发达;肌肉组织的发育到学龄期才加速。生长发育一般规律有一定的顺序性:一般生长发育遵循由上到下、由近到远、由粗到细、由低级到高级、由简单到复杂的顺序规律。个体差异性:成长发育在一定范围内因受先天和后天各种因素影响而存在较大的个体差异。

人体生长发育是由量变到质变的复杂过程。人从出生到成年是由小到大,由矮到高,由轻到重的复杂发育过程,在这个过程中人体细胞不断繁殖,使各器官组织不断增长,这个量变的过程,称为"生长"。同时表现在人体内各器官组织细胞不断分化,形态机能逐渐成熟和完善,这个质变的过程,称为"发育"。生长是发育的前提,发育包括生长,二者相互依存、相互促进、密切相关,只有人体各器官系统的发育在功能上达到完善,使心理和智能得到发展,才能达到成熟阶段。我们学习和了解人体生长发育的基本规律,就在于更好地通过体育锻炼来促进人体的生长发育,达到增强体质的目的。

人体生长发育是同化和异化作用的结果。人体通过新陈代谢来实现自身的生长和发育。新陈代谢一旦停止,人的生命也随之终结。新陈代谢是靠同化作用和异化作用两个对立统一的过程来进行的,新陈代谢的同化作用使体内积累物质和能量;而异化作用则消耗体内的物质和能量。人体在生长发育到成熟的过程中,当同化作用占优势时,身体各组织器官不断生长发育,使人从出生发育到成年。当同化作用和异化作用趋于平衡状态时,就是人的成年时代。当异化作用占优势时,人体各器官机能逐渐下降,使人逐渐变得衰老。所以说生命在于有节律的运动,体育运动有利于促进人体的新陈代谢,达到延缓衰老的目的。

二、神经系统的发展

心理是人脑对客观存在的反映,脑的功能就在于产生人的心理活动,并使人不断认识自身、认识和改造世界。个体心理的发展与人脑的发展是密不可分的。

(一)脑重量的增加

人的大脑平均重量约为1400g,新生儿出生时脑重大约350g,为成人的25%左右。第一年脑重的增加非常快,以1g/d的速度递增,9个月时为660g,第一年末达到成人脑重的50%;2岁半～3岁时增长到900g,相当于成人脑重的75%。此后发育速度变慢,15岁时才达到成人水平。这些发展变化在一定程度上反映了大脑的发育和成熟状况。

(二)大脑皮质结构的复杂化

脑是优先发展的,人的神经系统是人体各器官系统中最早发展起来的。在怀孕后的第四周,神经系统就已经开始形成,第八周胎儿的大脑皮质就可以分辨出来,3个月胎儿的大脑外形与成人十分相似,六七个月时,大脑形态上已得到初步发展,脑的基本结构已经具备,大脑皮质已有六层,细胞构筑区和层次分化已基本完成,大多数沟回已出现。

研究表明,婴儿脑重的增加并不是神经细胞大量增加,而主要在于神经细胞结构的复杂化和神经纤维的延伸。新生儿的大脑皮质表面比较光滑,构造十分简单,沟回很浅。此后,婴儿皮质细胞迅速发展,细胞体积扩大,层次扩展,沟回变深,神经细胞突触日趋复杂,神经纤维从不同方向越来越多地深入到皮质各层。与此同时,神经纤维发生髓鞘化,原来赤裸的纤维逐渐包上了髓鞘。神经纤维的髓鞘化是脑内部成熟的重要标志,它为神经兴奋的迅速传导以及分化提供了保证。

大脑皮质的作用在于有意识地控制动作、学习和思维。大脑皮质是控制和协调行为的重要组织,但在整个大脑发展过程中却是发育最晚的部位;大脑的发展顺序是从脑干到皮质。婴儿出生时,大脑的低级层次相对已比较成熟,在3个月前婴儿的绝大多数行为是由脊髓、脑干和脑的低级部位调节的。到7个月时,中脑开始充分起作用,出现一些新的能力。到1岁时,皮质开始发挥主要作用。到2岁时,大脑皮质大部已发育成熟。8岁时,人的神经系统的各个部分几乎完全发育成熟,只有一小部分要持续到青少年中期才完全成熟。大脑皮质抑制机能的发展是大脑机能发展的重要标志之一,对幼儿有着重大意义,它可以提高幼儿对外界环境变化的适应能力。在婴儿期这一机能发展得很慢,到了幼儿期,由于神经系统的发展,皮质对皮质下的控制和调节能力逐渐增强,大脑皮质抑制机能发展起来。此外,幼儿的兴奋过程也有所增强。因此,幼儿觉醒时间延长,睡眠时间相对减少。新生儿每日睡眠时间长达23小时,1岁儿童需要14~15小时的睡眠时间,3岁时晚上睡12小时,白天睡2小时。幼儿睡眠时间一般为晚上睡10~11小时,白天睡2个半小时。而且幼儿已能较好地用言语控制自己的行动,对事物的分辨已更加精确。但幼儿的兴奋过程和抑制过程还不够平衡,兴奋过程超过了抑制过程。

如前所述,脑重量的增加并不是神经细胞增殖的结果,而是神经细胞结构的复杂化和神经纤维的延伸。出生后大脑皮质细胞在形态上继续分化,在功能上逐渐成熟,到3岁时基本上定型。另外,幼儿的神经纤维继续增长。神经纤维的髓鞘化到幼儿期末已基本完成,这样,神经传导更快、更精确。幼儿末期大脑皮质结构已经比较成熟。

(三)大脑机能的发展

脑的活动会产生电流,称为脑电。脑电的电压很低,以微伏计算,我们可以通过仪器把脑电活动记录下来成为脑电图,对脑电的测量和分析可以看出婴儿脑的发展状况。人脑电波有以下几种形态:α波、δ波和θ波。α波是人脑活动最基本的节律,在成人时它的频率非常稳定,是大脑成熟的标志;正常成年人在觉醒状态下很少出现θ波,δ波的频率最低,一般为0.5~3次/秒,它说明皮质活动性很低。研究证实,5个月胎儿已有脑电活动,8个月胎儿的脑电图与新生儿相似,呈现出初步的规律性,被认为α波的原型。新生儿的脑电图多为δ波,并表现出不规则、不对称、不成形。出生后5个月是婴儿脑电活动发展的重要阶段,枕叶开始出现θ波,脑电逐渐皮质化,并产生皮质下抑制。1~3岁时脑的活动渐渐成熟,δ波减少,θ波增多,α波开始出现。我们已经知道,1~3岁婴儿的θ波增多,δ波减少,α波出现。幼儿末期,在5~6岁间出现第一次脑电发展的加速期。5岁前幼儿的θ波多于α波,6岁后α波逐渐增多,超过θ波。儿童脑电的变化反映了大脑随年龄增长而发展的状况,而且这一过程是不可逆的。脑的结构到幼儿期末时,已比较成熟,幼儿大脑结构的相对成熟为幼儿智力的发展、高级心理能力的形成提供了基础和保证,也预示着儿童可以开始系统地学习文化知识了。

童年期,大脑和神经系统的发展趋于成熟。脑重量继续增加,6岁儿童的脑重量为1280g左右,9岁儿童的脑重量达到1350g,12岁时达到1400g,接近成人。脑神经细胞体积增大,突触增多,神经纤维增长。从脑电图显示看,8～12岁θ波开始从枕叶、额叶、顶叶消失,α波已占主要地位。13岁左右脑电波基本达到成人水平,这标志着儿童大脑发展成熟了。大脑抑制机能逐渐稳定和准确,兴奋和抑制过程趋于平衡,觉醒时间延长,睡眠时间更短,7岁时睡眠时间一般为11小时,10岁为10小时,12岁为9小时。条件反射形成的时间缩短,条件反射一旦形成也比较牢固,儿童的心理趋于稳定。

(四)脑半球功能的单侧化

人类的大脑皮质分为左右两个对称的半球,身体左边的一切功能几乎都由右半球控制,身体右边的功能由左半球控制。每一个脑半球又分为四个脑叶:枕叶——视觉区,顶叶——体觉区,颞叶——运动语言区,额叶——听觉区。在某种程度上可以说大脑的左右两个脑半球是各自独立起作用的,就像两个脑子。但事实上,我们在思考的时候感觉到的是一个大脑,那是因为有一条叫作胼胝体的纤维束连接了大脑两个半球,形成了大脑两半球对信息的共享和合作。

大脑单侧化是指在大脑某个半球建立特定功能的过程。大脑两半球在解剖和功能上是有差异的,在新生儿时期就有大脑单侧化倾向,随着儿童的成长、脑的发育,脑半球功能单侧化现象越来越明显。当儿童开始偏重使用1只手、脚、眼睛或手臂时,脑的不对称发展的结果就显现出来。5岁时,大多数幼儿都已出现了左右利手现象,大约到青春期前,大脑单侧化即优势脑的发展已基本完成。一般来说,右利手的人,左半球是其优势脑,这一脑半球最终发展成为高级认知功能的主要控制中心,如逻辑思维、语言中枢等;而非优势脑就成为非语言功能的控制中心,如视觉空间、音乐、情绪、直觉思维等。

【资料窗口】

新生儿的反射

反射是脑的基本活动,婴儿通过反射与外界保持平衡。新生儿的大脑皮质还未完全成熟,所进行的只是皮质下的一些先天遗传的无条件反射,一些是对生命有意义的,如吮吸、吞咽、朝向反射等;另一些是特有的,如抓握、惊跳、强直反射等,正常情况下它们在出生后不久都会渐渐消失。这些反射是在种族进化过程中遗传下来的,从目前研究来看,这些特有的反射对人类生活的意义不大,但它们消失的时间可以作为一种指标来查看婴儿神经系统是否成熟,是否有障碍。如果在应该消失的时候却还存在,就表明脑和神经系统的发育可能不正常。

条件反射的出现和心理发生:一个人的生命早在胎儿期就已经开始了,小生命从胎内出生到人世,是人生的第一个重大质变,因为对于个体来说,其生理条件和生活条件发生了根本变化。

胎儿的生活环境是非常安全和舒适的。他生活在母体内通过胎盘得到养料,呼吸和排泄都由母亲来完成,周围环境是羊水,保持着温和而恒定的温度。胎儿很少受到外界刺激的直接影响,只有母体运动时给他一些刺激,或者偶尔有些外界特别大的声响刺激。

出生后,环境骤然发生了质的变化,新生儿必须独立地进行活动来维持生命。首先,新生儿需要独立地进行呼吸,他必须自己去适应胎外变化多端的环境,去适应温度和环境、声音刺激等各种各样的变化。其次,他必须自己吃奶,自己去消化和排泄。总之,从胎内生活到胎外生活的巨大变化,要求新生儿付出很大努力,他要适应新生活,并为维持生命而努力。

那么,新生儿怎样适应新生活、在新环境中生活呢?新生儿首先依靠先天具有的对生命有意义的无条件反射(如吮吸反射)来维持生活,但仅有这些先天反射是远远不够的,因为无条件反射的种类和数量很少,它们只能对固定的刺激作出固定的反应,不足以应付儿童生活环境中变化多端的刺激。因此,在婴儿出生后不久,就在无条件反射的基础上形成了条件反射,最初的条件反射是儿童为了维持生命、适应新生活而产生的新机制。

条件反射的出现对新生儿的生活有极其重大的意义。人学会的一切本领都是条件反射。无条件反射是一种本能活动,实际上是一种生物性活动而不是心理活动。条件反射既是生理活动又是心理活动。条件反射在生理学上称为暂时联系,在一定条件下,经过多次结合,条件反射(吃奶的动作)和条件刺激物(奶瓶)才能建立起联系,条件反射形成后,如果多次不结合,这种联系便会消失。条件反射在心理学上称为联想,如婴儿看到奶瓶就想到吃奶。在条件反射建立前,许多事物(如奶瓶)对于孩子来说是没有意义的,而一旦建立了条件反射,这些本来无意义的事物就变得有意义。此后,婴儿便可以根据刺激物的意义对它作出应答性的反应,这样,婴儿应付外界环境刺激的能力就大大增强。条件反射的出现,标志着心理活动的发生。

条件反射的形成是基于大脑皮质成熟、健全而正常的状态的。当儿童的大脑皮质还没有足够成熟时,不能建立条件反射,大脑皮质各部位的生理成熟有早有晚,不同条件反射的出现也有早有晚。儿童第一个条件反射出现的时间,决定于开始训练儿童建立条件反射的时间。儿童出生后,开始训练儿童条件反射的时间越早,条件反射出现的时间也就越早。出生后一个月,儿童已经能够建立条件反射,心理也就随之发生了。

第二节　儿童运动技能的发展

一、儿童运动技能发展的规律

(一)从上到下,头尾律

儿童动作发展。身体上部的发展先于身体下部的发展。从头部到下部,从上肢到下肢逐渐发展。

(二)从大到小

儿童最初发展起来的是与大肌肉相联系的动作,逐渐发展到与小肌肉相联系的动作。如儿童手的动作的发展,先发展的是与手臂大肌肉相联系的伸臂,以后逐渐发展起来与手指小肌肉相联系的抓、握、拿等动作。

(三)从简单到复杂

儿童最初的动作,是身体个别部分的简单动作,如伸伸手、踢踢脚、转头等,逐渐发展到同时转头、伸手、手眼协调地拿取物体,进一步发展到能从事由多种动作组成的游戏活动。

(四)从不随意到随意

动作的不随意性和随意性,是从动作的主动性和目的性来区别的。儿童的动作,最初是不随意动作、无目的、由客观刺激引起、头会随着光线的方向转动;如果有东西接触儿童的手,儿童的手就去抓摸。以后随意动作逐渐发展起来,这时客观刺激不在眼前或没有直接接触儿童,动作也会出现,而且通过动作,主动地、有目的地去接触事物,认识事物。如儿童在"藏猫"活动中,主动地把头转来转去寻找"猫"。这就是一种随意动作。

二、儿童运动技能发展的年龄特征

(一)粗大运动技能的发展及其意义

头部动作是儿童最早发展、完成也较早的动作。头部动作的发展顺序,大体是这样的:出生时,仰卧时头会左右转动,俯卧时会抬头片刻。这时如果不用手接着他的头,头就会下垂。1个月,头仍不能竖直,俯卧时能抬起下巴。2个月,抱着时头能竖直,但还是摇摆不稳。3个月,头能竖直而且平稳。4个月,头能平稳竖直,俯卧时能抬头,抱着时头能保持平稳。7个月,仰卧时能抬头。

躯体动作的发展,主要表现为翻身和坐的动作的发展。2个月,能挺胸。3个月,能从侧卧翻到仰卧。4个月,能扶着坐。5个月,能从仰卧翻到侧卧。6个月,会坐在有扶栏的椅子上;坐着时身体前倾,会用手支撑身体。7个月,能从仰卧翻到俯卧;能不靠成人或其他东西的扶持独自坐一会儿。10个月,能毫不费力地从躺着坐起。12个月,站着时能自己坐下。

儿童行走动作的发展,要经历爬行、站立和行走三个阶段。7个月,试着爬行,主要依靠膝盖和大腿的移动。8个月,匍匐爬行,腹部贴地,用腹部、手臂带动身体和两腿前进;扶着能站立。10个月,用手和膝盖爬行。身体不着地,手臂和腿交替移动;能扶着东西自己站起来。12个月,能扶着行走。14个月,能独自站立。15个月,能独自行走。18个月,跑步不稳,容易摔倒。2岁,行走自如,能大步稳跑,会踢皮球,能自己上楼下楼。2岁半,能双脚跳,会用单脚站立片刻(2秒钟左右),能踮着脚,用脚尖走几步,能从椅子上跳下。3岁,能单脚站立,会踮着脚走,跑步稳当,会骑三轮脚踏车。

(二)精细运动技能的发展及其意义

抓握动作的发展,是手的动作发展的重要标志。抓握动作的发展,以眼睛注视物体和手抓握物体动作的协调,五个手指活动的分化为特点。因此,婴儿出生后6个月,抓握动作才开始发展。3个月以前的婴儿,手基本上是握成拳头,手脚一起乱伸乱动,4~5个月的婴儿,虽然会伸手抓身旁的东西,但往往是整个手一把抓,拿不住。这种手的动作带有很大程度的随意性,手接触到什么就抓什么。6个月,抓握物体时还是一把抓,不会使用拇指,能够把东西从一只手换到另一只手,手眼协调,看到物体后能用手抓住它。8个月,抓握物体时能大拇指和其他四个指头分开,使用拇指抓握住物体。10个月,能协调地配合手眼动作,把一样东西放到另一样东西上。18个月,能将2~3件东西搭叠起来,能推拉玩具。会同时使用四个手指和拇指,抓握动作得到充分发展。2岁,能用手一页一页地翻书。2岁半,手与手指的动作相当协调,手指活动自如,会用手指拿筷子、拿笔。3岁,能用手拿笔画圆圈,会自己往杯子里倒水,能自己解开和扣上纽扣。

儿童早期的动作发展,虽然主要由身体发育的成熟而产生,但是也与环境影响有关系。例如,行走动作,是随着腿、腰部骨骼、肌肉发育而成熟的,儿童到一定时间,就会扶着东西站立和行走。但是独立行走的动作,却是在成人的帮助下,练习越多越熟悉。有些动作如果没有相应的环境和练习,就不可能得到很好的发展。印度狼孩卡玛拉由于长期在狼群中生活,没有行走动作发展的环境,到14岁时,走路还没有2岁儿童稳,到17岁死去时,始终没有平稳地走或跑过。因此,父母应当根据儿童动作发展的规律和顺序,帮助儿童完善动作,提供动作练习的机会,促进儿童动作的发展。

三、儿童运动发展的训练

目前人们对于儿童的早期教育都十分重视,因而自然对于婴幼儿动作发展通过学习训练是否可以加快的问题十分关心。美国著名的儿童心理学家格赛尔(A. Gesell)曾做过一个双生子爬梯实验。结果表明,不成熟就无从产生学习,而学习只是对成熟起促进作用。成熟是学习或训练的基础,只有在成熟的基础上进行学习或训练,才能有效而成功。这一实验对于我们研究教育(训练)和发展的关系是很有启发的。

目前,心理学家比较一致的看法是生理成熟是影响婴幼儿动作发展的重要因素。全世界各民族的男女儿童基本上都以同样的顺序获得各种动作。但是,一些心理学家也认为环境对动作能力的发展也起着一定作用。例如,不同的教养方式可以影响动作发展的速度,照料孩子的不同方式会造成动作发展的差异。非洲婴儿放在母亲背上的襁褓中,因头缺乏支撑,所以婴儿很快就学会了使头直立。中国母亲和保育员不让婴儿伏卧举头,这种传统的教养方式也会造成动作发展的差异。另外,有些研究也表明,长期的动作训练可以加速动作发展,但训练可能对某些活动的影响比其他一些活动大,例如行走训练。泽勒佐(Zelazo)和科尔布(Kolb)进行了这项研究,这是从婴儿会自然作出行走反射时开始的,训练从出生后第二周开始到第八周结束,24名婴儿被分成4组,积极练习组的婴儿每天有4次练习,每次3分钟,在这些时间里他们被人扶着腋下,脚底接触平面;消极被动组的婴儿则躺在小床上、坐在婴儿座位上,或者坐在父母膝上,轻轻伸屈他们的双腿和手臂;无练习组的婴儿没有训练,每周测试一次;控制组的婴儿只是在这项训练计划结束时才测试一次,目的是为了弄清楚无练习组婴儿确实没有从每周的测试中学到东西。最后研究人员发现,分在积极练习组的婴儿平均在10～12个月时就会行走,比常模年龄(14个月)提早了2～4个月。研究者认为,这可能是行走反射在帮助婴儿产生更大的活动性方面起着一定作用;行走动作的训练有个关键时期,因此应该利用行走反射,不要让其自然消失。

　　需要指出的是,一方面,这一年龄的儿童行走动作仍然是不稳定的,很容易摔倒,这时成人应当鼓励和帮助儿童进行行走动作的练习。儿童试图学着到处走动,不但对儿童身体的健康和发展有着重大意义,而且能够帮助儿童广泛、多方面、积极地去接触和认识事物,从而使儿童的心理更快地发展起来。另一方面,儿童在掌握了人类的一些基本动作之后,通过大量练习,开始学习掌握日常生活和游戏中所需要的较简单的动作技能,例如,翻书、穿串珠、搭积木、涂鸦、拿匙及筷子吃饭、上下楼梯、跑步等,尽管开始时他们的这些动作很不协调和不熟练,成人只要积极加以指导和训练,儿童就可以在这些动作方面取得较大进步,并获得许多动作技能。动作技能的掌握有助于发展儿童的独立性,对儿童智力发展和个性形成也有很大关系。因此,我们应该重视对儿童进行动作发展的训练。

第三章

儿童认知过程的发展与辅导

【本章相关问题】

　　※同化和顺应

　　※守恒

　　※习惯化和去习惯化

　　※优先注意范式

　　※元认知

儿童的认知包括感知觉、注意、记忆、思维等认识过程。儿童期是各种认知能力发展迅速的时期,儿童认知能力发展的研究受到普遍重视,取得了非常丰富的研究成果。研究和掌握儿童认知发展过程的特点和规律,对于做好儿童的教育教学工作,促进儿童的全面健康发展,都具有重要的意义。本章首先介绍认知发展理论,然后探究不同阶段儿童认知发展的特征,在此基础上提出儿童认知心理辅导策略,以促进儿童更好的发展。

第一节 认知发展理论

一、皮亚杰心理发展理论

发生认识论是皮亚杰心理学的理论核心,主要研究人类的认识(认知、智力、思维、心理的发生和结构)是如何发生、发展的。他认为,人类的认识无论多么高深、复杂,都可以追溯到人的童年时期,甚至可以追溯到胚胎时期。儿童出生以后,认识是如何形成的,智力、思维是如何发生发展的,它是受哪些因素制约的,它的内在结构是什么,各种不同水平的智力和思维结构是如何先后出现的等。所有这些,都是皮亚杰心理研究所企图探索和解答的问题。

【资料窗口】

皮亚杰

皮亚杰(1896—1980),瑞士心理学家,发生认识论的创始人。1907年,年仅10岁的他在杂志上发表了第一篇文章。4年后他又发表了一些关于软体动物的文章。皮亚杰一直对生物学的研究感兴趣,到1920年,他开始注意到生物学与心理学之间的关系。在随后的20年中,他发表了一系列有关儿童智力的著作。到他84岁逝世那年,皮亚杰已出版40多部著作、发表了200多篇论文。曾先后当选为瑞士心理学会等多个学术团体的主席,还长期担任设在日内瓦的国际教育局长和联合国教科文组织助理总干事之职。他还是多家心理学刊物的编委,1955年在日内瓦创立国际发生认识论中心并任主任,直至去世。他曾经被多所著名大学授予名誉学位并获多种学科奖。1969年获美国心理学会颁发的杰出科学贡献奖。

皮亚杰

(资料来源:姚本先主编:《心理学(第2版)》,北京:高等教育出版社,2009年。)

(一) 心理发展的实质和原因

在心理学、特别是发展心理学上,有各种不同的发展理论,皮亚杰在他的《智力心理学》一书中,列举了五种重要的发展理论:(1)只讲外因不讲发展的,如英国罗素的早期观点;(2)只讲内因不讲发展的,如卡尔·彪勒(Karl Bühler)的早期观点;(3)讲内因、外因相互作用而不讲发展的,如格式塔学派;(4)既讲外因又讲发展的,如联想心理学派;(5)既讲内因又讲发展的,如桑代克的尝试错误学说。而皮亚杰则认为他和这五种发展理论不同,他自己是属于内外因相互作用的发展观,即他既强调心理因素中内外因的相互作用,又强调在这种相互作用中心理特征不断产生量和质的变化。

皮亚杰认为,认识既不是起源于先天的成熟,也不是起源于后天的经验,而是起源于主体的动作。主体通过动作对客体的适应是心理发展的真正原因与本质。个体的任何心理反应,不论是指向外部动作还是内部思维,都是一种适应,适应的本质在于取得机体与环境的平衡。儿童心理发展是儿童心理或行为图式(内因)在环境(外因)影响下不断通过同化、顺应而达到平衡的过程,简言之就是主体通过动作对客体的适应。

1. 认知结构基本单元——图式

皮亚杰认为,心理结构的发展涉及图式(scheme)、同化(assimilation)、顺应(accommodation)和平衡(equilibrium)。图式就是动作的结构或组织,这些动作在相同或类似的环境中由于不断重复而得到迁移或概括。主体为什么会对环境因素的刺激作出不同反应,这是因为每个主体的图式不同,以不同的内在因素去同化这种刺激,作出不同的反应。图式最初来自于先天遗传,以后在适应环境的过程中不断得到改变,不断丰富起来,也就是说,低级的动作图式,经过同化、顺应、平衡而逐步结构出新的图式。根据图式特点,皮亚杰认为图式主要有三种:

(1)动作图式:用来对物体或事件进行表征或作出反应的有组织的行为模式。

(2)符号图式:用来代表经验的某些方面的内部心理符号。

(3)认知运算图式:一个人为得出符合逻辑的结论所进行的内部心理活动。

2. 认知发展的过程——同化和顺应

在皮亚杰看来,认知发展的过程包含两个相互影响的环节:适应和组织。适应的本质在于取得机体与环境的平衡。皮亚杰认为,适应是通过两种形式来实现的：一个是同化，即把环境因素纳入机体已有的图式或结构之中，以加强和丰富主体的动作。另一个是顺应，即改变主体动作以适应客观变化，如从吃奶改为吃饭，这就需要改变原来的机体动作，采取新的动作，以适应环境。这样，个体就通过同化和顺应两种形式来达到机体与环境的平衡。如果机体和环境失去平衡，就需要改变行为以重建平衡。这种不断的平衡→不平衡→平衡……的过程，就是适应的过程，也就是心理发展的本质和原因。已经形成的图式又在相互影响，组成新的、更为复杂的智力结构。

3. 心理发展的原因及影响因素

皮亚杰认为，发展有四个条件，即成熟、物质环境和经验、社会环境的传递和平衡化，前三者是发展的三个经典性因素，皮亚杰充分肯定这些因素在儿童智力发展中的重要作用，认为这些因素是必不可少的。而第四个条件才是真正的原因，是智力发展的决定性因素。

(1)成熟因素。所谓成熟，指机体的成长，特别是神经系统和内分泌系统的成熟。皮亚杰认为，神经系统的成熟对智力发展有重要作用。因为智力作为人类的一种高级机能，依赖于一定的神经系统和内分泌系统的生理基础。例如，新生婴儿的吸吮反射、拥抱反射的生理基础是反射弧，无反射弧便不可能有这些反射。当神经系统的锥体束中的神经纤维髓鞘化后（相当于4个半月婴儿），婴儿便有了视觉与抓握反射的协调（感知运动阶段的第三分阶段）。但是皮亚杰也指出，成熟只是智力发展的必要条件，并不是智力发展的充分条件。生理成熟为发展提供了可能性，生理上成熟与否可在一定程度上促进或阻碍智力的进步，但对儿童智力发展起着更重要影响的因素来自于儿童后天的活动和社会环境。随着年龄的增长，成熟因素的作用相对降低，而环境的影响愈益增加。

(2)经验因素(物质环境、自然环境)。皮亚杰认为，经验在人的智力发展中是不可缺少的。他非常重视经验，指出经验是知识的来源，是智力增长的重要条件，但是经验因素也是不充分的，不能决定心理及智慧的发展。他把经验分为物理经验和逻辑数理经验两类。物理经验是通过一种简单的抽象过程从客体本身中引出的，指个体作用于物体，抽象出物体的特性（如体积、重量等）。逻辑数理经验指个体对动作与动作之间相互协调的结果的理解。虽也来源于主体与客体的相互作用，但这类经验不是来源于物体，而是产生于主体、客体所实施的动作及动作的协调。因此在儿童智力培养中，一方面应注意给儿童提供丰富的自然环境条件，丰富其生活，使儿童获得物理经验；另一方面要指导儿童通过分析、综合来思索和探究事物之间的内在联系和规律，获得逻辑数理经验。

(3)社会环境因素(社会传递)。社会生活、文化教育、语言信息的交换和交流对儿童智力发展有着重要影响。婴儿自出生起就开始了其社会化的一生。社会环境的影响只能在一定范围内起到加速或推迟的作用。因为对儿童来说,教育和社会因素只是在提供环境刺激和丰富经验材料的意义上发挥作用。如果儿童不能把通过教育传递而得到的语言信息、社会经验同化和整合于自己的认知结构中,这些信息和经验就不会有任何效果。当主体能够同化它们,它们才会对主体发挥某种作用。

(4)平衡化因素。生理成熟、经验和社会环境都是儿童智慧发展必不可少的前提和条件,然而各自都不是充分条件。儿童认知发展也不是这些因素简单机械相加的结果。皮亚杰认为,平衡化过程是心理发展的内部机制,它不能归结为单独的遗传性,也不存在预先制订的规划,实际上它是一种认知结构建造的过程。婴儿最初只具有一些本能动作的遗传性图式,后在个体与环境相互作用的过程中,经过同化和顺应,图式就不断改变或复杂化,儿童的心理随之不断发展。同化是主体把客体纳入其已有的图式之中,这可以引起图式量上的变化;顺应则是主体的已有图式不能同化客体,促使其调整原有图式,因而引起图式在质上的变化。平衡化是指同化和顺应两种机能的平衡。个体遇到新事物,总是先试图用已有的图式去同化,如获成功,便达到认识上的暂时平衡;反之,个体就作出顺应,调整已有的图式,改变认识结构以适应新事物,直至达到认识上新的平衡。这种新的平衡不是静止的,是向另一个更高水平的平衡发展的起点。这就是皮亚杰所说的认知结构形成和发展的基本过程,个体心理发展的内部机制。

生理成熟、经验和社会环境都在发展中起作用,而平衡化因素则调节着这三个因素,使儿童智力向着一定的方向发展。

(二)儿童智力发展阶段

皮亚杰认为,根据儿童智力发展的主要特征和变化规律可以把儿童智力的发展划分为几个主要发展阶段,即感知运动阶段、前运算阶段、具体运算阶段和形式运算阶段。对于发展的阶段性,皮亚杰概括有四个特点:

第一,智力发展阶段的划分是相对的。每一儿童的智力发展都是一种平衡→不平衡→再平衡的连续发展过程,呈现出智力发展的连续性。但在不同的年龄阶段,智力发展又有不同的特点,呈现出阶段性。这种不同年龄阶段出现的心智特点是阶段划分的依据。

第二,阶段出现的先后顺序固定不变,不能跨越,也不能颠倒。它们经历不变的、恒常的顺序,并且所有的儿童都遵循这样的发展顺序,因而阶段具有普遍性。任何一个特定阶段的出现不取决于年龄而取决于智力发展水平。

第三,每一阶段都有独特的认知结构,这些相对稳定的认知结构决定儿童行为的一般特点。儿童发展到某一阶段,就能从事水平相同的各种性质的活动。

第四,认知结构的发展是一个连续构造(建构)的过程,每一个阶段都是前一阶段的延伸,是在新水平上对前面阶段进行改组而形成新系统的。每一阶段的认知结构形成一个结构整体,它不是无关特性的并列和混合。前面阶段的认知结构是后面阶段的认知结构的先决条件,并为后者所取代。

1. 感知运动阶段(出生～2岁左右)

自出生至2岁左右,是智力发展的感知运动阶段。在此阶段初期即新生儿时期,婴儿所能做的只是为数不多的反射性动作。通过与周围环境的感觉运动接触,即通过他加诸客体的行动和这些行动所产生的结果来认识世界。也就是说婴儿只能协调感知觉和动作活动,在接触外界事物时能利用或形成某些低级的行为图式。这一阶段的婴儿形成了动作格式的认知结构。从刚出生时婴儿仅有的诸如吸吮、哭叫、视听等反射性动作开始,随着大脑及机体的成熟,在与环境的相互作用中,到此阶段结束时,婴儿渐渐形成了随意的、有组织的活动。

皮亚杰将感知运动阶段根据不同特点再分为六个分阶段:

第一分阶段(反射练习期,出生～1个月)。儿童出生后以先天的无条件反射适应外界环境,这些无条件反射是由遗传决定的,主要有吸吮反射、吞咽反射、抓握反射、拥抱反射及哭叫、视听等动作,并且通过反射练习使先天的反射结构更加巩固(如使吸吮奶头的动作变得更有把握),还扩展了原先的反射(如从本能的吸吮扩展到吸吮拇指、玩具,在东西未接触到嘴时就做吸吮动作等)。这些同化与调节虽然简单,却构成了日后智力发展的基础。

第二分阶段(习惯动作和知觉形成时期,1～4个月)。在先天反射动作的基础上,通过机体的整合作用,婴儿渐将个别的动作联结起来,形成一些新的习惯。例如,婴儿偶然有了一个新动作,便一再重复。如吸吮手指、手不断抓握与放开、寻找声源、用目光追随运动的物体或人等。行为的重复和模式化表明动作正在同化过程中,并开始形成动作的结构,反射运动在向智慧行动过渡。由于行为并没有什么目的,只是由当前直接的感性刺激引起的,所以还不能算作智慧行动。但是在与环境的相互适应过程中,婴儿的顺应作用也已发生,表现为动作不完全是简单的反射动作。

第三分阶段(有目的动作逐步形成时期,4～9个月)。婴儿在视觉与抓握动作之间形成了协调,以后儿童经常用手触摸、摆弄周围的物体,这样一来,婴儿的活动便不再限于主体本身,而开始涉及对物体的影响,物体受到影响后又反过来进一步引起主体对它的动作,这样就通过动作与动作结果造成的影响使主体对客体发生了循环联系,最后渐渐使动作(手段)与动作结果(目的)产生分化,出现了为达到某一目的而做出的动作。例如,这一时期的婴儿可以抓住挂在铃铛上的一根线,拉动这根线使铃发出响声,说明这个时期的婴儿有了简单的意向行为能力。但这一阶段目的与手段的分化尚不完全、不明确。

第四分阶段(手段与目的分化协调期,9～11、12个月)。婴儿动作的目的与手段已经分化,智慧动作出现。一些动作图式被当作目的,另一些动作图式则被当作手段使用。例如,婴儿可拉动成人的手向着他自己不能达到的地方,以利用成人的手达到自己的目的;或在抓一件玩具受到阻碍后,会推开障碍物,以达到目的。这表明儿童在做出这些动作之前已有取得物体的意向。随着这类动作的增多,儿童运用各动作图式之间的配合更加灵活,并能运用不同的动作图式来对付遇到的新事物,就像以后能运用概念来了解事物一样,婴儿用抓、推、敲、打等多种动作来认识事物,表现出对新环境的适应,儿童的行动开始符合智慧活动的要求。不过这一阶段婴儿只会同化图式中已有的动作格式,还不会创造或发现新的动作来顺应世界。物体永久性的观念在此阶段开始出现。当正在玩耍的玩具被拿开以后,婴儿知道去寻找。因果律的观念也始于这一时期,例如,当父母摆动玩具的手停下来后,婴儿会拉动父母的手,要求父母继续下去,这说明婴儿已理解父母的手(原因)和玩具摆动(结果)之间的关系。

第五分阶段(感知动作智慧时期,12～18个月)。皮亚杰发现,这一时期的婴儿能以一种试验的方式发现新方法,并用新方法达到目的。当儿童偶然发现某一感兴趣的动作结果时,他将不只是重复以往的动作,而是试图在重复中作出一些改变,通过尝试错误,第一次有目的地通过调节来解决新问题。例如,一玩具放在床单的另一头、儿童摸不着的地方,开始时儿童试图直接伸手抓,在经过多次尝试后,他偶然拉动了床单,观察到床单运动和玩具的关系,他就继续拉动床单,直到拿到玩具,从而形成拿到远处物体的一种新模式。这一通过尝试而发现解决问题的新方法的智力活动是思维出现之前最高级的智力活动形式,是智力发展中重要的一环。

第六分阶段(智慧综合时期,18～24个月)。此时期儿童的智力活动开始摆脱感知运动的模式而向着表象智力模式迈进。这一时期的最明显特点是,儿童的智力活动对具体的事物和具体的动作的依赖逐渐减少,而对表象的利用逐渐增加,他无需通过实际的尝试,而只要利用关于事物的表象就可建立解决问题的新模式。例如,儿童只要通过观察就发现用竹竿可拿到高处的物体,而无需从尝试中发现这个道理。当然对于儿童智力活动的这一特点不能作孤立的解释。它既是前五个时期智力活动综合的结果,又是下一阶段智力活动的开端。

感知运动阶段,儿童智慧的成长突出表现在三个方面:

(1)逐渐形成物体永久性(不是守恒)的意识,这与婴儿语言及记忆的发展有关,物体永久性具体表现在:当一个玩具在他面前时,婴儿知道是这个玩具,而当这个玩具不在眼前时,他能认识到此玩具仍然是存在的。爸爸妈妈离开了,但婴儿相信他们还会出现。这标志着稳定性客体的认知图式已经形成。近年的研究表明,儿童形成母亲永久性的意识较早,这与母婴依恋有关。

(2)儿童的空间—时间组织也达到一定水平。因为儿童在寻找物体时,必须在空间上定位来找到它。又由于这种定位总是遵循一定的顺序发生的,故儿童又同时建构了时间的连续性。

(3)出现了因果性认识的萌芽。儿童最初的因果性认识产生于自己的动作与动作结果的分化,然后扩展至客体之间的运动关系。当儿童能运用一系列协调动作来实现某个目的(如拉床单取玩具)时,就意味着因果性认识已经产生。

2. 前运算阶段(2～7岁)

与感知运动阶段相比,前运算阶段儿童的智慧在质方面有了新的飞跃。物体永久性的意识巩固了,动作大量内化。随着语言的快速发展及初步完善,表象或内化了的感知或动作在儿童心理上起重要作用,词的功能开始出现,从而儿童能用表象和语言作中介来描述外部世界,这就扩大了儿童生活和心理的范围。儿童频繁地借助于表象符号(语言符号与象征符号)来代替外界事物,重视外部活动,儿童开始从具体动作中摆脱出来,凭借象征格式在头脑里进行表象性思维,故这一阶段又称为表象思维阶段。前运算阶段,儿童动作内化具有重要意义,儿童主要运用符号的象征功能和替代作用,在头脑中将事物和动作内化。内化是把感觉运动所经历的东西在自己大脑中再建构,舍弃无关的细节形成表象。内化的动作是思想上的动作而不是具体的躯体动作,内化的产生是儿童智力的重大进步。

皮亚杰将前运算阶段又划为两个分阶段:

前概念或象征思维阶段(2～4岁)。这一阶段出现的标志是儿童开始运用象征符号。例如,在游戏时,儿童用小木凳当汽车,用竹竿做马,木凳和竹竿是符号,而汽车和马则是符号象征的东西。即儿童已能够将这二者联结起来,凭着符号对客观事物加以象征化。皮亚杰认为,出现客观事物(意义所指)的分化,就是思维的发生,同时意味着儿童的符号系统开始形成。语言实质上是一种在社会生活中产生并约定的象征符号。象征符号的创造及语言符号的掌握,使儿童的象征思维得到发展。但这一时期的儿童语词只是语言符号附加上一些具体词,缺少一般性概念,因而儿童常把某种个别现象生搬硬套到另一种现象之上,他们只能作从特殊到特殊的传导推断,而不能作从一般到特殊的推理。例如,儿童认识了牛,他也注意到牛是有四条腿的大动物。又如儿童看到别人有一件与他同样的衣服,他会认为这衣服是他的。他们从房间的窗口看到一轮明月,而一会儿后在马路上看到被云雾遮掩的月亮,便会认为天上有两个月亮。

直觉思维阶段(4~7岁)。这一阶段是儿童智力由前概念思维向运算思维过渡的时期。此阶段儿童思维的显著特征是仍然缺乏守恒性和可逆性,但直觉思维开始由单维集中向二维集中过渡。守恒即将形成,运算思维就要到来。有人曾用两个不同年龄孩子挑选量多的饮料的例子来对此加以说明:一位父亲拿来两瓶可乐(这两个可乐瓶的大小形状一样,里面装的饮料也是等量),准备分别给他6岁和8岁的孩子,开始两个孩子都知道两瓶中的饮料是一样多的。但父亲并没有直接将两瓶可乐分配给孩子,而是将其中一瓶倒入了一个大杯中,另一瓶倒入了两个小杯中,再让两个孩子挑选。6岁孩子先挑,他首先挑选了一大杯而放弃了两小杯,可是当他拿起大杯看着两个小杯时,又似乎犹豫起来,于是放下大杯又来到两小杯前,仍是拿不定主意,最后他还是拿了一大杯,并喃喃地说:"还是这杯多一点。"这个6岁孩子在挑选饮料时表现出犹豫地选择了大杯。在6岁孩子来回走动着挑选量较多的饮料时,他那8岁的哥哥却在一旁不耐烦而鄙薄地叫道:"笨蛋,两边是一样多的。""如果你把可乐倒回瓶中,你就会知道两边是一样多的",他甚至还亲自示范将饮料倒回瓶中以显示其正确性。在这个6岁孩子身上充分体现出直觉思维阶段儿童思维或智力的进步和局限性。起初他毫不犹豫地挑选大杯说明他的思维是缺乏守恒性和可逆性的,他对量的多少的判断只注意到杯子大这一个方面,而挑选过程中他所表现出的迷惘则说明他不仅注意到杯子的大小,也开始注意到杯子的数量,直觉思维已开始从单维集中向二维集中过渡。但他最后挑选大杯表明守恒和可逆意识并未真正形成。6岁儿童挑选可乐过程中表现出的迷惘和犹豫其实也是一种内心的冲突或不平衡,即同化与顺应之间的不平衡。过去的或现存的认知结构或图式

(同化性认知结构)已不能解决当前问题,新的认知结构尚未建立。不平衡状态不能长期维持,这是由智力的"适应"功能所决定的,平衡化因素将起作用,不平衡将向着平衡的方向发展,前运算阶段的认知结构将演变成具体运算思维的认知结构。守恒性和可逆性的获得是这种结构演变的标志。8岁男孩的叫喊和示范动作充分体现了这一点。

前运算阶段的儿童认识活动有以下几个特点:

(1)相对的具体性,借助于表象进行思维,还不能进行运算思维。儿童能利用实际生活中获得的表象进行思维,且这种思维成为智力活动的主要方式。依靠这种思维,儿童可以回忆他过去曾接触过的人和事物,并利用这种记忆表象进行各种象征性活动,例如,用一根竹竿当马骑;还可以进行延迟模仿,如模仿以前看过的电影中某个人物的动作等。但是,此时儿童的表象思维缺乏逻辑性。儿童的大脑中充斥着一大堆具体的、杂乱的表象,缺乏概括性。

(2)思维的不可逆性,缺乏守恒结构。例如,把两杯等量的水当着儿童的面倒入一个瓶身较宽的容器,然后询问儿童两个容器的水是否相等。此阶段的儿童大多数认为不相等。因为他们不能在头脑中把水倒回原来的杯子中,因而无法理解两个容器中的水相等这个道理。

(3)自我中心性,儿童站在自己经验的中心,只有参照他自己才能理解事物,他认识不到他的思维过程,缺乏一般性。他的谈话多半以自我为中心。

(4)刻板性,表现为在思考眼前问题时,其注意力还不能转移,还不善于分配;在概括事物性质时缺乏等级观念。

皮亚杰将此阶段的思维称为半逻辑思维,与感知运动阶段的无逻辑、无思维相比,这是一大进步。

【资料窗口】

皮亚杰和英海尔德曾用其著名的"三山实验"说明儿童自我中心倾向。在一个立体沙丘模型上错落摆放了三座山丘,在此项研究中,首先让儿童从前后左右不同方位观察这座模型,然后让他坐在模型的一侧,把一个玩具人放在模型的对侧,然后让儿童看四张从前后、左右

三山实验

四个方位所拍摄的沙丘的照片,要求孩子从几张照片中选出自己看到的模型的样子和玩具人看到的模型的样子。结果发现约4~6岁的儿童都挑选了从自己角度看到的模型的照片,表明他们还不能从玩具人的"观察"角度看待模型。由此,皮亚杰认为幼儿在对事物进行判断时是以自我为中心的,不能采纳别人的观点。

(资料来源:刘梅主编:《儿童发展心理学》,北京:清华大学出版社,2010年。)

3. 具体运算阶段(7~11岁)

相当于儿童的小学阶段,在这一阶段,智力活动具有守恒性、可逆性的特点,儿童掌握了群体运算、空间关系、分类和序列等逻辑运算能力,较之前一阶段,智力活动有了本质上的改变。但由于这一阶段的儿童运算还离不开具体事物的支持,只能把逻辑运算应用于具体的或观察所及的事物,而不能把逻辑运算扩展到抽象概念中,因此称为"具体运算"。皮亚杰举了这样的例子:爱迪丝的头发比苏珊淡些,爱迪丝的头发比莉莎黑些,问儿童:"三个中谁的头发最黑?"这个问题如是以语言的形式出现,则具体运算阶段的儿童难以正确回答。但如果拿三个头发黑白程度不同的布娃娃,分别命名为爱迪丝、苏珊和莉莎,按题目的顺序两两拿出来给儿童看,儿童看过之后,提问者将布娃娃收藏起来,再让儿童说谁的头发最黑,他们会毫无困难地指出苏珊的头发最黑。

具体运算阶段儿童的智力活动有以下几个特点:

(1)守恒掌握。守恒是一种认知图式,它意指儿童认识到物体不会因其非本质特征(如形状、方向、位置等)的改变而改变的道理。换句话说,儿童能不为事物的各种具体表面的变化所迷惑,在变化中把握事物的本质,就是建立了守恒的图式。

守恒性包括质量守恒、重量守恒、对应量守恒、面积守恒、体积守恒、长度守恒等。具体运算阶段,儿童并不是同时获得这些守恒的,而是随着年龄的增长,先是在7~8岁获得质量守恒概念,之后是重量守恒(9~10岁)、体积守恒(11~12岁)。皮亚杰确定将质量守恒概念达到时作为儿童具体运算阶段的开始,而将体积守恒达到时作为具体运算阶段的终结或下一个运算阶段(形式运算阶段)的开始。

(2)思维具有可逆性。思维的可逆性是指思维活动既可以向一个方向运行,也可以返回,向另一个方向运行。思维的可逆性活动有两种:第一种是反演

(或否定)可逆性,如把胶泥球变成香肠形状,幼儿认为香肠形状大于球形状,小学儿童就认识到改变了形状还可以改回来,所以两者仍然一样大小。这说明儿童对物体的变化已有了可逆推理的能力。第二种是互反可逆性,如 A>B,它的反运算则是 B<A,两个运算之间是等值的。

(3) 分类。分类是根据事物的性质或关系对事物进行不同的组合。儿童从感知运动阶段的末期起就已经能进行简单的分类活动。到前运算阶段,幼儿可依据事物的颜色或形状给予事物以明确分类。但这时的分类只是在同一级的单一维度进行,复杂的、等级性的分类能力要到具体运算阶段才能出现。例如,在学龄儿童面前放 15 张卡片,其中 8 张卡片上是花猫,2 张卡片上是白猫,5 张卡片上是小狗。然后问他们:是花猫多还是白猫多?是猫多还是狗多?

(3) 列序。列序意指内心依据大小、多少、轻重和长短等关系对事物的次序作出安排的能力。前运算阶段的儿童不具备这种能力。例如,实验者向儿童出示铅笔 A 和铅笔 B,A 比 B 短,即 A<B;用 B 同铅笔 C 作比较,B<C,此时把铅笔收起来,问儿童谁长谁短。前运算阶段的儿童对这个问题茫然不知所措,而具体运算阶段的儿童通过比较,知道 A<B<C,故 A<C,因而能作出正确回答。

(4) 自我中心观进一步削弱,即去中心化。在感知运动阶段和前运算阶段,儿童是以自我为中心的,他以自己为参照系来看待每个事物,他的心理世界是唯一存在的心理世界,这妨碍了儿童客观地看待外部事物。在具体运算阶段,随着与外部世界的长期相互作用,儿童表现出脱离自我中心的变化过程。

【资料窗口】

三山实验后续研究

我国的一项"三山实验"式研究(李文馥),利用绒毛动物模型(用熊猫、公鸡和波斯猫三种绒毛动物代替三座山),考察 4~13 岁儿童认知的自我中心现象和脱自我中心化(实验程序同"三山实验")。结果显示:4~7 岁儿童具有自我中心现象,但并不是认知的主要成分,可见,不能简单笼统地认为幼儿认知特点就是自我中心。9 岁以后儿童的正确认知结果占主导地位,并基本上摆脱了自我中心的影响。8 岁组儿童处于脱自我中心化的转折时段,8 岁组儿童自我中心形式选择率最高。绒毛动物模型研究的特殊性在于要求每个被试者都讲述选择图片的理由。根据儿童自己讲述的他们之所以如此选择(自我中心现象)的理由可推知,8岁组儿童的自我中心式选择与幼儿不同,幼儿是以自己的认知取代他人的认知,而童年期是通过空间位置关系的相对性认知操作来协调自己与他人认知的不同。因此可以说,8岁左右(7岁6个月至8岁4个月)儿童特殊的自我中心式表现是脱自我中心化的过程,是认知发展机制的转换。

(资料来源:郭念峰主编:《心理咨询师(基础知识)》,北京:民族出版社,2005年。)

---

4. 形式运算阶段(12～15岁)

当儿童智力进入形式运算阶段,思维不必从具体事物和过程开始,可以利用语言文字,在头脑中想象和思维,重建事物和过程来解决问题。这种摆脱了具体事物束缚,利用语言文字在头脑中重建事物和过程来解决问题的运算就叫作形式运算。除利用语言文字外,形式运算阶段的儿童甚至可以根据概念、假设等并以之为前提,进行假设演绎推理,得出结论。因此,形式运算也往往称为假设演绎运算。由于假设演绎思维是一切形式运算的基础,包括逻辑学、数学、自然科学和社会科学在内。因此儿童是否具有假设演绎运算能力是判断他智力高低极其重要的尺度。

形式运算思维是儿童智力发展的最高阶段。在此有两个问题应加以说明:(1)并非儿童成长到12岁以后就都具备形式运算思维水平。近些年在美国的研究发现,在美国大学生(一般18～22岁)中,有约半数或更多的学生智力水平或仍处于具体运算阶段,或处于具体运算和形式运算之间的过渡阶段。(2)15岁以后人的智力还将继续发展,但总的来说属于形式运算水平,可以认为,形式运算阶段还可分出若干阶段,这有待进一步研究。皮亚杰认为,智力的发展是受若干因素影响的,与年龄没有必然的联系。所以达到某一具体阶段的年龄的儿童,即使他们的思维水平有很大差异,也并不构成皮亚杰理论的重大问题。

二、信息加工发展理论

近30年来,在心理学认知发展的研究中,最新理论当首推美国的信息加工理论。信息加工理论是由一群研究者共同创立的。其主要代表有施福尔林和阿特金森(R. M. Shiffrin & R. C. Atkinson)、纽韦尔和西蒙(A. Newell & H. A. Simon)、安德生(J. R. Anderson)、卡斯(R. Case)、克拉赫尔和瓦雷斯(D. Klahr & J. Wallace)、西格勒(R. S. Sigler)、斯登伯格(R. J. Sterberg)等。

(一)信息加工过程

注意刺激。当物理信号被感觉登记时,人类记忆系统就开始加工信息了。这些物理信号只停留极短暂的时间,一般只停留百分之几秒,其职能是在相当短暂的时间内保持信息,以便予以加工。没有感觉登记,我们会因没有时间加工许多持续时间极短的刺激,而在感知世界时会有更多困难。对感官施以影响的大量物理信号中有一部分被选择出来进一步加工。

刺激编码。当人们注意到刺激时,这些刺激就处于短时记忆中。短时记忆处理信息的能量是有限的,只能局限在我们能够注意到的观念上。除非我们不断思考或复述某些信息,否则信息很快就会从短时记忆中消失。外来信息要被习得的话,必须由感觉记忆进入短时记忆,当我们在短时记忆中对其进行加工时,我们学习其他信息的能量就减弱了。所以,人们通常又把短时记忆称作"工作记忆"。例如,当我们在电话号码本上寻找某一电话号码时,这是注意刺激的过程;一旦找到了这个电话号码,我们可能需要也可能不需要对它进行加工以便回忆。如果找到号码后打完电话就完事了,那么这个电话号码也就被遗忘了。但如果我们以后还要经常与对方联系,即要把它保留在长时记忆中,那就需要进一步加工。这种加工被称为编码,即要转换刺激,以便贮存,便于回忆。

贮存与提取信息。编码过程的目的,是为了把信息贮存在长时记忆中。信息的回忆,在很大程度上取决于信息贮存的形式,以及该信息与长时记忆中以往内容的关系。一些心理学家们认为,记忆痕迹得到贮存后,提取或恢复这些记忆痕迹,主要取决于两个因素:记忆痕迹的强度、与提示线索的联系。研究表明,如果学生对某些信息记忆痕迹的强度很大,该信息的提取有时是自动的、毫不费力的。

从理论上讲,把信息加工过程分成注意、编码、贮存和提取几个阶段是得到广泛认可的。但是,心理学家和教育学家还不能在实验上给它们画出一条明确的界线。也许,这是永远做不到的。因为从目前已有的大量研究结果来看,信息加工所涉及的几个成分之间存在某种重叠。一个人的编码、贮存和提取信息,不可能是孤立进行的。

(二)信息加工认知心理学的贡献及其面临的问题

1. 贡献

第一,从研究对象上说,信息加工认知心理学恢复了对高级心理过程的研究,这是一种历史的进步。在冯特宣布心理学独立以后,心理学曾长期以意识为研究对象。早期的意识心理学家都主张研究人的内部主观的意识经验或心理过程。内容心理学和构造心理学主张研究意识或心理的内容,意动心理学和机能心理学主张研究意识或心理的活动和适应。华生的行为主义心理学只能研究客观的外部行为,凡是与意识有关的心理学概念都被视为不可知的形而上学问题,而被排斥在心理学研究范围之外。尽管后来一些新行为主义者对意识的态度有所松动,承认中间变量的作用,但他们对内部的心理过程并没有作实质性研究。而信息加工认知心理学家则打破了行为主义禁止研究意识的禁区,在现代科学技术的影响下,以新的方法重新探讨认知问题,恢复了记忆、思维等高级心理过程在心理学研究中的合法地位。

第二,从研究方法上说,信息加工认知心理学既继承了传统心理学的方法,又吸收了现代科学技术,在心理学研究方法上实现了新的突破。它重新将反应时作为研究人的认知活动的一个客观指标,并赋予它以新的活力;在观察被试执行认知任务时的外部行为及其结果的同时,让被试进行自我观察,口述自己的心理活动情况。这样既冲破了行为主义的禁忌,又克服了传统内省法的弊端。同时,它吸收了信息论、控制论和计算机科学的成果,把人的认知过程看作信息加工过程,用计算机模拟作为探索人的认知过程的重要方法,这在心理学研究方法上是一次重要突破。信息加工认知心理学以计算机程序模拟人的心理过程,把有关认知过程的假设放到计算机上进行检验,从而找到探索高级心理过程的一种新的方法,这必然促进心理学的科学化进程。

第三,信息加工认知心理学以整体论的观点看待人的认知过程,它吸收信息论和控制论的观点,把人的感知、注意、表象、记忆和思维等心理过程纳入信息的输入、加工、存储和提取的完整的计算机操作过程,这样有利于把人的认知活动的各个环节联结为整体来探索其各自的特点和规律,也有利于把感性认识和理性认识结合起来,改变了过去对认识过程作简单划分和片面理解的做法。

第四,信息加工认知心理学把人的认知过程看成信息从低级的感知到高级的记忆、思维的流动,也就是把人的认知过程作为一个不断活动的性质来研究,是真正研究了心理的"活动"。在揭示心理过程的实质方面,信息加工认知心理学的确是向前迈出了一大步。此外,信息加工认知心理学特别重视研究各种认知策略、记忆的策略、解决问题的策略。使用策略体现了人类智慧的重要特征,重视研究认知策略有助于理解人类智慧的本质。

2. 面临的问题

第一,信息加工认知心理学面临着人机类比和模拟研究的局限性。现代认知心理学家把人的认知过程同计算机的信息加工系统进行类比,以计算机模拟探讨高级心理过程,这的确开创了心理学研究的新途径,促进了心理学的发展。但是,人的认知过程毕竟不同于计算机的信息加工系统,人的心理的复杂性绝不是任何复杂的机器可以比拟的。

第二,在一定意义上说,信息加工认知心理学面临着缩小心理学研究范围的危险。一方面,信息加工认知心理学在一定程度上打破了行为主义心理学设置的禁区,重新研究人的认知活动的许多方面。从这个意义上来说,它扩大了心理学的研究范围。另一方面,它又把自己的研究范围局限于人的认知过程,忽视了情感、意向活动、人格、变态心理、心理治疗等领域的研究。在这个意义上说,它又缩小了心理学本应有的研究范围。近年来,一些认知心理学家开始认识到这个问题,在情感和人格领域作了一些研究,但由于他们把人比成计算机,不能从社会水平和生理水平上探索这些心理活动,因而这方面的研究还缺乏说服力,无论从研究的质量或数量上看,都略显不足。

第三,信息加工认知心理学仍然没有把心理学统一到完整的理论体系上来。在西方虽然有很多心理学工作者都标榜自己是认知心理学家,但是他们对许多具体问题的看法还存在较大的分歧。一些理论模型不断被新的实验证据所推翻,就连一些认知心理学家也认识到信息加工认知心理学还缺少知识的系统积累,缺少统一的概念,研究工作支离破碎。总之,它仍没能把心理学统一到完整的理论体系上来。

第二节 儿童认知发展的特征

一、婴儿期的认知发展

(一)感知觉的发展

感知觉是个体认知发展中最早发生,也是最先成熟的心理过程,所以说感知觉是婴儿认知的开端。婴儿感知觉活动不是被动的,其突出特征在于它是主动的、有选择的心理过程。

【资料窗口】

婴儿感知觉能力研究方法的突破

传统的观点一直把新生儿视为软弱无能、消极被动的生物个体,是一块"白板"。近几十年来,人们发现新生儿、婴儿具有惊人的感觉能力。新生儿和婴儿感觉能力的发现来自于研究方法上的新突破。习惯化范式和优先注视范式等都是揭示婴儿感知能力的关键性研究方法。

习惯化范式。又称习惯化与去习惯化。习惯化是指婴儿对多次呈现的同一刺激的反应强度逐渐减弱,乃至最后形成习惯而不再反应。去习惯化是指在习惯化形成之后,如果换一个新的不同刺激,反应又会增强,这就是去习惯化。运用习惯化和去习惯化的方法,可以测量婴儿感觉的辨别能力,如婴儿对声音、图形等的辨别能力。

优先注视范式。也称"刺激偏爱程序"。它是通过一个特殊的观察小窗呈现刺激、观察反应并记录注视时间的。研究发现,婴儿早期就能够察觉刺激源;根据对不同刺激物注视时间的长短,还发现他们能够区别不同的刺激物,且对某种图形产生偏爱,如鲜艳的色彩、运动的物体、物体轮廓线密集的地方或黑白对比鲜明处、正常人脸、曲线或同心圆图案。

诱发电位法。机体的自发电活动可以为直接的或外界的确定性刺激(电、光、声等刺激)所影响,产生另一种局部化的电位变化,称为诱发电位,又称"诱发反应""事件相关电位"。

高振幅吮吸。一种利用婴儿改变吮吸奶嘴的频率和强度以保持对有趣事物的兴趣的能力,对婴儿知觉能力水平进行评估的方法。

另外,研究人员还运用自己的想象力去设计研究婴儿的新方法,他们利用新技术(如录像磁带、红外照相术和电子计算机等)来揭示婴儿世界的奥秘。近年来,通过行为研究,已揭示了儿童生活中许多方面比较准确的情况。通过这些实验方法,我们能更确切地了解儿童在身体和心理方面的活动能力,了解他们个性的形成。

(资料来源:郭念峰主编:《心理咨询师(基础知识)》,北京:民族出版社,2005年。)

1. 视觉的发展

人对周围环境的信息大多数是通过视觉系统获得的。视觉主要是对物体所展现的复杂信息的察觉和辨认。眼睛察觉和辨认刺激物需要具备一定的视觉技能,这些技能主要有视觉集中、视觉追踪运动、颜色视觉、对光的察觉和视敏度。视觉是儿童获得外界信息的主要渠道之一。儿童从小就通过视觉探索外界环境及其变化,从出生后第 1 个月起,视觉即在迅速发展,出生后头半年,积极主动的视觉有了明显进步。

(1)视觉集中。儿童出生后两三周内,常常可以看到两眼不协调运动,如一只眼睛偏左,一只眼睛偏右,或两眼对合在一起。同时,一遇光线,眼睛就眯缝着或闭合着。这就说明儿童集中的视觉活动还未形成。约在两三周之后,两眼不协调运动消失,并可以看到儿童对光线或物体有视觉反应,即能注视物体。最初注视时间很短,注视距离很近。如把烛光放在距乳儿两三步远的地方,15～20 天的乳儿可以注视几秒钟,移至四五步远就看不到了(根据移动不定的目光可知)。出生后 3 周婴儿的视线开始集中到物体上,理想的视焦点是距眼睛约 26 厘米处。以后越看越远,集中的时间也越来越长,约从第 1 个月末到第 2 个月初起,可以看见儿童的集中视觉活动,并且逐渐能随着物体的移动而移动自己的目光。2 个月乳儿能较久地注视房间内距离较远处活动着的成人,注视时间可达 2 分钟左右,到 3 个月时,注视已能长达 10 分钟了。第 3 个月视觉更加集中而灵活,特别是对亲近的成人面孔集中注视能维持长久的时间。当儿童注视床头悬挂的彩色玩具时,可以忽然转过头来注视站在旁边的成人的脸。约从第 4 个月起,儿童开始能对颜色有分化反应,特别是红色物体最能引起儿童兴奋。约从第五六个月起,儿童就可以注视远距离物体,如飞机、天上鸟等。

(2)视觉追踪。出生 12～48 小时的新生儿中有 3/4 的可以追视移动的红环。

(3)颜色视觉。出生后 15 天就具有颜色辨别能力,3～4 个月的婴儿颜色辨别能力基本上趋近成熟水平。斯梯布尔给婴儿呈现两个亮度相等的圆盘,并测量注视时间,3 个月的婴儿视觉停留在彩色圆盘上的时间大约是灰色盘上的 2 倍。说明 3 个月的婴儿已能区别颜色。

(4)对光的察觉。出生 24～96 小时的新生儿就能察觉光的闪烁。

(5)视敏度。视敏度是指精确地辨别细致物体或远距离物体的能力,也就是发觉对象在体积和形状上最小差异的能力,即一般所谓的视力。在出生后 24 小时只有成人的 13/100,其后开始稳定发展。

2. 听觉的发展

研究发现,新生儿,甚至胎儿就已经具有一定程度的声音感受能力。婴儿早期对声音的感知和辨别主要表现在对声音的注意和定位、语音的辨别上。

(1)听觉辨别的能力。出生第一天婴儿已有听觉反应。

(2)语音感知。婴儿对人的语音的感知能力十分敏感,对母亲的声音尤为偏爱。

(3)音乐感知。婴儿偏爱轻松优美的音乐曲调。6个月以前的婴儿已经能够辨别音乐的旋律和曲调。

(4)视听协调能力。初生婴儿就有听觉定位能力,表现出视-听协调活动能力。

3. 味觉、嗅觉和肤觉的发展

味觉是选择食物的重要手段,是新生儿出生时最发达的感觉。新生儿能以面部表情和身体活动等方式对甜、酸、苦、咸四种基本味道作出反应。这表明他们已具有辨别能力。

嗅觉功能在出生24小时就有表现,并能形成嗅觉的习惯化和嗅觉适应。出生一周能够辨别不同的气味,且表现出对母亲体味的偏爱。人的嗅觉改善延续到成年,到老年又衰退。人的嗅觉敏感度个别差异很大。

几个月的胎儿就有明显的触觉反应,新生儿的触觉敏感性和触觉分化都有迅速发展;刚一出生就有温觉反应,调节体温的能力是新生儿适应环境的一个关键;婴儿早期就有痛觉反应,但比较微弱和迟钝。

4. 空间知觉的发展

空间知觉主要是指对物体空间关系的位置以及机体自身在空间所处位置的知觉。婴儿知觉发展表现为各种分析器的协调活动,共同参加对复合刺激的分析和综合。

(1)形状知觉。习惯化研究表明,3个月的婴儿已有分辨简单形状的能力。形状知觉研究还表明,幼小婴儿就具有模式化、有组织的视觉世界。他们偏爱一定程度的复杂世界、信息量多的图形和对他们具有社会性意义的某些形状,不喜欢没有图案的模式。

(2)深度知觉。吉布森(E. J. Gibson)等通过视觉悬崖装置的实验发现,6个月的婴儿就已经具有深度知觉。有人发现2~3个月的婴儿能够把视崖作为新异刺激物来辨认。

【资料窗口】

视觉悬崖实验

视觉悬崖实验是沃克和吉布森（Walk & Gibson,1961）曾进行的一项旨在研究婴儿深度知觉的实验（如图所示），后来被称为发展心理学的经典实验之一。

视崖为一张高4英尺的桌子，表面是一整块厚玻璃，半边的玻璃是不透明的，紧贴玻璃下方就有一块红白格子的布，此为"浅滩"，而另半边的玻璃是透明的，不过在相距4英尺远的地面上同样放着红白格子的布，此为"视崖"，如果被试具有深度知觉，那么他们会感觉到两边红白格子布的深度是不同的。

视觉悬崖

由于有着厚玻璃的阻隔，这一仪器可以防止被试从悬崖上掉下去。实验时，母亲轮流在两侧呼唤婴儿，实验记录婴儿的爬向。Campos & Langer 将2~3个月大的婴儿腹部向下放在"视觉悬崖"的一边，发现婴儿的心跳速度会减慢，这说明他们体验到物体深度；当 Walk & Gibson 把6个月大的婴儿放在玻璃板上，让其母亲在另一边招呼婴儿时，发现婴儿会毫不犹豫地爬过没有深度错觉的一边，但却不愿意爬过看起来具有悬崖特点的一边，纵使母亲在对面怎么叫也一样。吉布森等对36名6个半月~14个月的婴儿测验的结果显示，有27名婴儿从平台爬到浅滩，只有3名爬到深滩。大多数婴儿虽然听到母亲在深滩一侧呼喊，他也不过去，或只是哭叫。这似乎说明婴儿已经具备深度知觉，但这种深度知觉是与生俱来的，还是在出生后几个月学来的，目前还没有定论。但是，据卡门波斯等的研究，5个月的婴儿在视崖的深侧没有害怕的表现，9个月的婴儿则有害怕的表现，心跳增速。

（资料来源：沈雪梅主编：《学前儿童心理发展分析与指导》，上海：复旦大学出版社，2014年。）

(3)方位知觉。儿童方位知觉的发展顺序为先上下、次前后、再左右。通常,3岁能辨别上下,4岁能辨别前后,5岁能以自身为中心辨别左右,7~8岁能以客体为中心辨别左右。方位知觉个别差异很大,有的人一生方位知觉都不清楚。

婴儿期是个体感知觉发展的最重要时期,也是感知觉发展最迅速的时期,更是对儿童感知能力发展的干预和训练的最宝贵时期。

【资料窗口】

童心看世界

初来这个世界,小宝宝正通过感知觉探索周围的事物,感知觉的良好发育将为宝宝今后的认知发展打下良好的基础。

通常来讲,不同的感知觉发生发展的规律也各不相同,其敏感期也就不能一概而论。例如,听觉的发展从胎儿时期就开始;0~半岁是婴儿视觉发育的敏感期;触觉发育的敏感期则在0~2岁;3岁左右是方位知觉发育的敏感期;2岁半~3岁是大小知觉发展的敏感期;时间知觉的敏感期会更晚一些,在7岁左右,而观察力则是更高级的感知觉形态,在各项感知觉陆续发育的基础上,3~6岁将迎来孩子观察力发展的敏感期。

因此,从宝宝出生之日起,父母就应该通过多种手段促进宝宝各方面感知觉的发展,积极引导宝宝通过感知觉认识和探索周围的世界。

(资料来源:[美]劳拉.E.贝克著,吴颖等译:《儿童发展》,南京:江苏教育出版社,2002年。)

(二)注意的发展

注意不是独立的心理过程,而是感觉、知觉、记忆、思维等心理过程的一个共同特征。它分为有意注意和无意注意。无意注意是指没有预定的目的,也不需要意志努力的注意;有意注意是有目的的、需要意志控制的注意。总的来说,3岁前的婴儿以无意注意为主,但同时也是由无意注意向有意注意发展的关键时期发展规律如下:

(1)新生儿:具备一定的注意能力,在觉醒状态时可因周围环境中巨响、强光等刺激而产生无条件的定向反射。

(2)2~4个月:由于条件反射的出现,已能比较集中地注意人的脸和声音,看到色彩鲜艳的图像时,能比较安静地注视片刻,但时间很短。除了强烈的外界刺激,凡是能直接满足婴儿需要或与满足需要相关的事物都能引起他们的注意,如奶瓶、妈妈等。

(3)5~6个月:婴儿能比较持久地注意一个物体,但注意极不稳定,对一个现象的集中注意只能保持几秒钟。

(4)7~8个月:婴儿开始对周围色彩鲜明、发响、能活动的东西产生较稳定的注意,这是有意注意的萌芽。

(5)1岁左右:有意注意开始出现。但这种处于萌芽阶段的有意注意是极不稳定的,此时,婴儿能凝视成人手中的表超过15秒。

(6)2岁左右:由于活动能力的增长,以及生活范围的扩大,婴儿开始对周围更多的事物发生兴趣。这个时期的婴儿有意注意有所发展,逐渐能按照成人提出的要求完成一些简单的任务。

(7)3岁左右:开始对周围的新鲜事物表现出更多的兴趣,能集中15~20分钟的时间来做一件事,有意注意进一步发展,但还是以无意注意为主。

(8)1岁以后:婴儿发展的重要特征是语言的掌握。婴儿的言语活动有助于记忆的发展、表象的形成,以及受意识支配的有意注意的出现。首先,言语活动支配着注意的选择性。言语活动能力将婴儿吸引到听故事、看电视、看书等活动上,这为婴儿的学习和记忆奠定了良好的基础。另外,婴儿期出现了稳定的客体永存性反应,婴儿能够根据成人指定的任务开展活功(如寻找物体),这是有意注意的良好开端。

(三)记忆的发展

由于条件反射的建立和发展,记忆的能力也随着初步发展起来,这时的记忆还纯粹是无意记忆。

出生到3个月婴儿的记忆:这个时期婴儿的保持能力呈现逐渐增长的趋势。新生儿末期经反复训练建立起的眨眼条件反射可保持10天之久;2~3个月的婴儿建立起的记忆可保持30天之久,当婴儿注视的物体从视野中消失时,能用眼睛去寻找,这表明婴儿已有短时记忆。

3~6个月婴儿的记忆:这一时期婴儿的长时记忆能力有很大发展,他们学习、掌握的知识和技能可保持数天或数周。

6~12个月婴儿的记忆:这个时期婴儿的长时记忆保持时间持续延长,4个月时能把熟人和陌生人区别开来,出现"认生"现象,寻找物体的能力增强,出现了大量的模仿动作,这都说明长时记忆的发展。一实验显示,当着8~12个月大一些乳儿的面,将玩具放在同样两块布中的一块下面,用一块幕布遮一下,遮隔时间分别为1秒、3秒和7秒,然后让乳儿找玩具。结果发现,8个月大乳儿间隔1秒就记不得,找不出玩具来。12个月大乳儿隔3秒就能记住并找出,间隔7秒时70%能记住并找出玩具。

12个月以后婴儿的记忆:这一时期符号表象的出现使婴儿词语逻辑记忆能力的产生得以可能,延迟模仿的出现标志着婴儿表象记忆和再现能力的初步成熟。

【资料窗口】
怎样让3岁前的记忆活动更适合宝贝

3岁前宝贝的记忆有他们的独特性,因此,父母在给宝贝提供记忆素材时,要注意以下几点:

(1)让强烈的情绪色彩引领宝贝。3岁前宝贝的记忆富于情绪色彩,因此那些情绪色彩强烈的事情或者情景,像兴奋的、悲伤的、愤怒的等强烈的情绪,他们会印象更加深刻。因此,宝贝出生后,父母就可以用一些情绪色彩浓厚的语言跟宝贝交流,给宝贝讲故事、念儿歌时,也可以有意识地多选择一些富于感情色彩的内容。不过负性的消极情绪最好尽量避免,而要多给他们一些正性的积极的情绪刺激。

(2)用新异事物带给宝贝新鲜感。宝贝对熟悉的事物会有一种亲切感,但是如果在这些熟悉的事物中突然出现某种新异事物,宝贝的大脑就会受到比较强烈的刺激,他自然就会对这个突然出现的新异事物产生浓厚的兴趣。因此,给予宝贝记忆素材的时候,既要注意记忆素材的重复性又要注意其新异性。

(3)跟随宝贝的兴趣提供记忆素材。3岁前宝贝的记忆带有很大的随意性,只要是他感兴趣的事物,他就会记得比较牢固。因此,给宝贝提供记忆素材时,父母要跟着宝贝的需要走,他对什么感兴趣,就给他提供与此相关的记忆素材。

(4)创设丰富的环境强化宝贝记忆。从宝贝一降生,父母就要给宝贝提供丰富的试听环境,让他在潜移默化中接触尽可能多的事物,丰富他的生活经验。经验越丰富,越有助于宝宝对事物的理解,而理解较深的事物记的时间自然也就越长。

(资料来源:吴汉荣:《给孩子智慧的教育》,呼和浩特:内蒙古人民出版社,2004年。)

(四)思维的发展

在个体出生后第一年心理发展的基础上,终于产生了带有一定概括性和间接性的人的思维的萌芽。从1岁末到3岁,在个体及其环境条件,特别是社会和教育条件的相互作用下,这种萌芽状态的思维获得进一步发展。

婴儿的直觉行动思维具有如下主要特点:

1. 思维的直觉行动性

按照皮亚杰的理论,婴儿期的思维处于感知运动阶段,其典型特征是直觉行动思维。儿童只能在自己动作所接触的事物、自己行动中思维,而不能在感知和动作之外思维,更不能考虑自己动作,计划自己动作,预见动作后果。例如,儿童身旁如果有小板凳,他就拿起来当车开,小板凳被拿走,"游戏"也就停止,开车的事也就忘了。

2. 最初的词的概括调节作用

婴儿时期直觉行动思维产生,是直接与儿童以词为中介的概括能力的形成相联系。婴儿时期概括能力的产生和发展是有一个过程的。研究表明:最初,儿童意识中的每一个词只标志某一特定个别物体,例如,"球"这个词,只标志儿童所玩过的那个红球,而不包括绿球。以后,词开始标志一组类似物体,这就产生了最初的概括。例如,"球"这个词开始标志红球和绿球,但是这还只是词和表象的结合,只是物体外部特征的概括,因而还不能形成概念。最后,约在生活的第三年,儿童开始能用词对一类物体比较稳定的主要特征进行概括。例如,儿童可以舍弃球的颜色、大小等差别,而把"球"这个词作为各种球的标志,甚至物体不在面前的时候,也能从概括的意义上来使用这个词,这就产生了最初步的概念。婴儿时期直觉行动思维中词的概括调节作用是逐步产生的。一般说来,2岁到2岁半儿童的思维,更多地依赖于直观和动作;而2岁到3岁儿童的思维,词、语言的概括调节作用才比较明显。

表3—1　3岁前儿童认知能力发展顺序表

项目	开始月龄	常模月龄	发展较晚月龄
眼睛追踪物体180°	1	2.2	4
立刻注意到大玩具	1	3	4
找声源	3	5.6	9
玩具失落会用眼睛找	3	6.6	7
反复摆弄玩具	6	9.5	12
会从瓶中倒出小丸	11	14.5	15
自发乱画	12	15.6	19
动作模仿笨拙	12	17.1	19
玩具可玩10分钟	11	17.5	18
能记住一天内的事	12	18.1	21
有意听讲故事,但不懂内容	12	18.6	20
注意力可集中5分钟	16	20.5	22
看过图,一周仍记得	16	22.6	25
爱听故事,能回答简单情节	16	22.9	25
对自己作的画作出解释	20	24	28
集中注意可达15分钟	20	22.6	27
会数1~5个数	19	25.4	27
知道1和许多的区别	20	26.5	28
听故事一周后能记住并复述其中情节	21	26.8	30
记住半个月前的事	27	32.5	35
可系统复述故事主要情节	25	32.5	36
会作"这……就"等的简单推理	22	32.6	35
开始有想象的表现	29	33.6	35
知道长短前后	28		
自己会翻小人书并简单解释	29	33.9	35
认识圆、方、三角形	24	34.5	35
知道1~5的实际意义	31	35.4	36

二、幼儿期的认知发展

从3岁到6、7岁是儿童的幼儿期。幼儿认知发展的主要特点是具体形象性和不随意性占主导地位,抽象逻辑性和随意性初步发展。在此期间,教育的任务在于积极引导幼儿完成这两方面认知的过渡,为入学做好准备。

(一)幼儿记忆的发展

1. 记忆容量的增加

一般认为,儿童的记忆容量随年龄增长而增加,其发展趋势是先快后慢。研究表明,成人短时记忆容量为 7 ± 2 个信息单位(组块)(Miller,1956),而7岁前儿童尚未达到这一标准。幼儿从3岁到7岁各年龄阶段的短时记忆广度均数分别为3.91、5.14、5.69、6.10、6.09个组块(洪德厚,1984)。

沈德立等人(1985)研究了幼儿不同感觉通道的记忆容量。其中有关视觉通道记忆容量的研究,采用再认法测量幼儿对情节图片和抽象图片的再认保持量,图片是用速示器(每张图片的呈现时间为3秒)依次呈现的。结果发现,不同年龄组幼儿对图片再认的保持量有显著差异。小班幼儿的保持量为7.47,中班幼儿的保持量为11.38,大班幼儿的保持量增至13.57。有关听觉通道记忆容量的研究,分别采用再认法和再现法测查幼儿对播放的词汇的保持量。结果表明,不论再认还是再现,其保持量都随幼儿年龄的增长而递增。小班、中班、大班幼儿再认保持量依次是8.92、11.80和13.38,再现保持量依次是3.45、4.06和5.29。

2. 幼儿记忆特点的发展趋势

幼儿记忆的发展主要表现在记忆的目的性、记忆的方法、记忆的内容及记忆的准确性等方面。幼儿记忆的发展也遵循幼儿心理发展的一般规律,即从不随意向随意方向发展,从具体向抽象方向发展。

(1)无意记忆占优势,有意记忆开始发展。国外曾有人做过这样的实验,让儿童看7张图片,然后主试从中任意抽出3张,要求被试15秒内按实验者所抽取顺序指出它们。结果表明,在各年龄组被试(20人)中,5岁组只有2人能自发利用口头复述(重复图片名称)策略进行有意识记;7岁组能有意利用这种策略的有12人,而10岁组则有17人。幼儿之所以不会主动、有意识地进行记忆,主要在于他们大脑发育还不完善,很难有目的地调节、控制自己的行为,同时也与他们的经验、方法欠缺有关。因此,对幼儿来说,无意识记是他们获取经验的主要途径。

在整个幼儿期,无意识记效果都优于有意识记。苏联心理学家陈千科的实验把每一组年龄相同、水平相近的儿童平均分成A、B两个小组,设立不同情境,让他们识记15张同样的图片,图片上画着儿童熟悉的东西,如水壶、床、树等。在 A 组面前摆一张画有厨房、卧室、花园等场景的桌子,让他们把图片上画的东西放在适当位置。放完之后,要求回忆图片上画的物体。B 组则不采取任何方式,只要求他们有意记住这些图片。结果表明,幼儿中期和晚期记忆效果都是无意识记优于有意识记。到小学阶段,有意识记才赶上无意识记。

幼儿无意识记也在继续发展,呈现出随年龄增长而发展的趋势。上海市徐汇区的调查显示,幼儿对直观物体的无意识记,小班完整率为 21%,中班为 29%,大班为 50%。天津幼师心理组(1980)也进行了类似的研究。他们让儿童分别对两组图片(各 10 张)进行有意识记和无意识记,图片画有儿童熟悉的物体(如飞机、衣服、汽车等)。结果显示,两种识记效果都随年龄的增长而提高,有意识记的效果优于无意识记的效果。幼儿无意记忆效果依赖于对事物无意注意程度。容易引起无意注意的事物也同样容易引起幼儿无意记忆。

儿童有意记忆并不是自发产生的,是在成人要求下逐渐发展的。幼儿有意识记效果依赖于对记忆任务的意识和活动动机。

(2)机械记忆为主,意义记忆开始发展。机械记忆是幼儿的主要记忆形式,幼儿记忆主要是依据事物之间的外部联系,通过简单重复方式进行的。如幼儿最易记的是一些韵律感强的内容,如电视广告、插曲,他们并不理解其真正含义,只是这些广告、歌曲反复作用于他们视、听器官,在他们头脑中留下深刻印象。幼儿机械记忆占主要地位的原因在于幼儿知识经验贫乏、理解力弱,对所接触知识不能理解或不能完全理解。幼儿以机械记忆为主,但并不意味幼儿只有机械记忆而没有意义记忆。随着幼儿知识经验增多,幼儿记忆中理解性成分逐渐增多,如当儿童背一首儿歌或唱首歌或复述故事的时候常常可以看到幼儿按照自己的理解对内容进行不同程度的改造,如用自己的熟悉词代替生词,或省略加入某些情节等。总之,随着儿童年龄增长,幼儿逐渐能够根据事物的内部联系,在理解基础上进行记忆。

意义记忆比机械记忆效果好。天津幼师心理组实验采用两套实验材料:一套 10 张不规则图形和另一套 10 张常见物体的图形,要求幼儿在 1 分钟内再现。实验结果表明,幼儿对自己熟悉和理解的常见物体图片正确再现率,普遍高于对不熟悉或不规则的图形正确再现率。沈德立等人的研究表明,幼儿对有意义材料的记忆成绩均高于对无意义材料的记忆成绩,如情节图片的再认成绩高于抽象图片的再认成绩,有意义图形的重构成绩高于无意义图形的重构成绩。在对语词材料的记忆方面,H. A. 卡尔恩卡研究表明,幼儿识记熟悉词的效果优于识记生疏词。幼儿对理解的内容不但再现的数量、准确性高而且保持时间也长。

幼儿的机械记忆和意义记忆都在不断发展,且相互渗透,二者间的效果差异逐渐缩小。在整个幼儿期,儿童机械记忆和意义记忆都在不断发展,效果随年龄增长而有所提高。随着年龄增长,幼儿机械记忆和意义记忆之间的相互渗透增强。特别是机械记忆中的意义记忆成分逐渐增多,从而提高了机械记忆效果,也导致机械记忆和意义记忆效果间的差异逐渐缩小。

(3)形象记忆为主,语词记忆开始发展。幼儿的形象记忆效果优于语词记忆效果。形象记忆是根据具体形象来记忆各种材料,语词记忆是通过语言形式识记材料。在幼儿记忆中,形象记忆占主导地位,记忆内容主要是事物的具体形象。随着儿童言语的发展,幼儿记忆中的语词材料逐渐增多,但是,从记忆效果看,幼儿的形象记忆效果高于语词记忆效果。天津幼师心理组实验要求幼儿进行有意识记。实验者对其中一组,呈现10种常见实物或物体模型(如皮球、红领巾、轮船等);对另一组则由主试口述,将上述常见物体名称念出来。结果表明,幼儿形象记忆正确再现率高于语词记忆正确再现率。

形象记忆与语词记忆效果差别逐渐缩小。随着儿童年龄的增长,语词记忆发展速度大于形象记忆发展速度,特别在四五岁阶段。这是与幼儿口语迅速发展相联系的。由于语词记忆迅速发展,两种记忆效果之间的差距日益缩小。两种记忆效果的差距之所以逐渐缩小,是因为随着年龄增长,幼儿逐渐实现了形象记忆与语词记忆的结合。有人曾做过一个实验,给幼儿看一个由拼板拼成的彩色图形,要求他们记住拼法,然后根据记忆复拼。观察发现,小班幼儿往往默默看图,然后将随手碰到的拼板乱拼。而中班已能使用语言帮助形象记忆,他们在观看时,往往自动说出组成图形的各种拼板的色、形、位。大班幼儿则边看边说,有时动动唇,默默地记。幼儿将形象记忆和语词记忆结合起来,无疑提高了幼儿记忆的效果。成人在对幼儿的教学中,将语言讲解与图片等直观教具相结合,也可以提高幼儿记忆的效果。

(4)记忆精确性(儿童再现内容与识记对象相符合的程度)的发展。完整性差,幼儿记忆常常出现脱节、遗漏和颠倒顺序等现象。年龄越小越明显。他们回忆学习过的语言材料时,常常漏掉主要情节和关键词语,只记住那些他们感兴趣的某个细节。容易混淆,幼儿记忆有时似是而非,常混淆相似的事物。幼儿记忆的精确性,随年龄增长而逐渐提高。有人曾做过实验,让小、中、大班幼儿都识记一则含36个意义单位的故事。在即时回忆时,小班幼儿平均只记住9个意义单位,而中、大班幼儿平均记住19个意义单位。另一个实验显示,5岁幼儿在独立再现一段语词时错误率占45%,6岁幼儿占41%,而小学儿童只占6%。还有对幼儿再现句子正确率的研究表明,小班幼儿正确率为26%,中班为43%,大班则为60%,反映了记忆的正确性随年龄增加而提高的趋势。

(二)幼儿思维的发展

幼儿思维是在婴儿思维水平的基础上,在新的生活条件下逐步发展起来的。跟婴儿相比,首先,生活范围不断扩大。儿童不但接触家庭和幼儿园的各种事物,而且接触更广泛的自然和社会事情,因而知识经验更加丰富而深刻。同时,儿童认识的兴趣也日益发展起来,这表现在儿童喜欢问"怎么样?""为什么"这一类问题上。其次,儿童言语发展也给儿童思维发展提供了直接前提。这时,成人言语说明、指示的作用在不断增长,这些说明、指示常常不只涉及当前直接感知的事物,而且涉及一些不能直接感知的事物。这样,学前儿童的思维就逐步发展起来。在幼儿期,儿童生活活动范围扩大、经验开始增长、词汇量急速增加、言语理解和表达能力以及与人交往能力等都迅速发展,这促使儿童的思维由直接行动思维向间接形式过渡,转化为具体形象思维。学前儿童思维的主要特点是思维的具体形象性和进行初步抽象概括的可能性。在整个学前时期,思维的特点总是在不断发展变化着。例如,学前初期儿童还保留着相当大的直观行动思维成分,而学前晚期儿童抽象逻辑思维开始有了一定的发展。

1. 具体形象性是思维的主要特点

具体形象性思维,是指儿童思维主要凭借对事物具体形象和表象,即具体形象的联想来进行的,而主要不是对事物内部本质和关系的理解,即凭借概念、判断和推理来进行的。例如,幼儿在"过家家"游戏中,凭借有关家庭生活的具体表象来体现爸爸、妈妈和孩子的关系。虽然具体形象性思维是学前儿童思维的主要特点,但婴儿期的直观行动思维还没有彻底销声匿迹,学前期抽象逻辑思维也已开始萌芽。在学前期,直观行动思维还具有一定地位,但与3岁儿童相比,这时的直观行动性发生了质的变化。突出特点是概括性提高,直观—言语性的概括正在替代直观—动作和直观—表象性的概括。这样,学前期儿童解决直观问题的复杂性和直觉性就比婴儿时期高得多。学前期也有抽象逻辑思维,但仅仅是个开始。所以说,学前期儿童思维的主要特点是具体形象性。

2. 抽象逻辑思维开始萌芽

抽象逻辑思维是在感性认识的基础上,通过概念、判断、推理来揭示事物内在、本质的联系的过程。研究表明,学前期儿童在知识经验所涉及的范围内,是能够开始最初步的抽象逻辑思维的。例如,4岁儿童可以猜中一些简单的谜语;5岁儿童已知道"把桃核种在地下可以长出桃树来"这一类因果性联系。当然,对不熟悉的事物,要想去发现它的本质逻辑关系,就不容易了。例如,年幼儿童往往不能理解一些成年人看起来很简单的寓言或谚语。到学前晚期,随着儿童知识经验和言语的增长,儿童认识活动中的具体形象成分相对减少,抽象概括成分开始增加。当然,学前儿童,特别是学前晚期儿童,虽然能开始进行一些初步的抽象逻辑思维,但他们的思维自觉性还是很差。他们还不能像学龄儿童那样自觉调节和支配自己的逻辑思维过程。学前儿童思维发展也改变着思维中言语和行动的关系。实验证明,小班儿童的动作主要是受视觉映象或表象调节的。中班儿童往往是一面动作,一面言语,言语计划性还很差。大班儿童能在行动以前就用言语表达他要做什么,如何做等。这样,儿童的行动就带有明显的目的性和计划性。

中国心理学工作者采用玩具得奖方法,通过儿童的具体操作来研究学前儿童推理思维的发展。结果表明:3岁组,基本上不能进行推理活动;4岁组,推理能力开始发生;5岁组,大部分能进行推理活动;6、7岁组,全部可以进行推理活动。在能进行推理活动的儿童中,表现出由低到高的三种水平:一级水平为只能根据较熟悉的非本质特征进行简单的推理活动;二级水平为可以在提示条件下运用展开的方式逐步发现事物间的本质关系,最后得出正确结论;三级水平为可以独立而迅速地运用简单方式进行正确的推理活动。

幼儿抽象思维的初步发展主要表现在提问类型的变化和概念能力的发展上。

(1)幼儿提问类型的变化。幼儿的探索精神和求知欲高涨,好奇心强,他们经常不厌其烦地向成人提出各种问题,二三岁儿童的提问以"是什么"为主,这反映他们的求知水平局限在追求个别事物的特点上。四五岁儿童的提问类型就变成以"为什么"为主。这与儿童所渴望理解的内容、与儿童的思维发展相适应。大量的"为什么"说明儿童对客观世界的了解欲望开始指向事物的内在道理、现象的本质特征和事物之间联系的规律性。

(2)幼儿概括能力的发展。对概念的概括水平是儿童发展的一个重要标志。有关研究表明,幼儿并不是以形状和颜色这样的外部特征为概括的主要标准;四五岁儿童以功用关系为概括的主要依据;从5岁开始按类别进行概括的能力迅速发展,这说明从幼儿后期开始概念的抽象概括水平得以迅速发展。

三、童年期的认知发展

童年期的年龄范围是6、7岁到11、12岁,属小学阶段。童年期儿童的生活从以游戏为主转向以学习为主,其主要任务是通过学校教学系统地掌握学习方法,端正学习态度,学会学习。在这个时期,儿童的认知发展是以学习知识为基础而展开的,其主要特征是思维过程的具体运算性,是从形象思维向逻辑思维的过渡。

(一)记忆的发展

1. 记忆容量的增加

成人的短时记忆容量为 7 ± 2 个信息单位。研究资料表明,儿童的记忆容量随年龄增长而增加。小学儿童的数学记忆广度已经与成人水平相当。

2. 记忆的主要特点

(1)有意识记超过无意识记,成为记忆的主要方式。有意识记和无意识记都随儿童年龄的增长而发展,在小学阶段,有意识记开始超过无意识记,占据优势。有意识记的出现标志着儿童记忆发展的一个质变,有意识记超过无意识记又是记忆发展中一个突出的变化。

(2)意义记忆在记忆活动中逐渐占主导地位。意义记忆是一种理解识记,当儿童对所要识记的材料有了理解并有了进行意义加工的能力时,他们就能更好地进行意义记忆。小学儿童随着理解力的提升、知识的增多、组织和表达能力的发展以及言语和思维水平的提高,他们在学习中越来越多地进行意义记忆。研究结果表明,小学儿童意义识记效果要比机械识记效果好。意义识记效果好于机械识记效果,并不等于说机械识记不重要。实际上,无论是对于儿童,还是对于成人来说,机械识记是一种非常必要的记忆手段。对于小学儿童来说,在学习上,根据识记内容的不同,如识记规则、定义等,逐字逐句的记忆方式仍占有一定地位,而且随着年龄增长,意义识记与机械识记均呈现提高趋势。

(3)对词的抽象记忆的发展速度逐渐超过形象记忆的发展速度。在学习过程中,小学儿童词的抽象记忆迅速发展,其增长率逐渐超过形象记忆。学者的研究表明,在中小学阶段,直观形象记忆和词的抽象记忆(包括具体词和抽象词)都随年龄的增长而发展,但对词的材料识记的增长率比直观材料识记的增长率要快,五年级以后对意义抽象的词再现的增长率又超过对意义具体的词再现的增长率。

3. 记忆策略的运用

儿童对所要记忆的材料进行组织和加工的能力直接关系记忆的效果。记忆策略是人们为了有效记忆而对输入的信息采取有助于记忆的手段和方法。儿童运用记忆策略经历从无到有的发展过程。弗拉维尔等(Flavell,etal,1966)提出记忆策略的发展可以分为三个阶段：一是没有策略；二是不能主动应用策略，但经过诱导，可以使用策略；三是能主动自觉地采用策略。一般来说，儿童5岁以前没有策略，5～7岁处于过渡期，10岁以后记忆策略逐步稳定发展起来。下面介绍几种儿童采用的主要策略：

(1)复述(背诵)策略。背诵是能促进儿童记忆的一种有效策略，是注意不断指向输入信息的过程，也是为了达到识记目的而主动作出的意识活动。

【资料窗口】
复述策略的相关实验研究

弗拉维尔等(Flavell,etal,1966)做过一项实验,被试是幼儿园和小学的5岁、7岁、10岁儿童。实验时先呈现给被试7张物体图片,主试依次指出3张图片要求被试记住。15秒后,要儿童从中指出已识记的那3张图片。在间隔时间内,让儿童戴上盔形帽,帽舌遮住眼睛。这样儿童看不见图片,主试却能观察到儿童的唇动。以唇动次数作为儿童复述的指标。结果是20个5岁儿童中只有2个(10%)显示复述行为,7岁儿童中60%有复述行为,10岁儿童中85%有复述行为。在每一年龄组中,采用自发复述策略的儿童的记忆效果优于不采用复述策略的儿童。

年长儿童与年幼儿童除复述策略使用率不同外,其复述的方式也是不同的。如果让儿童记忆呈现给他们的一组单词,5～8岁的儿童通常会按原来的顺序每次复述一个单词,而12岁的儿童则会成组地复述词语,也就是每次能复述前面连续的一组单词。

为什么年幼儿童不能更有效地复述呢？可能是他们在执行更复杂的聚类复述策略时占用了工作记忆容量中的大部分资源,以至于不能提取足够的信息,形成更有效的"词语组"。奥恩斯坦等(Ornstein,etal,1985)的研究支持了这一解释。在研究中,他们试图教会7岁儿童使用聚类复述策略。结果发现,只有当先前的单词仍然在他们的视线中时,他们才会使用聚类复述策略。因此,当不需要花费意志努力就能提取项目时,年幼儿童就能将项目聚类,从而执行更复杂的复述策略。与年幼儿童相比,不管先前的单词是否呈现在眼前,12岁的儿童都会使用聚类复述策略。很明显,这种有效的复述技巧对于12岁的儿童来说是自动化的,不需要付出意志努力就能够完成,这给他们的工作记忆留下足够的空间去复述提取的项目。

(资料来源:郭念峰主编:《心理咨询师(基础知识)》,北京:民族出版社,2005年。)

(2)组织策略。组织策略是指把所要识记的材料,按其内在联系,加以归类等进行识记。如归类,可按概念,也可按功用、颜色、图形等标准组织材料。

【资料窗口】

组织策略的相关实验研究

弗拉维尔等曾进行过这方面的研究。被试为5~11岁儿童。刺激物为一组图片,图片可分为四类:动物、家具、交通工具和衣服。图片被摆成圆形,两两相邻的图片都属不同类别。告诉儿童先学习这些图片,过一会儿要把图片的名字说给主试听。然后,主试托词有事要离开,并告诉儿童,为学习这些图片,可以进行任何有助于记住这些图片的活动。最后,评定被试对这些图片的归类结果。以被试将同类的两个图片挨着摆在一起的次数与同类的两个图片挨着摆在一起的可能的次数之比作为评分指标,结果如图。

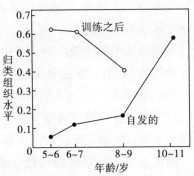

儿童使用归类策略能力的发展

从图中可知,10~11岁儿童基本上是自发应用归类策略以提高记忆效果的,其他年龄儿童则不能。经过短暂归类训练,低年龄组儿童也能达到

10~11岁儿童自发归类的水平。

西格瓦(Sigawa,1974)则研究了儿童运用类别提示线索进行回忆的情况。被试是6、8、11岁儿童,刺激物为24张图片,每三张为一类,共8类。同一类图片(如猴子、骆驼、熊)与一张大图片放在一起呈现,大图片与类别标志有关(如动物园中有三个空笼子)。当所有图片以这种方式呈现完毕,对被试进行不同的回忆测验。其中之一是给出一些大图片,让被试回忆小图片。结果表明:①随年龄增长,自发地使用大图片进行回忆的人数逐渐增加,6岁儿童中有33%,8岁儿童中有75%,11岁儿童中有90%。8岁以上儿童基本上能运用类别搜索策略。②随年龄增长,儿童使用策略的有效性越来越高,三个年龄组回忆出词的平均数依次为11、16.2、19.7。这种差异主要是运用提取线索效率的差异。

一项实验是让4~5岁到10岁组的儿童记忆动物卡片。言语命名组是让儿童说出动物名称,控制组不说出名称。结果表明,4~5岁儿童的成绩不受言语提示的影响;10岁儿童的成绩也未因言语命名而有变化;6~8岁阶段的儿童,言语命名组的成绩明显好于控制组。这说明,对4、5岁年龄的儿童来说,记忆策略的提示并无效果;10岁以后儿童已经是策略者,无须提示;对6~8岁的小学低年级和中年级儿童进行记忆策略指导和提示效果最好。

(3)系统化策略。系统化策略是指对记忆材料进行信息加工,将相互关联的信息按体系关系进行整理并使之条理化,组成知识系统以帮助记忆的策略。

4. 元记忆的形成

元记忆就是关于记忆过程的知识或认知活动。弗拉维尔认为,关于记忆的元认知知识主要包括三方面内容:有关记忆主体方面的知识、有关记忆任务方面的知识、有关记忆策略方面的知识。例如,儿童认识到他们能记住的东西是有限的,有些事情更容易记忆,或者有些特定策略能更有效地帮助自己记忆,这些都是元记忆的表现。在一个预言瞬时记忆广度的实验中,当呈现给被试一套印有10张图画的卡片后,问被试是否能够全部记住这套卡片。大多数5岁儿童认为能够记住,只有较少的8岁儿童也这样认为。如果不限定时间,让被试识记这套卡片,5岁儿童很快就宣布他已识记好了,即使他只记住很少的几张。而8岁儿童却花较多的时间去识记,对自己记忆能力的评价比幼儿要客观得多。

(二)思维的发展

皮亚杰认为,7～12岁儿童的思维属于所谓的具体运算阶段。儿童入学以后,随着知识经验的丰富和智力水平的发展,童年期的思维得到飞跃发展。

1. 童年期儿童思维的基本特征

(1)从具体形象思维逐步向抽象逻辑思维过渡,经历一个思维发展的质变过程。小学儿童思维的基本特点:从以具体形象思维为主要形式逐步过渡到以抽象逻辑思维为主要形式,这一转变是思维发展过程的质的变化。低年级儿童所掌握的概念大部分是具体的、可以直接感知的,要求低年级儿童指出概念中最主要、本质的东西,常常是比较困难的。只有在中高年级,儿童才逐步学会分出概念中本质的东西和非本质的东西、主要的东西和次要的东西,学会掌握初步的科学定义,学会独立进行逻辑论证。

(2)不能摆脱形象性的逻辑思维。童年期的逻辑思维在很大程度上是直接与感性经验相联系的,仍然具有很大成分的具体形象性,尤其是小学低年级或三年级以下儿童,他们的逻辑推理需要依靠具体形象作支撑,甚至要借助于直观来理解抽象概念。在解决问题的思维活动中,往往是抽象逻辑思维与具体形象思维同时起作用,在两者的相互作用中抽象逻辑思维逐渐发展起来。这个发展过程是两种思维成分相互渗透、消长变化的复杂过程。

(3)10岁左右是形象思维向抽象逻辑思维过渡的转折期。在整个童年期,儿童思维发展存在不平衡现象,在形象思维向抽象逻辑思维过渡中,存在一个关键转变点,这个质变发生时期也就是小学儿童思维发展的"关键年龄"。这个"关键年龄"在什么时候出现,我国心理学工作者作了不少研究,一般认为,这个关键年龄在小学四年级(约10～11岁)。也有研究指出这个重要阶段的出现具有伸缩性,如教育条件适当,这个"关键年龄"可以提前到三年级。反之,如果没有适当的教育条件,这个"关键年龄"也可能推迟到五年级。这里强调思维发展具有重要的转折期,要求教育应适应小学儿童思维发展的规律,发掘他们的巨大潜能,促进他们思维能力的发展。

2. 思维形式的发展

思维形式是指思维的逻辑形式,发展心理学研究儿童思维形式的发展是为了揭示思维发展的规律性。这里主要谈儿童概括能力的发展和推理能力的发展。

(1)概括能力的发展。小学儿童概括能力的发展从对事物外部感性特征的概括逐渐转为对事物本质属性的概括。小学儿童的概括水平可以按如下三个阶段划分：

①直观形象水平。直观形象水平的概括是指所概括的事物特征或属性是事物外表的直观形象特征。小学低年级儿童的概括能力主要处于这一水平。

②形象抽象水平。形象抽象水平的概括是指所概括的事物特征或属性既有外部的直观形象特征，又有内部的本质特征。就其发展趋势而言，直观形象特征的成分逐渐减少，内在本质特征的成分渐次增多。小学中年级儿童的概括能力主要处于这一概括水平。这一水平是从形象水平向抽象水平的过渡形态。

③初步本质抽象水平。初步本质抽象水平的概括是指所概括的事物特征或属性是以事物的本质特征和内在联系为主，初步接近科学概括。

(2)推理能力的发展。推理是由一个或多个判断推出一个新的判断的思维过程。小学儿童间接推理能力的发展突出表现在演绎推理能力、归纳推理能力和类比推理能力的发展。

①演绎推理能力的发展。三段论法是较典型的演绎推理形式，如"凡是画家都是艺术家，齐白石是画家，所以齐白石是艺术家"，这是从一般到个别的推理形式。已有的研究将儿童演绎推理能力的发展分为如下三种水平：第一，运用概念对直接感知的事实进行简单的演绎推理。第二，能够对通过言语表述的事实进行演绎推理。第三，自觉地运用演绎推理解决抽象问题，即根据命题中的大前提和小前提，正确地推出结论。

研究表明，小学儿童能达到第三个水平的人数比例随年级的增高而增加：低年级占39%，中年级约占58%，高年级占81%。由此可以认为，小学低年级儿童初步表现了逻辑能力，小学中年级儿童的逻辑能力属于发展中的过渡阶段，小学高年级儿童已基本具有逻辑推理能力。

②归纳推理能力的发展。归纳推理是由个别到一般的推理形式。利用概括词语的方法研究小学儿童归纳推理能力的发展。结果表明，小学生基本上都能完成简单的归纳推理，归纳推理能力随年龄的增加而提高。

③类比推理能力的发展。类比推理是根据两个对象的一定关系，推论出其他也具有这种关系的两个事物，它是归纳和演绎两种推理过程的综合，就是先从个别到一般，再从一般到个别的思维过程。

小学儿童类比推理能力的发展特点如下：第一，存在年龄阶段的差异。低年级儿童推理正确的人数比例为20%，中年级为35%，高年级为60%。从小学生类比推理能力的发展速度看，从中年级到高年级的发展速度较快，快于从低年级到中年级的发展速度。第二,小学儿童类比推理能力的发展水平低于演绎推理和归纳推理能力。

四、青少年期的认知发展

青少年期是指11、12岁到17、18岁这一时期。一般认为,11、12岁到14、15岁是少年期,是在初中接受教育的时期;14、15岁到17、18岁是青年初期,是在高中接受教育的时期。青少年期是儿童身心发展逐步趋于成熟的时期,到了青年初期,思维能力基本上接近成人的水平。

抽象逻辑思维逐步占优势。抽象逻辑思维在青少年的思维中逐步处于优势地位,但初中生和高中生的思维也有差异。一般说来,初中生的抽象逻辑思维在很大程度上还属于经验型的,他们需要更多的感性经验的支持。而高中生的抽象逻辑思维则更多属于理论型的,他们已开始能以理论作指导,来分析综合各种事实材料,从而不断扩大自己的知识领域。具体表现在以下几个方面:①能通过假设演绎进行思维,即能摆脱具体事物的限制,运用概念、提出假设、检验假设来进行抽象逻辑思维;②思维中有预计性,即在复杂活动或问题解决之前有计划、有策略;③思维形式化,即无意或有意地运用逻辑规律来解决问题;④思维活动中有自我意识或自我监控,既不但能考虑如何解决问题,还能考虑自己的思维方法、过程;⑤思维的独创性在增长。

辩证逻辑思维的发展。辩证逻辑思维开始于少年期,但这时抽象逻辑思维主要是经验型的。因此,只能说其中有某些辩证思维因素,而青年初期学生的思维则是理论型的。这种理论型抽象逻辑思维的发展,必然导致辩证逻辑思维的发展。因为在理论型抽象逻辑思维中,就包括具体与抽象的统一、归纳(个别到一般)与演绎(一般到个别)的统一,从而能用全面的、运动变化的、统一的观点来分析问题、解决问题,为辩证逻辑思维的形成和发展创造良好的条件。

【资料窗口】

元认知的发展

元认知是美国社会认知心理学创始人、斯坦福大学教授约翰·弗拉维尔在对儿童的思维过程进行研究的基础上提出的。他指出,元认知是主体对自身认知活动的认知,包括元认知知识、元认知体验和元认知监控。例如,学生对自己学习认知活动的再认知、再思考及积极监控。基本的学习策略包括注意策略、组织策略、精制策略、编码策略、问题解决策略等。提高元认知能力的途径有以下几方面：

掌握基本的学习策略和元认知知识。元认知知识包括学习者的认知特点、学习材料类型、学习目标类型、学习策略类型等方面内容。它可分为陈述性知识、程序性知识和条件性知识。陈述性知识是一种有关概念、规则"是什么"的知识；程序性知识是一种"怎么办"的知识；条件性知识是一种"何时做、为什么这样做"的知识。在开展认知能力训练时，应该将学习方法的陈述性知识、程序性知识和条件性知识有机结合起来，促进陈述性知识和程序性知识向条件性知识转化，这能有效促进元认知能力的提高和发展。

自我提问法。自我提问法是在元认知训练中，通过一系列自我观察、自我监控、自我评价的问题表单，不断促进自我反省来提高问题解决的能力。在课堂或课外学习中，自我提问能及时对自己的学习过程进行有效监控与调节。自问"我掌握了某个对象吗？"就是对自己学习能力与过程的检查和评价。另外，还可以设计、制订自我评价细目和量化标准即自检表，定期（每单元一次）填写，这样对自己的学习心理、学习过程、学习结果等情况进行分析评价，也是提高元认知监控能力的有效方法。

同学间相互问答。研究表明，解决问题时学生间相互问答能提高学生的元认知能力，相互提问最多的学生解决问题的速度也最快。学生两人一组，就一些认知策略知识相互提问，有助于提高学生的元认知能力和解决问题能力。

善于反思和总结。学习者应养成反思的习惯，善于总结自己的成功经验，特别要注意总结自己成功的学习方法和思维方法，借鉴他人在这方面的经验，不断养成最适合自己的学习方法和思维方法。每天记学习日记（尤其是记"灵感录""反思录"）是一种好的总结方法。

问题解决中的元认知训练。对于问题解决中的元认知训练，有四阶段模式和三阶段模式。四阶段模式认为，问题解决可以分为四个阶段：辨别和界定问题、形成对问题的心理表征、计划问题解决步骤和对自己操作过程的评价。三阶段模式把问题解决分为分析题意、解答问题、思路总结三个阶段，并且专门编写了七条元认知训练策略，分别用于问题解决的三个阶段。训练中，训练者先用现实生活中的实例讲解某一策略，然后再结合学科实例说明这些策略如何运用于问题解决。另外，训练者还设计了一个自我提问表,让学生在策略训练之后的一段时间里反复运用这个自我提问表来加强元认知自我监控。在具体学习过程中,学生可以使用自述理由法(在解题的每一阶段叙述自己的"理由")、自我提问法和他人提问法来培养自己的元认知能力。

第三节 儿童认知心理辅导

一、儿童注意力辅导

注意是心理活动对一定对象的指向和集中。注意在人的心理活动中占据很重要的位置,对个体具有十分重要的意义。它是人们细致观察、良好记忆、创造想象、正确思维的重要条件。

(一)明确学习目的和任务

在学习活动中,为了使儿童能够较长时间地维持注意,教师必须向儿童阐明学习活动的目的和任务,活动任务越明确,对活动意义的理解越深刻,就越能引起和维持有意注意。因此,教师可以在一节课开头简明扼要地阐述本节课的主要内容、儿童必须掌握的知识点等,让儿童学习有目标,促使他们有效地组织自己的注意。

(二)培养间接兴趣

间接兴趣是引起和保持有意注意的重要条件之一。教师可以在一门课开始时先阐明本课的学习意义和重要性,让儿童明确认识到学习本学科知识的价值,以引起他们对学习结果的兴趣,从而调动他们对该门课学习的主动性和积极性,以维持他们的注意。

(三)培养儿童善于克服各种干扰

注意分散与内外干扰有关。影响注意分散的原因有客观、生理、心理等多方面因素。从客观因素来看,无关诱因的吸引、嘈杂环境的干扰、目标刺激太单调乏味,都可能导致分心。从生理条件来看,疲劳困倦、激活与觉醒水平太低、身体有病或健康欠佳,尤其是患神经衰弱症等容易引起注意分散。从心理因素来看,目的不明确,动机不纯;朦胧杂念使人心不在焉;情绪波动与低落;意志力薄弱,抗干扰能力太差;不良习惯,都易引起注意分散。因此克服分心,保持注意力稳定,也应从这几方面努力。

(四)训练儿童的注意品质

1. 注意稳定性的训练

意志锻炼法。可以规定儿童在一定时间内完成一定的活动任务。开始时,规定的时间可以较短,并可以选择做他们感兴趣的事情,以后逐渐过渡到在较长时间内完成他们没有多大兴趣的活动。在训练过程中,教师可以给予一定的口头或物质奖励。

干扰训练法。儿童的抗干扰能力一般都比较差,他们容易受到来自外界环境的干扰,因此,要训练他们在外界有干扰的环境下完成学习任务。干扰学习刺激的音量、持续时间、训练次数的安排以及学习内容应遵循从小到大、从短到长、从少到多、从易到难的原则。

2. 注意转移的训练

改善儿童注意转移的品质可以通过提高他们的自我控制能力来实现。具体做法如下:

如,按以下规则给儿童出两道题。

第一题,写两个数,一个在上,一个在下。例如 2 和 7,然后把它们加起来,把和的个位数写在右边的上方,而把左边上面的那个数移到下面,连续这样做……

2 9 1 0 1 1 2 3
7 2 9 1 0 1 1 2

第二题,起始的两个数与上题相同,然后把两个数的和的个位数写在右边的下面,把左边下面的数移到上面,连续这样做……

2 7 9 6 5 1 6 7
7 9 6 5 1 6 7 3

稍加训练后,每隔半分钟向儿童发出命令"第一""第二""第一""第二"等,要求他们听到命令后,画一竖线,立即改做另一道题,尽可能准确而迅速地完成作业。检查后就会发现,错误主要发生在两题转换之间。通过多次训练,儿童的自我控制能力会得到提高,做题的错误率会减少,转换的速度也会加快。

3. 注意广度的训练

训练儿童注意广度的目的在于提高他们的整体知觉能力。具体做法如下:

给儿童列一张数字表(表中数字的多少和排列顺序可根据儿童的实际情况确定),表中的数字都是无规则的,然后画去任意两个数之间的某个数,如画去"1"和"7"之间的偶数(或奇数)。

3 0 3 7 9 2 3 8 4 9 6 3 2
1 5 3 1 5 4 6 4 6 9 8 7 4
4 2 7 3 0 1 5 8 2 5 4 7 9

要求儿童每天拿出一定的时间进行自我训练,坚持一段时间后注意的广度就会有所增强。

4. 注意分配的训练

提高儿童学习时的注意分配能力,关键在于训练他们掌握与学习有关的技能,并使各种技能协调化。例如,在训练他们熟练写字的基础上,进一步训练他们边听边记的能力,为记课堂笔记打下基础。

二、儿童观察力辅导

观察力是智力活动的源泉和门户,人们通过观察,获得大量的感性材料,以及有关事物鲜明而具体的印象,经思维活动的加工、提炼,上升到理性认识,从而促进智力的发展。儿童的观察力不是自然而然提高的,需要教师根据儿童观察力发展的特点,通过一定的活动,有目的、有意识地进行辅导,逐渐加以提高。观察力的培养可以从以下几个方面进行:

(一)要使儿童明确观察的目的和任务,激发观察的兴趣

只有明确观察的目的和任务,儿童的观察效果才能更好。例如,在自然常识课中,让学生观察鱼缸里的鲫鱼,应向学生提出具体的观察目的,如注意鱼的身体形状、鱼身体的表面覆盖着什么,背部、胸部、腹部、尾部长着什么。这样学生才能观察到鱼的身体结构的特点。感知目的越明确、越具体,其效果也就越好。

任务法。在观察活动之前,应适时给学生提出一些要求,下达一定的任务,确立一定的观察目的,使观察有计划地进行。如"观察对象有什么特征?""周围的环境怎么样?"等。

列项画勾法。在明确观察的目的和任务后,可以列出一个围绕任务的项目表,它能够促使训练者有计划、有目的地观察有关内容。

对于年幼的儿童,教师要提出比较明确的观察目的和任务,便于其进行观察。对于大一点的儿童,教师要逐步放手,引导儿童自己确定观察的目的和任务,培养其观察的自主性和独立性。教师在使儿童明确观察的目的和任务的同时,应尽量注意培养其观察的兴趣,激发他们的求知欲,使他们的观察更加积极主动。

(二)做好有关知识的准备

有无有关知识的准备,对于观察极为重要。知识经验能使人的知觉具有理解性。没有相应的知识准备,即使有了明确的观察目的,也不知如何着手去观察,尤其是对陌生的事物,它既不会引起儿童的强烈兴趣,也不会引起稳定的注意和积极的思维。因此,无论是课堂上还是课外观察,在观察前都要做好充分的知识准备。

(三)教给儿童具体的观察方法

顺序转换法。观察要得法,首先得学会有计划、有次序地查看,从不同角度、不同顺序去观察同一事物或用同一顺序去观察不同事物,从而把握观察对象的整体和实质。观察顺序可以是从上到下,从左到右,从东到西,从近到远等;还可以是从头到尾,由表及里,从整体到部分再到整体。

求同找异法。就是要认真观察,研究观察对象,找出同类事物之间的异同,并分析其间的关系,其意义在于提高观察者的观察分析、思考、概括、归纳能力。

中心单元法。即围绕某一观察对象或内容开展一系列观察活动,以求完整、准确地把握与理解事物的现象和本质。例如,观察种子发芽成苗这一过程,围绕种子是怎样发芽的这一中心,设计出一系列观察活动。比如,什么时候长出根?什么时候张开瓣?叶子什么时候长出?颜色怎么样?每天需要浇多少次水?

(四)教会儿童运用多种感官参与观察

观察的目的在于从实践中获得感性经验。要使感性经验丰富、全面,就要动员各种感官全面获取信息。例如,教师在教一年级儿童学汉语拼音时,既要让他们听教师的发音,又要让他们看教师的口形,还要让他们用手画出字母的形状,听觉、视觉、运动觉共同参与学习过程。

(五)引导儿童在观察时要多思考

良好的观察品质是善于发现细小的但却是很有价值的事实,能透过个别现象发现事物的本质以及事物间内在的、本质的、必然的联系,它要求儿童在观察过程中开动脑筋,积极思维。教师要鼓励、引导儿童在观察时积极思考,提出问题,并试着解答问题。

(六)要重视观察结果的处理和运用

对所有观察结果的处理和运用的要求应在观察前就提出,这样既有利于提高儿童观察的目的性,激发观察的积极性,也有利于巩固观察的结果。它不但能通过对材料的系统化组织提高观察分析思考力,还能通过观察习惯的培养形成良好的观察自觉性,并能丰富想象和思维。

随感法。随感法是最简单,也是最基本的观察手段。它的形式为随看随记,随想随记。它可长可短,字数不定,形式自由。如观察养蚕,随看随记,某月某日蛾卵由黄变黑;某月某日,小蚕破壳而出;某月某日,第一次蜕皮等。

观察日记法。对于专门组织的观察活动,要求学生作观察记录和报告,或写作文、绘画等;对于较长时间的观察活动,应要求儿童写观察日记等,用这些措施来巩固观察的成果。我国古代地理学家徐霞客就是一个善于观察和坚持写观察日记的科学家,他走遍我国的名山大川,仔细观察和考察,晚年把自己的观察日记整理出来,留下了光辉的科学著作《徐霞客游记》。

三、儿童记忆力辅导

记忆是人脑对经历过的事物的反映,是人们进行心理活动的基本条件,也是人们心理发展的基本条件。记忆在智力结构中占有重要地位,是智力活动的基础。人的智力结构中的诸因素都离不开记忆,没有记忆,无论是观察、想象、思维还是注意都无法进行,所以我们要加强对儿童记忆力的辅导,以提高儿童的智力水平。

(一)要加强对儿童有意识记和意义识记的培养

首先,要使儿童明确识记的目的和任务。低年级儿童不了解识记的目的和任务,他们还不善于辨别教材的主次,分不清该记的和不该记的部分。教师应有意识地向他们提出识记的目的和任务,要帮助他们明确记什么和记多久,哪些课文的段落要背诵,哪些公式、定律要记熟,以及哪些内容要终生记住等。

其次,要让儿童学会检查自己识记的效果。低年级儿童还不会检查自己识记的效果,因此,教师在教学活动中应有意识地帮助他们学会检查自己识记的效果,这样儿童会给自己提出长远的识记任务,从而提高记忆的自觉性和能动性,他们的有意识记也就会逐渐发展起来。

再次,引导儿童采用意义识记。意义识记的基本条件是对材料的理解,对识记材料理解得越透,识记的效果就越好。因此,教师在教学中要帮助儿童理解教材,在教授新知识时,要注意揭示新旧知识的联系点,搭好新旧知识的桥梁,帮助儿童理解新知识。也可以利用一些直观手段,如实物、模型、图片、图表、语言的形象描述等来帮助儿童理解教材,使儿童在理解的基础上进行记忆。

(二)重视儿童记忆品质的培养

良好的记忆品质表现为记忆的敏捷性、持久性、精确性、准备性四个方面的协调发展,这也是鉴别一个人记忆力好坏的指标。要使儿童获得良好的记忆效果,教师在教学中就要有意识地培养儿童良好的记忆品质,以提高儿童的记忆力。

(三)要及时复习,防止遗忘

根据遗忘先快后慢的规律,复习一要及时,二要恰当,三要注意复习方法的多样性和灵活性。

(四)教给儿童记忆的方法

记忆的方法有很多,要教会儿童一些常用的记忆方法来发展他们的记忆力。记忆方法的训练和应用,可以渗透于各科教学之中。

【资料窗口】

记忆术

(1)提纲记忆法。是把要记忆的材料列出提纲,再根据提纲进行联想和扩展。比如,记一个历史事件,可以列出事件发生的背景、发展的过程、结果、评价的提纲。

(2)图表记忆法。是把知识整理成图表进行记忆。图表经过学习者的加工整理,加上它结构简洁、重点突出、比较形象,因而容易记忆。

(3)比较记忆法。是通过比较两个或两个以上事物的共性和个性进行记忆。比如,比较计划经济和市场经济的特点。

(4)归类记忆法。是把相同或相近的内容归为一类进行记忆,它是利用接近联想和相似联想的记忆。比如,记英语单词,可以归为人体、时间、住房等类。

(5)形象联想法。是通过联想,把无意义的材料和头脑中鲜明、生动、奇特的形象结合起来,达到提高记忆的效果。比如,小学生记汉语拼音就常利用具体的事物,m像两个门洞,h像一把小椅子等。

(6)谐音记忆法。是把无意义的材料编成语音相近、相似的材料来进行记忆。比如,记5201314这个电话号码时,可编成:"我爱你一生一世。"

(7)串字头记忆法。是把一句话压缩成一个字(一般是开头的字),再把这一个个字串起来成一句话或几句话。比如,《二十四节气歌》可编成记忆口诀:春雨惊春清谷天,夏满芒夏暑相连,秋处露秋寒霜降,冬雪雪冬小大寒。

(8)歌诀记忆法。是把要记的材料编成歌诀来记忆。歌诀精练整齐,有节奏和韵律,因而容易记忆。比如,《历史朝代名号歌》:夏后殷商西东周,春秋战国秦皇收。西汉东汉魏蜀吴,西晋东晋兼五胡。匈奴羯氐羌慕容,拓跋伐北后称雄。宋齐梁陈是南朝,北魏齐周称北朝。北周灭齐传于隋,隋又灭陈再统一。隋亡唐兴称富强,五代十国各称王。契丹兴起在北方,建号为辽入汴梁。五代梁唐晋汉周,宋朝建国陈桥头。女真建金先灭辽,打破汴京北宋消。南宋偏安在江南,蒙古兴起国号元。消灭金宋归一统,元朝统治九十年。明代共传十六君,满洲初号为后金。后金国号改为清,入关称帝都北京。人民觉悟革命起,清帝退位民国立。人民民主再胜利,齐心奔向共和国。

(资料来源:姚本先主编:《心理学(第2版)》,北京:高等教育出版社,2009年。)

四、儿童思维能力辅导

思维是人脑对客观现实(客观事物)的概括的间接的反映,是一种高级的认知活动,是个体对客观事物本质和规律的认知。儿童的思维是其智力的核心部分,儿童思维的发展是其智力发展的标志和缩影。发展儿童的智力,主要应培养和训练他们的思维能力。

(一)发展儿童的言语

儿童思维能力是在言语发展过程中逐步发展起来的。因此,教师在教学中要积极引导儿童掌握词汇、概念,训练儿童言语表达的规范性,给儿童提供充分的口头言语、书面言语表达与练习的机会,从而训练儿童思维的准确性和逻辑性。

(二)丰富儿童的感性经验

在教学中,教师应注意适当运用实物、图片及各种直观教具,并根据教育教学的需要组织参观、访问、游览等活动。在活动中,教师要有意识地引导儿童去全面观察、深刻分析,积累思维的材料。同时,要善于引导儿童进行积极的思维活动,使感性认识上升到理性认识,从而促进儿童思维的发展。

(三)培养儿童发现问题和解决问题的能力

教师要善于进行启发式教学,激发儿童的求知欲和积极思考的愿望,把儿童置于有趣的和能激发好奇心的情境中,引发他们进行积极的思考,培养学生善于发现问题和提出问题的能力。例如,每节课教师留出一段时间让儿童作练习、提问题、谈看法,鼓励儿童发表各种见解。

(四)培养儿童良好的思维品质

1. 培养儿童思维的敏捷性

迅速和有效是思维敏捷性的两个重要指标。为了培养思维的敏捷性,提高儿童解题的速度,日常教学中必须定时定量训练,并鼓励他们解题时敢于打破常规,锐意创新,使儿童在多变、多解、多思中把握问题的本质,对思路闭塞的儿童积极加以引导,帮助其打破思维定势的束缚,以提高思维的敏捷性。

2. 培养儿童思维的灵活性

结合学科教学,根据儿童的实际情况有针对性地进行培养,重视培养他们的发散思维,如数学课重视一题多解的训练、语文课加强续写故事的训练等。

3. 培养儿童思维的深刻性

教师必须为儿童提供充分的感性材料,引导他们对感性材料进行抽象思维,从而帮助他们建立新的概念,培养他们透过现象看本质的能力、判断能力和空间想象能力。结合课堂教学内容,加强逻辑思维的训练,使儿童的认知结构逐步条理化。

4. 培养儿童思维的独特性

一是要培养儿童独立思考的自觉性,对问题要主动进攻,养成凡事自己想的习惯;二是要引导儿童创造性地解决问题,让他们努力挖掘解决问题的各种新方法;三是要鼓励儿童通过自编应用题以及有选择的观察、设计来提高自己思维独特性的水平;四是要培养儿童的实践能力,儿童的实践活动不但可以实现其创意,把思想转化为一定的"产品",还能验证自己的假设,并在活动中发现新问题或解决问题的新方法。

5. 培养儿童思维的批判性

一方面,要培养儿童对解决问题所依据的条件、提出的假设和思维结果进行分析;另一方面,要注意对儿童进行思维策略的培养,以提高他们分析问题和解决问题的能力,鼓励他们在学习和生活中要敢于提出问题,善于提出问题,培养敢于争论和大胆发表自己见解的习惯。对一些关键性问题要有打破砂锅问到底的精神,不仅要"问其然",还要"问其所以然",绝不可存疑不问。

五、儿童想象力辅导

想象是人脑对已有表象进行加工改造而创造新形象的过程。想象是一种高级、复杂的认识活动,在人的学习中有着重要作用。爱因斯坦指出,想象力比知识更重要。因而培养儿童的想象力具有重要而又深远的意义。

(一)创造条件,采用多种手段丰富儿童的表象和言语

教师在教育教学活动中要创造各种条件,采取各种手段,不断丰富儿童的表象储备,改进其质量,充实其数量,以提高他们的想象力。在教学中教师要充分利用直观教具和形象化的材料,并经常组织儿童参观、看展览、游览、看电视或电影,以及参加文艺、体育、科技活动等来拓宽儿童的视野,使他们积累丰富和准确的表象,以保证想象活动的顺利进行。有时教师也可用丰富的情感和生动形象的语言进行口头讲述,带领学生富有感情地朗读以增强学生的感受,使儿童积累起丰富和准确的表象,保证想象活动顺利进行。如语文课上有的教师为让学生写好《春天》一文,他先组织学生"忆春天",通过回忆,把头脑中关于春天特点的表象提取出来,然后在初春时带学生去"找春天",如看到吐新芽的树

和柳枝、开始融化的冰雪等;过几个星期再带学生去"看春天",如看到田野一片新景象,冰河已解冻,碧波荡漾,鸟语花香;回来后就让学生"写春天",这是积累表象、发展想象的有效途径。

儿童的想象是在言语的调节下进行的,并以言语的形式表达出来。儿童的言语发展只有达到一定水平,他们的想象才可能从形象水平提高到符号水平,想象也才变得更加广阔、深刻,更加概括且富有逻辑性。教师在教学中要重视用丰富、优美、清晰、生动形象化的语言描绘事物,引导儿童阅读课外读物,参加演讲会、辩论会、故事会,举办班报、黑板报、壁报等活动,唤起和发展儿童的想象力。

(二)丰富儿童的知识经验

想象不是凭空产生的,它是人脑对客观现实的反映,必须以丰富的知识经验为基础。教育实践经验也证明,知识经验越丰富、广博的学生,头脑越充实,想象力的驰骋面就越广阔。正如富兰克林所说的,不学无术的人的想象力不过是只有翅膀没有脚。因此,教师要引导儿童努力学好各科知识,打下坚实的理论知识基础,鼓励儿童广泛涉猎多学科、多领域的知识,引导儿童积极参加科技、文艺、体育等活动,进行课外阅读、科技制作、绘画、写作、科学实验及参加各种兴趣小组等,以丰富儿童的生活经验,为儿童想象力的发展奠定坚实的基础。

(三)在各科学习中培养儿童的想象力

教师要结合各科教学活动,培养和训练儿童的想象力。例如,语文课上,要求儿童有感情地朗读课文,并鼓励他们通过想象体会作品的内容,以增强儿童的感受;音乐课上,教师可根据歌词和乐曲,引导儿童想象一幅幅有声有色的画面;美术课上,教师可引导学生借助于想象大胆创造美术作品;自然课上,教师可引导儿童去想象自然界的各种现象。

第四章

儿童言语的发展与辅导

【本章相关问题】

※语言和言语

※言语获得装置

※强化依随

※口语能力培养与训练

※情境言语

※书面语言的发展

随着社会发展与新的时代特征的显现,儿童言语的发展与辅导问题日益成为社会各界特别是教育界关注的焦点。儿童言语有其自身发展的过程、规律。为了帮助新时期儿童成长为对社会有用的人才,我们应该掌握儿童言语发展的规律、特点及开展辅导的有效方法。本章首先概述儿童言语的发展与辅导研究的基本问题,然后探究儿童言语发展的基本理论问题。

第一节 言语概述

一、言语的概念

(一)什么是语言和言语

1. 什么是语言

语言是人类社会的一种约定俗成的符号系统,也是一种社会现象,是人类在社会实践中逐渐形成和发展起来的交际工具。

在人类的生产和生活活动中人们会产生交际的需要,语言由此应运而生。不同民族或者不同地区的人们可以有不同的交际符号,于是就形成了不同的语言,如汉语、英语和粤语等。语言是抽象的,它以语音或字形为物质外壳,以词汇为建筑材料,以语法规则为结构规律。词是语言中可以独立使用的最小单位。词按照一定的语法规则结合在一起构成短语和句子。语言的基本表达形式是句子。

2. 什么是言语

语言这种符号被一个个具体的人所使用,这种使用过程就被称为言语。言语是人们运用语言进行交际的过程。教师用汉语或者英语讲课,讲述的过程就是言语。言语是一种个体现象,为了交际,人们使用某一种语言来进行听、说、读、写,在言语活动中,使用的语言可以不同,但言语过程却符合相同的心理规律。

(二)语言和言语的关系

语言和言语两个概念是相互独立而又紧密联系的。语言是社会现象,言语是心理现象;语言是抽象的,言语是具体的;言语的本意是"说话",即对语言的使用,是一种动作,而语言则是这一行为中使用到的物质。严格来说,"说话"中的"说"这个过程是指言语,而"话"则是指语言,所以二者是密不可分的。一方面,言语活动必须依靠语言来进行,离开了语言,言语就成了无源之水、无本之木;另一方面,语言又是在言语交际过程中形成和发展起来的。任何一种语言都必须通过人们的言语活动才能发挥作用,更有甚者,如果某一种语言不再为人们所使用,那么最终它将会从人类社会中消失。

二、言语的作用

(一)言语的交流作用

言语就是一个与人交际的过程,它是人与人之间沟通思想和情感的桥梁,是人们相互影响的手段。先人的知识经验要传递给后人,也必须依靠言语活动。因此,言语也是传递世代经验的途径。

(二)言语的调节作用

人的心理活动是内外统一的。言语不仅可以促进人与外界的交流,还可以使人认识到自己的心理活动,从而使人的心理活动具有自觉的性质。言语的调节功能与词语本身的概括功能联系在一起。人们在活动之前可以以词的形式订出计划,在进行过程中又用词来调节、控制自己的心理和行为。对于学前儿童而言,其最初的心理活动都是无意的,他们各种心理活动有意性的发展,都与言语的自我调节功能息息相关。

(三)言语使儿童的认识过程发生质的变化

儿童认识过程有意性的发展本身就说明言语对儿童心理的作用。言语水平对儿童思维发展水平的影响使儿童的认识过程发生质的变化。言语在感知中的概括作用就充分说明了这一点。如幼儿在看到苹果的颜色、形状及闻到其味道时,确认这是"红富士苹果"。"红富士苹果"不仅反映了事物的外部属性,还反映出事物的"意义"。借助词,还可以对事物进行比较。找出其相同点和不同点,分析事物的主要特点和次要特点,并根据事物的共同特征认识同类的未知事物,如儿童吃过梅子后,知道其味道是酸的,再后来听说"橘子很酸"时,儿童不用亲自尝也能知道其味道。正是这种概括作用,扩大了人们对事物的认识面。

(四)儿童掌握言语的过程,也就是儿童社会化和个性发展的过程

语言是在交际过程中产生和发展的,在与成人进行交流时,儿童用语言来表达自己的愿望,表示请求、命令,传达自己的观点,并通过语言来了解成人的观点和想法,从而获得知识。而在与同伴交流的过程中,他们谈论共同的意愿,探讨活动的方式,并在"讨论"中学会商讨某事,这就是典型的社会化过程。

在言语产生之前,尤其是在学会说"我"之前,儿童还没有形成真正的自我

意识,言语产生以后,儿童不但能够反映客观世界,还能够用词清楚地反映自己的主观世界,并能自觉调整自己的心理和行为,使自己的心理和行为逐渐表现出一种比较稳定的独特倾向,即个性化逐渐形成。

三、言语的种类

一般而言,言语分为两类,即外部言语和内部言语。其中,外部言语又包括口头言语和书面言语。

(一)外部言语

1. 口头言语

口头言语是个体通过发音器官所发出的语言声音来表达自己的思想和情感的言语,以听、说为主。学前儿童的言语主要是口头言语。口头言语又分为对话言语和独白言语。

2. 书面言语

书面言语是个体借助于语言文字来表达自己的思想情感,或通过阅读来接受他人影响的一种言语活动,包括识字、阅读、书写三种形式。

(二)内部言语

内部言语是一种只为语言使用者意识到的内隐的言语活动,也叫作不出声的言语。

此部分内容在第三节中会详细论述。

第二节 言语获得理论

一、先天能力论

(一)先天语言能力说

该理论认为,儿童"是自然界特别制造的小机器,是专为学语言而设计的"。儿童有一种受遗传因素决定的先天的语言获得机制(LAD)。语言获得机制包含两样东西:一套包括若干范畴和规则的语言普遍特征、先天的评价语言信息的能力。儿童获得语言,就是运用先天的评价语言信息的能力,为这套普遍的语言范畴和规则赋上各种具体语言的值。儿童获得语言的过程,就是为普遍的语言范畴和规则赋值的过程。儿童听到一些具体话语。首先根据语言的普遍特征对某一具体语言结构提出假设。接着运用评价能力对假设进行验证和评价,从而确定母语的具体结构,即为普遍的语言范畴和规则赋上具体的值。获得语言能力。LAD 工作程序说明,先天语言能力说把儿童的语言获得看作一个演绎的过程。这种学说并不完全否认后天语言环境的作用,但是对于后天语言环境的作用却看得非常之小。后天语言环境,只是起到触发 LAD 工作的作用。LAD 利用少量后天接触到的具体语言材料,就可以像知识渊博的语言学家那样,从输入的语言素材中发现规律,从而获得语言。这正如乔姆斯基在其重要的理论著作《句法理论的若干问题》中所说的那样:"很清楚,学会一种语言的小孩子已经发展了一种内在的能力,即能够描述一套决定句子怎样构成、怎样使用和怎样理解的规则。"我们可以说那个小孩子已经发展并且在心中描述了一种生成语法……那个小孩子是在对我们可以称为基本的语言数据进行观察的基础上这样做的。——小孩子在这样一些数据的基础上构造语法——也就是说,构造语言理论……作为语言学习的前提条件,他必须拥有两样东西,第一是语言理论,这种理论详细说明一种可能的人类语言的语法形式;第二是技巧,用以选择适当形式的语法,这种语法与基本的语言数据相一致。我们可以把描写这种为语言学习提供基础的固有的语言理论确定为普通语言学的一项长期任务(请注意:我们再次使用"理论"这个术语——在这里说"语言理论"而不说"一种具体语言理论"——这个词在系统里有两种解释,既指小孩子学习某种语言的天生素质,又指语言学家对这种天生素质的描写)。先天语言能力说把儿童获得语言描绘为一个积极主动、充满创造性的过程,而不像后天环境论者,把儿童看作只会对刺激发生反应的被动模仿者。儿童获得的不是一句一句具体的话语,而是关于语言的一系列规则。这一系列规则能够使儿童听懂他从未听过的话,能够让儿童具有生成他从未听过的话语的能力。儿童在获得语言过程中所使用的特有的句法现象,就是儿童创造性的最明显体现。LAD 活动有一个临界期。过了这个临界期,LAD 就会退化。所以,成人学习语言能力不如儿童,儿童能在较短时期内获得语言,没有 LAD 是不可想象的。兽孩等一些特殊儿童,在临界期前没能使 LAD 发挥作用。当他们被发现以后,尽管为他们提供了学习语言的机会,但也不能再顺利发展他们的语言了。

先天能力说在 20 世纪 60 年代提出后,学术界为此展开了激烈的争论。其最大贡献是,掀起了研究儿童语言获得的热潮,从根本上改变了儿童被动模仿的看法,注意到儿童获得语言的先天素质和儿童的主动性、创造性,并且把儿童语言发展研究提升到普通语言学理论的高度,并作为普通语言学一项长期的重要任务来对待。先天能力说对儿童语言获得过程中出现的"过分概括"等现象,可以给出较为简便的解释。因此是具有一定理论价值和学术史意义的重要学说。但是,先天能力说也受到不少批评。这些批评可以归纳为以下几方面:(1)乔姆斯基理论是思辨的产物,人脑中是否存在一个如乔姆斯基所说的那种由语言普遍特征和先天的评价语言信息的能力构成的LAD,这是一个无法证明的假设。(2)过于低估后天语言环境的作用。许多研究表明,儿童阶段语言的发展,同成人与儿童交谈的话语呈正相关。我们在研究成人同儿童交际的语言问题时曾发现:成人同儿童交谈的话语,在复杂程度上具有"略前性",对儿童语言发展起着"导之以先路"的作用。这一研究与王益明所综述的国外一些研究情况相同。此外,王益明还综述了国外一批学者的另一些研究。这些研究分别搜集并分析了大量母亲对18~36个月儿童的谈话资料,发现母亲对儿童谈话比对成人谈话更为简短且合乎语法,并不像乔姆斯基等人所设想的那样,儿童所获得的语言输入是一些杂乱无章的话语。乔姆斯基等人认为,儿童在数量不多的语言输入中,就可以概括出各种语言规则。这种看法也是不符合实际的。美国心理学家刘易斯等指出,在学会说话之前,儿童听到的话语是非常多的。一个3周岁的儿童听到的单词就有好几百万。这些研究成果表明,后天的语言输入对儿童的语言发展起着重要作用,并非仅仅是一种触发因素。(3)史莱辛格研究,对儿童生来具有LAD这种普遍的语言范畴和规则提出了反证。史莱辛格让聋童看几幅内容不同的画:人把猴子给狗熊,狗熊把猴子给人,猴子把人给狗熊等,然后让被试用手语来表达画的内容,目的是看这些对自然语言毫无所知的聋童是否具有一些最基本的语法范畴。实验结果表明,这些儿童的手势语没有英语中的那些语法关系。聋童只是因听力障碍而不能获得有声语言。但是,他们的LAD并没有损伤。这起码说明儿童生来并不具有乔姆斯基所说的普遍语言范畴。而且,如果说儿童生来就具有这些范畴的话,就不会在获得语言过程中,出现儿童特有的语言现象,因为这些特有的语言现象并不合乎人类普遍的语法。(4)乔姆斯基把儿童学习语言的过程看得过于容易。事实上,儿童学话是一个十分艰巨的过程。不仅有大量失误,而且所花费学习的时间是非常多的。在国际上久负盛名的加拿大语言学家麦基,在被称为语言教学研究圣经《语言教学分析》一书中指出:"马蒂估计,学校用于教第二语言的课时数,平均每年为250小时;而在家里学习第一语言,一个人一年大约能花5000个小时。"马蒂的估计如果大致可信的话,如果一个孩子需要5年才能掌握第一语言的话,那么他所花费的时间是25000小时。这个数字足以说明:儿童语言获得绝不是一件轻而易举的事。表面上看,先天能力说很强调儿童在语言获得过程中的主动性和创造性,但就此而言,他们对于儿童的主动性和创造性又是估计不足的。胡明扬先生也曾不点名对乔姆斯基等人的观点提出过批评:儿童学习母语或者说第一语言是一个艰苦、复杂而又漫长的过程,而不是像某些人所说的是一个轻松愉快而又简短的过程,似乎儿童只需要听到周围的人说过的既不完全又很少的一些话就能凭天生语言机制一下就掌握了这种语言,一下就什么话都会说了。这种说法是完全不符合事实的。此外,先天能力说认为,语言能力是人类的一种特殊的不同于其他方面的能力,儿童的语言学习能力也是一种特殊的不同于其他学习的能力。这种看法尚有争议。皮亚杰及其追随者认为,语言能力是人的认识能力的一种,语言学习能力同其他学习能力没有什么不同。这种争论至今还在继续着。

【资料窗口】

乔姆斯基(Noam Chomsky,1928—),美国语言学家,转换—生成语法的创始人。1928年12月7日出生于美国宾夕法尼亚州的费城。1947年,在哈里斯的影响下他开始研究语言学。1951年,在宾夕法尼亚大学完成硕士论文《现代希伯来语语素音位学》,1955年,又在该校完成博士论文《转换分析》,获得博士学位。从1955年秋开始,他一直在麻省理工学院工作,曾任该校语言学与哲学系主任,并任该校认知科学研究中心主任,为语言学界培养了一批有素养的学者。

乔姆斯基

(资料来源:刘新学、唐雪梅主编:《学前心理学(第2版)》,北京:北京师范大学出版社,2014年。)

(二)自然成熟说

自然成熟说是由哈佛医学院心理学家伦内伯格提出的一种儿童语言发展理论。该理论的基本主张:

第一,语言能力具有先天性。1967年,伦内伯格发表重要著作《语言的生物学基础》。在该书中,伦内伯格提出六条标准,用来鉴定一种能力是先天还是后天的:(1)这种行为在需要之前就出现了;(2)它的出现不是主观决定的;(3)它的出现不是靠外部原因激发的;(4)获得这种行为往往有个"关键期";(5)直接教授和反复训练对这种行为获得的影响甚小;(6)它的发展有阶段性,通常与年龄、其他方面有关。如果某种行为具备以上六条,就可以说是与生俱来的。伦内伯格证明,语言行为完全符合这些标准,因此是先天性的。

第二,语言能力是自然成熟的。伦内伯格同乔姆斯基等人一样,也赞成先天说,但是,他的理论基础却是生物学和神经生理学。伦内伯格把儿童语言发展看作一个受发音器官和大脑等神经机制制约的自然成熟过程。语言是人类特有的,人类具有一种先天潜在的语言结构,有适合语言的生物学基础。比如,人类牙齿整齐无缝,唇肌发达灵活,口形小而张合迅速,声带比其他动物简单,气流畅通无阻,肺部造型特殊。不说话时呼吸是一种节奏,讲起话来呼吸又是另一种节奏,且无不快之感。这一切都是为发音而生。人类有着任何动物难以比拟的发达大脑,儿童出生,发音器官和大脑等神经器官都不成熟。伴随着年龄的增长,儿童的发音器官和大脑神经机制逐渐发展成熟,当与语言有关的生理机能成熟达到一种语言准备状态时,只要受到适当外界条件的激活,就能使潜在的语言结构转变成现实的语言结构,语言能力就显露出来。儿童语言也就逐渐发展成熟。不同民族儿童的生理发展是相似的,所以其语言发展过程和速度也是相似的,儿童生理发展是由遗传因素决定的,语言获得是由先天遗传因素决定的。

第三,语言发展存在关键期。洛伦兹的研究引起心理学家的浓厚兴趣,他们还尝试用这一学说来考察人的行为,伦内伯格语言发展关键期学说,就是这种尝试的产物。他指出,儿童发育时期,语言能力受大脑右半球支配。在成长过程中,语言能力要从右半球转移到左半球,即大脑侧化。侧化一般发生在2岁至12岁的关键期。如果大脑侧化之前,左半球受损,语言能力就停在右半球;如果大脑侧化之后,左半球受损,就会失去语言能力。神经外科医生彭菲尔德研究也支持语言发展关键期学说。彭菲尔德说,人脑不是事先安排好程序的计算机,而是活着、成长着、变化着的器官。人类头部两边太阳穴脑叶有一大片皮质,它在初生时是没有固定职能的,到后来才变为专司语言和知觉的东西。可是到了10岁至12岁,脑子里的语言中心就固定在一个地方,再也转移不了。加拿大多伦多大学语言学家查穆伯斯在1992年发表了《方言习得》一文。该文根据6名加拿大孩子移居英国习得英国南部方言的材料,发现对于新方言的复杂规则和新音位,7岁和7岁以下的人(早期习得者)可以顺利习得。14岁和14岁以上的人(晚期习得者)几乎不能顺利习得,很可能永远不能完全掌握。7岁至14岁之间的,有的属于早期习得者,有的属于晚期习得者。这一研究也说明语言学习有一个关键期。语言发展关键期学说,可以解释为什么成人语言学习能力不如儿童,为什么兽孩和吉妮被发现之后,语言能力不能得到顺利发展。语言发展关键期究竟在几岁,关键期对于语言学习的影响究竟有多大?仍是个众说纷纭的问题。语言发展离不开一定的生物学基础。伦内伯格的学生斯洛宾并不完全赞同自然成熟说,但是他在《心理语言学》一书的第五章"语言生物学基础"中,也补充了一些新资料,用来阐明生物学因素对儿童语言发展的影响。不过,除制约语言发展的生物学因素之外还有其他因素。伦内伯格学说较多地阐明了生物学基础对语言发展的影响,未免有些片面,而且有些现象是伦内伯格不易解释的。比如,日本有一位名叫角田信男的医生,用了15年时间研究脑的两半球支配问题。他发现,一般人是右耳对音节具有优势,左耳对元音具有优势。而日本人和波利尼西亚人则是右耳对元音和音节都具有优势。左右耳的优势不同说明大脑左右半球分工的不同。日本人和波利尼西亚人对于元音和音节都呈现右耳优势,说明都是在大脑左半球进行处理的。据角田信男的分析,这种不同与日本语、波利尼西亚语的特点有关。日本语和波利尼西亚语中元音占优势,其地位同辅音一样重要。如果说人类大脑两半球对于语音的支配方式是受本族语言特点影响的结果,而不是遗传的结果,这无疑是对成熟说的一个挑战。

【资料窗口】

关键期

关键期亦称"敏感期"。指在有机体早期生命中某一短暂阶段内,对来自环境的特定刺激特别容易接受或掌握某一种技能的最佳时期。1937年奥地利生态学家K.洛伦兹在对鸟类自然习性的观察研究中发现,刚出生的小鸭在出生后的很短一段时间内会追逐它首先看到的活动有机体,这种现象称为"印刻"。"印刻"发生的时间很短,如果超出这段时间,小鸭就不会跟随活动的有机体。这段时间就是关键期。研究表明,儿童发展也有关

关键期

键期。如2~3岁是儿童语言发展的关键期;1~4岁是视觉发展的关键期;4~5岁是儿童学习书面语言的关键期;5~6岁是掌握词汇能力的关键期。如错过这个关键期,与此阶段相关的能力就会永远丧失。发展心理学家借用这个概念,希望探讨哪些能力或心理与行为品质的形成在某一年龄段是最关键、最重要的。

二、环境论

(一)选择性模仿说

机械模仿说在20世纪20年代到50年代很流行,但是随着乔姆斯基的被批评而日薄西山。不过也有不少研究表明,模仿在儿童语言发展中确实是有作用的。为克服机械模仿说之不足,不少学者对机械模仿说进行改造,提出了"选择性模仿"新概念。对选择性模仿较早、较系统进行论述的,是怀特·赫斯特和瓦斯托1975年合写的《语言是通过模仿获得的吗?》一文。文章在考察60年代和70年代初的大量相关研究之后指出:儿童学习语言不是对成人语言的机械模仿,而是选择性模仿。当儿童对某种语言现象具有一定的接受能力(理解)时,就会对这种语言现象进行选择性模仿。选择性模仿是对示范者语言结构的模仿,而不是对其具体内容的模仿。选择性模仿把示范句的语法结构应用于新的情景以表达新的内容,或将模仿获得的结构重新组合成新的结构。这样便产生了儿童自己的话语。怀特·赫斯特等人把这种理论表述为"理解、模仿、产生假说"。维里尔斯夫妇1978年指出,有的儿童常会模仿一句话末尾的词,或是有选择地模仿重读的词,有的儿童喜欢在已掌握的句子结构里套用新词,或者使用已掌握的旧词按照某种样式组成新的句子结构。选择性模仿表明儿童在模仿一句话之前就已经略懂这句话。它既非全新的,但又没有完全被掌握。维里尔斯夫妇的选择性模仿虽不完全等同于怀特·赫斯特等的理解、模仿、产生假说,但却相去不远。总之,选择性模仿认为,儿童不仅可以原原本本地模仿示范句,而且可以对示范句进行选择性模仿,特别是对示范句语法结构的模仿,并指出模仿的条件是儿童具有对示范句初步理解的能力。选择性模仿说试图以此解决理解、模仿和新话语产生的关系,而且注意到儿童学习语言的主动性,为模仿增加了新的内容。对儿童语言的发展具有一定的解释力。但是,模仿,即使是选择性模仿说意义上的模仿,也只是儿童学习语言的一种方式,用它来解释儿童语言的发展未免失之偏颇。同时,选择性模仿说提出的时间不长,还有许多问题需要进一步研究。正如怀特·赫斯特等人在《语言是通过模仿获得的吗?》一文中结束时所说的:和任何题目的探究一样,还有更多的东西需要了解。其中需要了解三个直接有关的问题:(1)促进句法结构理解的示范条件是什么?(2)在了解和产生之间引起转换的媒介之变量是什么?(3)促进选择性模仿趋向自发产生的是什么?

(二)强化说

强化说是行为主义最有影响的解释儿童言语发展的理论。在40年代和50年代初非常盛行。强化说的主要代表人物是被称为联想派大师的斯金纳。强化说以刺激—反应论和模仿说为基础,并特别强调"强化"在儿童语言学习中的作用,认为儿童是通过不断强化学会语言的。美国语言学奠基人布龙菲尔德在《语言论》第三章中虽没直接用强化这个术语,但他对儿童语言发展过程的叙述已见强化说的端倪。

【资料窗口】

斯金纳

斯金纳,美国心理学、操作行为主义的主要阐述者,循序渐进教学法的创始人。哈佛大学哲学博士(1931)。印第安纳大学心理学系教授、主任,哈佛大学心理学教授。主要著作:《生物体的行为》(1938)、《教学术语》(1958)、《超越自由和尊严》(1971)。

斯金纳受行为主义创始人华生(J. B. Watson,1878—1958)的观点和俄国生理学家巴甫洛夫(J. P. Pavlov,1848—1936)条件反射学说的影响,并从实证主义和操作主义立场出发,早在20世纪30年代就开始研究动物学习。他认为,一切行为都是由反射构成,心理实验者的任务就是给予已知刺激,观察学习者的反应,从而探究行为的规律,来实现对动物和人行为的预测、控制,至于有机体的内部活动,他是不研究的。为此,他设计了斯金纳箱,在实验的基础上,提出操作条件反射说。

斯金纳将他的操作条件反射和强化理论的观点运用于教学。他认为"教育就是塑造行为,塑造在不久的将来对个人和别人有利的行为"。至于成功的教学和训练的关键,他认为是分析强化的效果及设计精密的操作过程的技术。斯金纳说:"只要我们安排好一种称为强化的、特殊形式的后果,我们的技术就允许我们几乎随意塑造一个有机体的行为。"并认为教学应具备下列几方面:(1)在学习情境中,学习者不应该为引诱物学习;(2)在学习情境中,学习者不是被动的,而是主动的操作学习;(3)在学习情境中,学习者必须没有拘束,没有压力,可以自由活动。至于强化物,他认为对学生来说,食物、金钱、分数、奖章、表扬,甚至知道做对了,都可以成为强化物。这样在学习复杂的知识和行为中,前一步强化后一步,这种连续强化过程,就是塑造过程。斯金纳就是依据操作强化原理提出程序学习。所谓程序学习,就是将一门学科内容分成一系列逻辑联系的知识项目,编成数以百计甚至数以千计前后衔接、逐步加深的问题框面,正确回答问题,则再学下一个框面,这些教材都在教学机器中呈现。斯金纳的程序学习60年代在美国风行一时,也波及世界各国。

斯金纳在其名著《言语行为》中广泛运用"强化"来解释各种言语行为,并提出"自动的自我强化"的概念。这一概念是指儿童的模仿性发音,也会对儿童产生强化作用。斯金纳在其后期著作《关于行为主义》中又提出"强化依随"的概念。所谓"强化依随",是指强化刺激紧限在言语行为之后发生,有两个特点:(1)最初被强化的是个体偶然发生的动作。反应和强化只是一种时间上的关系,并非有目的、有意志的行为。(2)强化依随是渐进的。当儿童对示范句的模仿有些近似时,就给以强化,然后再强化接近该句的话语。通过这种逐步接近的强化方法,儿童最终学会非常复杂的句子。强化在儿童语言发展中无疑是有相当大作用的。怀特·赫斯特等在《语言是通过模仿获得的吗?》一文中曾经概述了强化在儿童语言发展中起作用的许多研究。但是,强化毕竟只是影响儿童语言发展的一种因素,用它来涵盖所有的儿童语言学习现象必然是片面的。而且强化说是建立在刺激—反应论和模仿说基础之上的,也不可避免地会带上刺激—反应论和模仿说的缺陷。

在乔姆斯基时代,强化说招致乔姆斯基等人的批评。这些批评可以概括为如下几方面:(1)刺激、反应、强化等概念,是行为主义心理学家在实验室中通过对小白鼠等动物的实验得出的,人的言语行为必然不同于动物的"行为"。行为主义者把动物的"行为"与人的言语行为相提并论,用来解释儿童语言的发展,是不合适的。(2)行为主义者把言语行为简单地看作一系列刺激-反应现象,只强调语言行为是可观察、可测量的外部因素,并认为弄清楚这些制约语言反应的变量,就可以预测人的各种言语行为。这种看法未免太幼稚。影响言语行为的因素十分复杂,有环境因素,有心理因素,还有大量的语言因素。这些方方面面的因素,并非都是可观察、可测量的,也不是简单的刺激与反应。比如,许多"异形同义"的语句会引起相同的反应,而"同形异义"的歧义结构则是一种刺激,会引起不同的反应。各种修辞意义的学习,也绝非简单的刺激-反应论所能解释的。(3)强化虽然是儿童学习语言的一种重要方式,但绝不是唯一方式。语言的单位规则是有限的,但是由这些单位规则所生成的句子却是无限的。成人不可能对这无限的句子都给予强化反应。而且在儿童语言发展的自然环境中,成人比较关注的是儿童话语内容的合适性,而不是语法结构的正确性。杜诗春和朱曼殊、缪小春等的两部《心理语言学》著作中,都引用过布朗等人的发现:一个三岁多的儿童说自己的母亲"He a girl"(他是一个女孩)。孩子的母亲回答"That is right"(对啦),并没有改正其语法上的错误。但当孩子指着灯塔说"There is the animal farmhouse."(这里是一个养动物的农舍)时,虽然语法结构正确,但是内容不对,母亲却立即给以纠正。布朗的例子说明,成人对儿童言语行为的强化,并不完全是合适的。此外,我们在前面也举过麦克尼尔和朱曼殊等发现的强化不成功的例子。母亲反复纠正其儿子的"Nobody don't like me"这一错误说法,而儿子最终还是说"Oh, Nobody don't like me"研究者连续十几天向儿童提出"××是谁买给你的"之类的问题,并每次纠正她的错误说法,并示范正确的形式,但是该儿童不能把"买给你的"转化为"买给我的",很显然,强化说对于这些与强化有关的现象并不能给出令人信服的解释。总之,概括而言,强化理论对于以下三个问题无从作答:第一,儿童语言发展的速度如此惊人,可以在短短的几年中掌握那么多词汇,这仅仅是"强化"就可以解决的吗?第二,事实上,在儿童语言发展进程中,成人很少对儿童语言的正确语法进行强化,甚至对于有明显语法错误的句子,成人也并不及时指出,那么,儿童是怎样掌握句子的语法结构的呢?第三,强化并不能促使儿童了解句子为什么正确,为什么不正确,那么儿童是怎样理解句子的意思的呢?总之,强化理论过于强调儿童无目的的反应和狭隘的强化作用,从而忽略了儿童在语言学习活动中的主观能动性。

三、环境与主体相互作用论

(一)皮亚杰的认知作用论

在行为主义盛行时期,皮亚杰的学说并不为人所重视。在乔姆斯基学说对行为主义展开批评以后,人们才逐渐发现皮亚杰学说的价值,并把它用于儿童语言获得的研究。与此同时,也引起皮亚杰本人对儿童语言获得的关注。人们通过对皮亚杰认知说的研究,可以从这一学说派生出如下关于儿童语言获得的基本观念:(1)人类有一种先天的认知机制。但是,这种先天的认知机制不是乔姆斯基所说的由语言的特征所构成,而是一种一般性的加工能力。它不仅适用于语言活动,而且适用于其他一切认知活动。儿童语言发展的普遍性,不是因为他们有一个与生俱来的普遍语法,而是由于人类具有普遍的认知策略。(2)儿童并没有特殊的语言学习能力。语言学习能力只是认知能力的一种。语言不决定认知能力的发展,相反,认知能力的发展决定语言能力的发展。(3)儿童的语言发展,是儿童主体因素和客观环境因素相互作用的结果,是通过同化和顺应不断地从一个阶段发展到一个新的阶段。

(二)社会交往说

社会交往说是布鲁纳、贝茨和麦克惠尼等学者的主张。他们认为语言获得不仅需要先天语言能力,而且需要成熟和认知的发展,更需要在交往中发挥语言的实际交际职能。因此,他们特别重视儿童与成人语言交往的实践,并认为儿童和成人语言交际的互动实践活动对儿童语言发展起着决定性作用。社会交往说的主要证据来自两方面:

1.语言获得不顺利的一些案例

(1)"兽孩"例子。到目前为止,人们已经发现30余个由狼、老虎和熊等野兽抚养的在兽群中长大的孩子。这样孩子被称为"兽孩"。兽孩从小就没有与人进行语言交际的机会。所以,他们没有一个能学会语言的。例如,1920年在印度加尔各答发现两个女性狼孩,她们都不会说话,且身上带有许多狼的特征。约一岁半的阿玛拉被发现不久就死去了。约8岁的卡玛拉被送到保育院中生活了9年,但是仅学会了6句话。

(2)一对聋哑夫妇希望他们听力正常的儿子能学会正常人的语言。但是,因儿子有气喘病而不能外出,只能让他在家里跟着电视机学习语言。这个孩子虽然听到许多话,但是只是单向地听,没有语言交际实践,最终还是没有学会正常人的语言,只能使用从父母那里学来的手势语。

(3)卢利亚曾经观察过一对同卵双胞胎的语言发展。这对双胞胎总是在一起,对话极其简单,常用半截话叫喊,语言发展非常缓慢。直到5岁时有80%的话语还是无组织的。后来,把他们分开放进幼儿园,增加了他们与成人的语言交际。发现他们的语言都有了一定的发展。

(4)吉妮的例子。1970年,美国加利福尼亚的一个女孩,1岁后一直被她的父亲幽禁在一间小屋里,不让任何人与她讲话。到13岁被发现时,她(人们给她取名"吉妮")只能听懂自己名字和"sorry"一词,没有什么语言能力。这些事实表明,儿童的语言获得离不开与成人进行交际的语言环境。至今人们尚未发现,脱离人类社会或被剥夺与成人语言交际机会的孩子能够学会语言的。

2. 成人与儿童交谈的话语

关于成人与儿童交谈的话语,国外文献有 child directed speech(简称 CDS,译为"儿向言语")、babytalk 和 Motherese 等不同提法。60 年代以前,人们一直忽视对 CDS 的研究。即使搜集一些词汇资料,也只是为了考察其特点,并没有与语言获得问题联系起来。近20年来,不少人发现 CDS 与儿童语言发展关系密切,这才受到学术界重视,并且取得了不小的进展。综观国内外研究,CDS 具有如下一些主要特点:

(1)CDS是一种动态话语,对不同年龄阶段的儿童,CDS特点也不一样。它的语法、语义和语言内容所代表的认知难度与交谈对象的语言水平、认知能力相比,稍微高一些。它是儿童所听到的最多的话语,是语言获得中最主要的输入材料。

(2)同成人之间的交谈话语相比,CDS 词语和语法都比较简单,更合乎语法,其重复性和冗余度较高。受儿童生活环境限制,交谈内容一般都是现场事物,是儿童经验和认知能力所能把握的,是儿童感兴趣的。交谈方式较多的是对儿童话语的重复、扩展或评价。

(3)语调较高,语速较慢,具有夸张意味。社会交往说根据 CDS 的这些特点,指出语言输入在儿童语言获得中具有重要意义。它为儿童提供了较为适合的语言样板,以便儿童进行模仿和加工,并吸引儿童的注意力,带动儿童的语言向前发展。在与成人语言交际中,儿童具有控制话题的主动权,这种话语交际与儿童生活密切相关,既是儿童与成人间的语言互动,又是生活实践的相互作用。在具备学习语言的各种条件下,儿童正是在这种社会交往实践中发展语言的,在发展语言的同时,认知和其他方面的能力也发展起来。社会交往说认为,社会交往几乎可以看作儿童的一种天性。儿童在会说话之前,就已经能用体态与成人交际,并听懂一些成人话语;在单词句和双词句阶段,儿童以语言、体态或者是体态与语言相结合的方式作为交际手段;最后过渡到可以完全用语言进行交际。但是,由于这方面的研究工作还没有全面展开,所积累的材料有限,而且对于规则学习的具体过程和性质,对于CDS的研究也还存在不一致的结论,所以其学说还不系统,需要进一步完善和发展。

【资料窗口】

影响儿童语言获得普遍性(共性)和特殊性(差异性)的因素

综合分析儿童语言获得的研究资料,许政援(1996)提出影响儿童语言获得普遍性(共性)和特殊性(差异性)的四个因素:

第一个因素是语言本身。语言是一种符号,是反映客观世界的一种工具。人们所处的地区、社会虽然不同,但世界上的客观事物及其相互关系、人与人、人与物的关系,都有共同之处。因此,作为它们的反映的语言都有共性。这决定了儿童语言获得具有普遍性,但是,不同的语言之间存在个别差异,即特殊性,如词汇变化和语法、句法上的差异等。

第二个因素是人类所特有的大脑和言语器官。人脑中有关言语的区域以及人的言语器官都具有共性,影响并决定儿童语言获得的普遍性。但是,儿童言语器官的发育和认知的发展有早有晚,二者在发展速度的匹配上也有所不同。

第三个因素是儿童的认知发展。儿童获得语言需要以一定的经验和认知发展为基础,并且要有一定的抽象概括水平。儿童的认知是从具体到抽象不断发展的,因而语言获得也是先具体后抽象,一步一步发展起来。但是儿童认知发展也存在某些个别差异,它们能促进或限制语言的获得与发展。

第四个因素是成人对儿童的言语教授和儿童相应的选择、模仿学习,以及儿童本身在语言获得过程中的抽象概括能力,即儿童的积极主动性和创造性。

(资料来源:桑标主编:《儿童发展心理学》,北京:高等教育出版社,2009年。)

综上所述,儿童语言发展是一个十分重要而又复杂的问题。它具有自己的系统、自己的结构和自己的规则。这些规则并不是他最终学会的成人语言粗糙的毛坯。迄今为止,还没有任何一种理论可以把儿童语言的获得过程机制阐述到至善至美的地步。

第三节 儿童言语发展的年龄特征

一、前言语的发展

言语活动不是生来就有的,而是后天逐步掌握的。其发生过程大约经历一年时间,即整个乳儿期都是言语发生期,分为产生和理解两个方面的准备,因此这一时期也称为前言语期。

(一)语言产生的准备

儿童语言的产生经历一个固定的发音发展阶段。无论抚养他们的语言社会环境如何,所有婴儿都经历了相同的发展顺序,具体发展阶段见表4—1。

表4—1 前言语阶段语言的发展

阶段	时间	特征
阶段一:反射性发音阶段	出生~2个月	该阶段的特征主要为反射性的声音,如哭声、烦躁时的发音以及诸如咳嗽、打嗝和打喷嚏等声音;另外,也可能出现一些类似于元音的声音。该阶段的发音部分取决于婴儿声道的生理结构。
阶段二:叽叽咕咕的声音和笑声	2~4个月	婴儿开始发出一些舒适状态的声音。这些声音似乎是从口的底部发出的,出现了软腭音和后元音,并且出现了持久的笑声和咯咯笑声。
阶段三:发音游戏阶段	4~6个月	婴儿似乎在检测他们的发音器官,以决定他们能发音的范围。该阶段的特征在于出现了很响和很轻的声音(喊叫和耳语),以及很高和很低的声音(尖叫和怒吼)。一些婴儿产生了长久的双唇颤音和持久的元音,有时也发出一些初始的辅音和元音音节。
阶段四:典型的牙牙语	6个月以上	该阶段的特征是出现了系列的辅音—元音音节,并且在时间控制上类似于成人。婴儿的声音第一次听起来像是试图产生单词。这一阶段多音节的发音包括重复牙牙语(如"bababa")或变化牙牙语(如"bagidabu")。起初重复牙牙语占优势,在12个月左右时间变化牙牙语出现更多。

续表

阶段	时间	特征
阶段五：含混语阶段	10个月以上	牙牙语的最后阶段,通常与有意言语的早期阶段重叠,其特征是所发出的声音和音节串带有丰富的重音变化和音调模式。这种输出也被称为会话牙牙语或协调牙牙语。

(二)语言理解的准备

胎儿期就有了语音听觉。儿童对言语刺激是非常敏感的。不到10天的新生儿就能区别语音和其他声音,并对之作出不同的反应。如原先已停止吸奶的乳儿,在听到一段语音后又开始用力吸,并且吸吮速率大大增加。而对非语言乐音则增加不多。另有研究发现,一个正在听成人讲话的一个月大的乳儿,其肌肉运动停顿和成人交流停顿同步。这些都表明乳儿对言语刺激的敏感性。

八九个月时,乳儿已开始表现出能听懂成人的一些话,并作出相应反应。由于多次感知某种事物或动作,并同时听到成人说出关于这一物体或动作的词,在头脑里就对这一物体或动作的形象和词建立了联系。以后只要听到这个词的声音就能引起相应反应。如说"妈妈呢?"乳儿眼睛就会看向妈妈,并拍手。这时乳儿主要是对词的声音有反应,而不是对词的内容有反应。因此,对跟这些词相似的声音都会引起同样反应。从10～11个月开始,乳儿逐渐懂得一些简单词的意义。这是从词的声音与物体或动作相联系,逐渐过渡到对词的意义发生反应,这时对相似词不再发生相同的反应。而开始对词的意义发生反应,即开始懂得词意了。1岁的小儿能听懂的词可以有10～20个,然而可以说出的词却还是很少,而且说得往往不清晰,但这是小儿与成人进行语言交际的开端。

二、婴儿期儿童言语的发展

(一)单词句发展(1～1岁半)

在此阶段,儿童主要是理解成人言语。同时,他们开始说有一定意义的词。研究发现,10～15个月间,儿童每个月掌握1～3个新词;到15个月左右,他们就能以这些所掌握的词汇说出一些单词句。随后儿童掌握新词的速度明显加快。李石君研究,1岁半儿童的词汇量为70个。单词句阶段儿童言语的特点:(1)单个字或单音重复。此阶段儿童最易掌握的是他们经常接触、最熟悉的只有一个字的词,如猫、海、鸡等。对那些包括两个不同发音的词,如汽车等。他们都自行进行简化。如简化为"汽"或"车"。如教孩子说"蛤蟆"一词,孩子一般就用"蛤"表示。对"妈妈""爸爸"这样的词也较易掌握。如果父母日常生活中,经常对孩子说一些单音重复的词,那么,孩子语言中这种特点尤为明显。(2)一词多义。由于这个年龄段的孩子对词的理解不准确,说出的词往往代表多种意义。儿童最先接触到球,而后对类似的东西,如苹果、土豆,甚至扁圆形的铃都叫球。知道"月"(月亮)之后,看到圆的也都叫"月"。(3)以音代物。对于能发出声音的某些物体,孩子们往往用象声词代表该物体。如把汽车叫"笛笛",把小狗叫"汪汪",把小猫叫"妙妙"。(4)以词代句。这一阶段的孩子不仅用一个词代表多种物体,而且用一个词代表一个句子。如"妈妈"一词就可以代表多种意思:妈妈抱、妈妈来、找妈妈等,听者需借助于情境才能理解。儿童单词句也在不断发展变化。刚开始儿童只能说一个字代表一句话,但到15个或16个月左右,儿童开始能用两个单词连续或间断地陈述事物状态,表达自己的看法或愿望。如"爸爸——班"(爸爸上班了),"妈妈——来"等。但这类语言数量不多。近1岁半时,这类语言逐渐增多,如"爸、凳"或"凳、爸"(爸爸坐凳)、"椅、上"(从椅子爬上床),甚至出现"妈妈抱"这样的简单句。这表明儿童正在向双词句阶段过渡,并开始初步获得基本的句法结构。在单词句后期(即17个月左右),儿童开始能与成人进行稍长时间的谈话交流。如在孩子1岁后,家长给孩子买一本图画故事书,孩子经常听以后,就可以和成人一起看着书,把故事梗概讲出来。讲的过程中,往往给成人补充关键动词,并用动作来补充说明。一个17个月大的小女孩在看《小壁虎借尾巴》的图画书后,当有一天成人再次给她讲这个故事时,她接着成人的话,补充了"哎""疼""愁""不借""长"等关键动词,并以动作来补充说明。整个过程其注意力非常集中,表现出明显的交流倾向。值得注意的是,在单词句阶段及整个婴儿期,儿童对语言表现出极大的兴趣,常缠着成人给他讲书(图画书),喜爱重复,百听不厌。成人应满足孩子这一强烈需要,可以选一本生动有趣、情节简单、画面清晰的画册,经常给孩子讲讲,这对儿童言语发展是非常有益的。

(二)双词句发展(1岁半~2岁)

1岁半以后,孩子说话的积极性提高,能够说出的词大量增加,2岁时可达270个。一般将这个阶段称为"电报句"阶段,因为此时期儿童的语言形式是断续的、简略的、结构不完整的、类似成人的电报文体。故也称为"电报句"。如"爸爸班班""阿姨打针""坐妈妈腿"等。布朗发现儿童双词句中的词序和意义具有高度一致性,这已为我国学者研究所证明。在此阶段,儿童表达意义的结构形式有11种。按语义性质,可分为指称形式和关系形式两大类。伦纳德发现,指称形式出现最早,其次是动作者、动作、对象的一组关系;再次是物体属性、位置、物主、所有物等关系;最后为体验者、体验、工具等关系。1岁半~2岁是儿童词汇发展迅速时期。有研究发现,在此期间,儿童言语发展有两个加速期:一是在19~20个月,出现词汇激增现象;另一是2岁左右,出现一次"双词句爆炸"现象,由250句/月左右一下跳跃到约1500句/月。双词句的激增使儿童有可能同他人进行语言交流。在此阶段,儿童基本上可用语言表达各种意愿,也可以背简单的儿歌。

(三)完整句发展(2~3岁以后)

2岁以后,儿童开始运用合乎语法规则的完整句更为准确地表达思想。许多研究证明,2~3岁是儿童言语发展的关键时期。此时儿童言语发展主要表现在两方面:

第一,能说完整的简单句,并出现复合句。儿童2岁以后,语言中合乎语法的简单句增加。在基本的"主谓""动宾"结构中,开始扩充进宾语、状语、主语、补语等。如一个2岁孩子可以说出"你看我跳舞""你看我跑多快""找爸爸抱抱"等句子。并且这个阶段他们开始把2个或3个简单句合并为一句话。如"快穿衣服,省(得)冻着,别感冒""外边下雨了,不能出去"。可以看出此年龄段儿童可以用句子表达事物之间的简单关系。到3岁左右,儿童可以用断断续续的语言复述简单的故事,或讲一个自己的经历。

第二,词汇量迅速增加。2~3岁儿童的词汇增长非常迅速,几乎每天都能掌握新词。到3岁时,孩子已能掌握1000个左右的词。从我国一些研究材料看,此阶段儿童所说的词类比例也有变化。名词和动词仍占多数,但比例在减少,较抽象的形容词、副词和代词所占比例增加;最抽象的数词、连词还没有增加,婴儿词类比例变化趋势是一致的。总之,婴儿期是儿童言语发展的关键时期。到3岁时,儿童已掌握最基本的词汇、词类和句型。所说出的话语也基本上符合语法。可以说,此时儿童已经掌握最基本的语言,但这种语言水平还很低,属于情境性言语阶段。情境性言语是只有在结合具体情境时,才能使听者理解说话人所要表达的思想内容,而且往往还需要说话人运用一定的表情和手势作为自己言语活动的辅助手段。儿童年龄越小,表现就越明显。

表 4—2 幼儿不完整句与完整句的比例

年龄	不完整句	完整句
2岁	36.22	63.78
2岁半	35.08	64.92
3岁	7.08	92.97
3岁半	5.73	94.27
4岁	6.76	93.24
5岁	5.26	94.74
6岁	1.61	98.36

三、幼儿期儿童言语的发展

(一)语音的发展

1. 逐渐掌握本民族语言的全部语音

一般3岁儿童的语音辨别能力已经发展起来,但对个别相似音可能还会混淆(如b和p)。对于少数民族和方言地区的儿童来说,由于缺乏语言环境,听懂普通话仍是比较困难的。

因此,幼儿教师在教育过程中首先要使用普通话。在教学时,应有意识地挑选出方言和普通话发音不一致的地方,作专门训练。

学前儿童发音的一些困难,只要不是由生理缺陷造成的,一般是受方言的影响。如在四川方言中,是没有"儿"这个辅音的,因此儿童不会发这个音,而发音方面的类似问题,在正确的教育下是可以逐步得到纠正的。特别是4岁左右,是培养儿童正确发音的关键期。在这个时期,儿童几乎可以学会全世界各民族语言的任何发音;4岁以后,儿童的发音开始稳定,趋于方言化,即开始局限于本族或本地区语音。这时,再开始学习其他方言或者外语的某些发音就会感到困难。

2. 对语音的意识开始形成

儿童要学会正确发音,必须建立起语言的自我调节机能。一方面,要有精确的语言辨别能力。另一方面,要能控制和调节自身发音器官的活动。儿童开始能自觉辨别发音是否正确,自觉模仿正确的发音,纠正错误的发音,就说明对语音的意识开始形成。

2岁之前的儿童尚未形成对语音的意识,他们往往不能辨别自己或者他人发音上的错误,发音主要受成人的调节,靠成人的言语强化来坚持正确的发音。幼儿期逐渐出现对语音的意识,开始自觉对待语音。幼儿语音的形成主要表现为:

(1)可以评价他人发音的特点,指出或纠正他人发音的错误,或者笑话、故意模仿别人错误的发音等。

(2)能够意识并自觉调节自己的发音。例如,有的幼儿不愿意在他人面前发一些自己发不准的音;有的幼儿声称自己不会发某个音,希望别人来教他;又或者有的幼儿有意识地模仿别人,以纠正自己的发音。

综上所述,从已有研究中可以概括出幼儿发音发展的具体特点:

(1)3~4岁为语音发展的飞跃期。随着儿童发音器官日渐成熟和语音意识的增强,发音水平在整个幼儿期是逐步提高的,但是相比之下,4岁和5岁进步最为明显。研究者一致倾向于这样的结论,"4岁以后发音正确率就有明显提高。"陈帼眉从理论上对此现象进行分析认为,儿童学习语音过程呈现两种不同的趋势。起初是扩展趋势,婴儿从不会发出音节清晰的语音,到能够学会越来越多的语音,即处于语音扩展的阶段。3~4岁的儿童相当容易学会世界各民族语言的发音,主要是在4岁以前。所以,有人称这个年龄段的儿童为"国际公民"。而在4岁以后,儿童学习语音的趋势逐渐趋向收缩。儿童掌握母语(包括方言)的语音后,再学习新的语音时,就会出现困难。幼儿年龄越大,学习第二语言的语音就会更多受第一语言语音的干扰。

(2)幼儿对韵母发音较易掌握。幼儿韵母发音正确率高于声母。部分3岁幼儿声母发音错误主要集中在 zh、ch、sh、z、x、s、n、l 等辅音上。研究者认为,幼儿发辅音时错误多的原因,主要在于辅音要靠唇、齿、舌等运动的细微变化,而3岁幼儿生理上不够成熟,支配发音器官的能力差,不善于掌握发音部位与方法。

(3)社会语言环境、家庭教育对幼儿语音的发展有着重要影响。史慧中以及重庆市对幼儿跟随成人即时发音和独自背诵情况的比较,都显示后者的正确率远低于前者。这说明,虽然幼儿具备正确的发音能力,但当地的语言习惯对幼儿的正确发音有相当大影响。从刘兆吉的调查中可以看出,对于同一方言,城市和农村幼儿发音的正确率有较大差异,说明教育条件、家庭环境也会影响幼儿的正确发音。现实生活中还有许多这样的情况,虽然孩子生长在方言较重的语言环境中,但父母双方或一方讲普通话,并且直视孩子的正确发音,其子女在幼儿期及以后的学生时代,都显示出不同于当地儿童语音的特点,能讲标准的普通话。这足以说明:家庭语言环境及父母有意识的教育是影响幼儿正确发音的重要因素,甚至可以抵消方言对幼儿发音的影响。

(二)词汇的发展

词汇的发展是言语发展的重要标志。幼儿词汇的发展主要表现在词汇、词类及词义三方面。

1. 词汇数量迅速增加

有研究表明,多数儿童最初的词汇发展进程缓慢,18个月时儿童平均拥有词汇量大约是50个能说的单词和100个能理解的单词。不过存在显著的个别差异,一些儿童的词汇量可能已达到几百个,而另一些儿童可能只有少数的一些单词,但大约从18个月时起,许多儿童的词汇量骤然增长。我国学者将中国儿童的词汇量与德国、美国、苏联儿童的词汇量进行了比较,结果见表4-3。

表4-3 四国幼儿词汇量比较

年龄(岁)	德国		美国		苏联		中国	
	词量	%	词量	%	词量	%	词量	%
3	1000~1100		896		1100~1200		1000	
3~4	1600	52	1540	71.4			1730	73
4~5	2200	37.5	2070	34			2583	49.3
5~6	2500~3000	15.9	2563	23	3000~4000		3562	37.9

由表4-3可以看出,3~6、7岁是人一生中词汇量增加最快的时期。在这个时期其词汇数量的增加呈现以下特点:(1)3~6岁儿童词汇量以逐年大幅度增长趋势发展;(2)3~6岁儿童词汇量增长率呈逐年递减趋势;(3)学龄前期,3~4岁和4~5岁是词汇量飞跃发展时期。由于幼儿期词汇量迅速增长,到入学前,儿童已能掌握基本的口语词汇,也就是说儿童词汇量足以保证他可以用口语和别人交流。

2. 词类范围不断扩大

在婴儿期词汇发展的基础上不断扩大,具体表现在三个方面:(1)词的类型不断扩大。进入幼儿期后,儿童言语中的词类基本齐全,但仍然保留着婴儿期词汇发展的主要特点,以名词、动词、形容词为主。研究表明,名词在幼儿词汇总量中占一半左右,动词占1/5~1/4,形容词占1/10以上,其他词类的比例都相当小。幼儿期词类与婴儿期相比有两个突出特点:一是数量词的比例增加,进入幼儿期,由于幼儿思维的抽象性开始发展,特别是数概念的发展,幼儿口语中的数量词大量增加,特别是在3~4岁间增加最快。二是虚词的数量增加,幼儿言语中介词、连词的比例随年龄增长而增加,而不像名词、动词、形容词、代词、数量词那样比例逐渐下降。虚词的意义比较抽象。掌握虚词，往往说明幼儿智力发展达到较高的水平，也表明儿童言语逐渐向着连贯、简练的方向发展。(2)词汇内容不断扩大，幼儿对词汇的掌握遵循由近及远、由具体到抽象的规律。这体现在幼儿对各类词汇的掌握上。现仅以幼儿对名词的掌握为例说明儿童掌握词汇的特点。在各类名词中，儿童使用最频繁、掌握最多的是与他日常生活密切相关的词汇，这些词汇随着年龄的增长而增加，抽象名词的比例开始增加。但总的来说，具体名词远远多于抽象名词。(3)词类的运用，幼儿对自己所掌握的词，使用次数并不相同。"词频率"就是指使用词的频繁程度。从幼儿言语中各类词的使用频率，也可以看到幼儿词类发展的特点。据研究，幼儿词汇中出现频率最高的是代词，其中以人称代词为主，其次是动词和名词，具体见表4—4。

表4—4 各年龄段幼儿各类词出现的百分数

	3~4岁		4~5岁		5~6岁	
	Ⅰ	Ⅱ	Ⅰ	Ⅱ	Ⅰ	Ⅱ
名词	54.04	53.6	55.98	50.9	57.52	47.1
动词	24.91	28.7	22.41	29.0	20.35	30
形容词	11.79	10.8	11.92	13.1	10.72	16.3
代词	1.04	1.7	0.85	1.9	1.85	1.3
量词	1.61	1.2	1.78	1.5	1.96	1.1
数词	3.06	0.9	4.41	0.55	6.31	0.5
副词	1.38	1.2	1.08	1.9	1.12	1.8
助词	0.80	0.7	0.54	0.45	0.39	0.35
介词	0.57	0.4	0.46	0.45	0.44	0.4
连词	0.34	0.4	0.27	0.5	0.25	0.6
叹词	0.40	0.4	0.27	0.4	0.19	0.3

注：Ⅰ——史慧中资料，Ⅱ——陈帼眉资料。

【资料窗口】

儿童对汉语"我""你""他"的理解

朱曼殊(1986)运用两个实验探讨儿童对"我""你""他"的理解。实验一中，被试观看其他三人交谈情况的录像。三个交谈者轮流担任说话者、受话者和第三人。因此，"我""你""他"的所指对象在随时转换。交谈内容都是有关该三人的事或物，句子简单，但都包含一个人称代词或物主代词，如"你看书""我写字""他画画""我的糖在塑料袋里""你的糖在盒子里""他的糖在小碗里"等。交谈时只通过面部表情让被试看清楚谁和谁是正在对话的双方,此外不用其他任何暗示动作。被试每听完一句后需指出句子中所指的是谁和谁的东西。实验二共有三种实验处理:(1)主试A和被试对话,主试A为说话者,被试为受话者,主试B为第三者。这时主试A说"我"是指他自己,说"你"是指被试,说"他"是指主试B。(2)主试B和被试对话,主试A为第三者,这时主试A,B角色对调,相应的"我"与"他"的所指对象也对调,"你"不变,仍指被试。(3)主试A和主试B对话,A为说话者,B为受话者,被试为第三者,这时"我"是指A,"你"是指B,"他"是指被试。被试每听完一个句子后需指出句子中所讲的是谁和谁的东西。

在对人称代词的理解上,儿童对三个词项理解的难易程度为"我—你—他",而且年龄越小,对"他"的理解就越差。尤其在实验二的第三种实验处理中,幼儿很难理解别人说的"他"就是指"自己",他们通常把别人说的"你"当作自己。

(资料来源:桑标主编:《儿童发展心理学》,北京:高等教育出版社,2009年。)

3. 词义逐渐确切和加深

与婴儿相比,幼儿言语中词的概括性增强,外延扩大或缩小等现象减少。如到幼儿末期,儿童已经掌握一些初级种属关系的概念,理解"动物""水果"等词汇。但由于幼儿知识经验及思维水平的局限,幼儿对有些较模糊、抽象的词的理解不正确,常常出现词语错用的现象。如"腿麻啦",孩子却说成"腿迷糊啦",用"养菜"代替"种菜",用"车该"代替"车开"等。以名词为例,已有研究发现,幼儿对其词义的理解可以分为四种水平:(1)最低水平——不会回答,不能完成任务。(2)低级水平——不会解词。可以分为三类:列举一般特征;举出实例,或作同义反复;低级水平仍然对词义不理解。(3)一般水平——列出具体特征,从公用习惯或重要特征来理解。(4)较高水平——说出不完全确切的概念。幼儿理解词义的较高水平是开始能够说出概念。

4. 促进幼儿词汇发展的方法

(1)在生活和交往中丰富幼儿的词汇。在生活和日常教学中,幼儿教师应有意识地指导幼儿认识周围事物,扩大幼儿词汇量。例如,在生活中经常接触到家具、玩具、日用品、交通工具、文具和动植物等,让幼儿说出它们的名称、大小、形状、颜色和用途等。

(2)通过多种方式帮助幼儿正确理解词义。首先,让词和词反映的事物同时出现。例如,当幼儿吃苹果时,家长可以指着苹果告诉幼儿:"这是苹果。"反复几次后,幼儿就会知道并且掌握"苹果"这个词。其次,通过直观的材料帮助幼儿理解词义。例如,通过图片、电视和模型等,帮助幼儿将事物的名称和特征与相应的词联系起来,从而帮助他们正确理解词义。然后,运用相应的语言帮助幼儿理解词义。例如,当幼儿掌握"甜"这个词时,家长可以说:"你吃过的糖是甜的。"以此帮助幼儿理解词义。最后,引导幼儿利用已有的经验来理解词义。幼儿在学习新的词汇时,家长可以引导幼儿回忆自己头脑中已有的知识和经验来学习新的词汇。

(3)给幼儿提供正确运用词汇的机会。家长要充分发挥榜样示范作用,为幼儿正确使用词汇做好示范。同时,要积极鼓励幼儿使用正确的词汇,纠正误用或错用的词汇。但纠正时要注意方式,不要打击幼儿使用词汇的积极性和自信心,要为幼儿创设适宜的环境。如,春天来了,家长在带幼儿户外散步的时候,应积极引导幼儿用已经掌握的有关春天的词汇来描述此时户外的景色。

(三)基本语法结构的掌握——句子的发展

幼儿句子的发展表现出如下特点:

1. 从简单句发展到复合句

已有研究表明,进入幼儿期后,复合句在幼儿语言中的比例逐渐增加。此时,幼儿使用的复合句具有以下几个特点:(1)数量较少,比例不大。在整个幼儿期,复合句使用的比例虽然与年龄的增长呈正相关,但由表4-5可知,即使在幼儿晚期,其复合句的使用频率仍然在50%以下。(2)结构较为松散。这个时期幼儿使用的复合句多是简单句的结合,句子与句子之间缺乏连词,例如"我去幼儿园,妈妈去上班。"(3)并列复句的比例相对较大。幼儿使用的复合句多为并列复句,这种句子实质上反映的是两个简单句的并列关系,在句子中,幼儿多使用"也""还""又"等连接词。(4)联合复句出现较早,偏正复句出现较晚。相比较而言,幼儿更容易掌握联合复句,而偏正复句则由于反映的多为比较复杂的逻辑关系,因而幼儿较难掌握。

表 4-5 幼儿简单句和复合句使用的比例

年龄 \ 材料来源 \ 句型	华东师范大学		西南师范大学	
	简单句	复合句	简单句	复合句
2 岁半	90	10	96.2	3.8
3 岁	87	17		
3 岁半	78.5	21.5		
4 岁	77	23	88.5	11.5
5 岁	60	40	87.6	12.3
6 岁			80.9	19.1

2. 从陈述句发展到多种形式的句子

在整个幼儿期,简单的陈述句仍然是基本的句型,同时,还有疑问句、祈使句和感叹句等。而对于某些更加复杂的句子形式则依然无法完全理解。如,对于双重否定句,如"这个小朋友的衣服没有一件不是漂亮的。"往往不易理解;对于被动句的理解也常常会出现错误,如"小朋友被妈妈抱着走"中的"被抱"可能会错误地理解为"小朋友抱妈妈,妈妈抱小朋友"。各年龄段儿童陈述句和非陈述句使用比例见表 4-6。

表 4-6 各年龄段儿童使用陈述句和非陈述句的比例

年龄/岁 \ 比例/% \ 句型	陈述句	疑问句	祈使句	感叹句
3~3.5	70.8	8.38	11.55	9.32
3~4	72.17	10.38	9.71	7.72
4~5	66.45	12.66	10.34	9.89
5~6	65.09	13.42	13.85	7.61

3. 从无修饰句到修饰句

儿童最初使用的句子是没有修饰语的。如"宝宝吃饭""妈妈喝水"等。有研究表明,2~3 岁儿童使用的句子中有时候会出现一些修饰语,如"大灰狼""小白菜"等。但值得注意的是,这个时期的儿童实际上是把修饰词和被修饰词作为一个词组来使用的。即在他们看来,"大灰狼"就是"狼","小白菜"就是"白菜",而无大小之分。4 岁后,有修饰的语句开始占优势。状语也是幼儿的主要修饰语,但不同年龄阶段的幼儿使用不同的状语。如,3 岁儿童多使用行动状语——"他们蹦蹦跳跳地玩";4 岁儿童还会使用一些地点状语——"我在动物园里看见了老虎";5~6岁儿童除会使用以上两种状语之外,有时候还会使用一定数量的时间状语——"昨天爸爸带我去游乐园了"。而补语的使用在6岁儿童的语句中会比较常见,在此之前运用得非常少,如"小鸡吃得饱饱的""猴子眼睛转得真快"等。朱曼殊等学者的研究证实了这一点,具体见表4-7。

表4-7 无修饰句在各个年龄组的分配(句子数与百分比)

年龄组	句子数	无修饰句
2岁	381	312(81.89%)
2岁半	610	412(67.54%)
3岁	398	187(46.98%)
3岁半	506	205(40.51%)
4岁	518	145(27.99%)
5岁	437	65(14.87%)
6岁	609	53(8.70%)

4. 内部言语产生

内部言语是在外部言语基础上产生的。幼儿期是外部言语向内部言语过渡时期,存在一种介乎于有声言语和内部言语间的言语形式,即出声的自言自语。自言自语现象被皮亚杰发现,他于1926年首次提出"自我中心言语"这个概念。皮亚杰认为,儿童自我中心言语与儿童自我中心性有关,是非社会性的。维果茨基则把自我言语看成从出声思维向内部言语思维转化的中介,是内部言语的交际机能向言语的自我调节机能转化的一种过渡状态,也是一种社会性言语,这种观点得到更多人认可。五六十年代,柳布林斯卡娅进一步发展了维果茨基的观点,她认为幼儿自言自语主要有两种形式:一种是所谓的"游戏言语",一种是"问题言语"。游戏言语是一种动作伴奏,即一边动作,一边嘀咕,用语言补充和丰富行动,一般比较完整、详细,有丰富的情感和表现力。问题言语是在碰到困难或问题时产生的自言自语,常常用来表示对问题的困惑、怀疑或惊奇等。当儿童找到解决问题的方法时,会用这种言语反映出来。问题言语一般比较简短、零碎,多由一些压缩词句组成。近年来的研究表明,儿童的自我言语受儿童的智力、性格和人格特征等影响。儿童的生理、动作、活动及言语的发展为其心理发展提供了前提和基础。在此基础上,幼儿的心理活动得到了迅速发展。

【资料窗口】

儿童的自我中心言语

皮亚杰指出,儿童的言语可以分为自我中心言语和社会性言语两种形式,儿童言语发展的路线是从自我中心言语发展到社会性言语。

自我中心言语是儿童特有的非交际性言语,是儿童自己对自己说而不考虑听者的言语。根据皮亚杰的观察,它有三种形式:

重复:儿童重复或小声说出他所听到的话。通常他不理解这些话,他重复这些句子仅仅是因为他高兴这样做。

独白:儿童大声对自己说话,通常持续一段时间。独白出现时,儿童似乎在思考问题。

集体独白:儿童各说各的话,而不管周围的其他儿童是否听自己的话,因为他不需要别人听他的话或对他的话作出反应。

自我中心言语是儿童自我中心思维的表现。大约在六七岁时,儿童的自我中心言语逐渐为社会性言语所代替。所谓社会性言语是儿童用以与别人交流思想、进行交际的言语。在社会性言语中,儿童把自己的想法告诉别人,并且关心别人对他所说的话的反应,也会对他人提出问题和回答他人的问题。

(资料来源:桑标主编:《儿童发展心理学》,北京:高等教育出版社,2009年。)

5. 促进幼儿句子发展的方法

(1)家长和教师要为幼儿树立榜样。家长和教师在与幼儿说话时应该使用正确、完整的话,为幼儿作正确的示范。这是由于儿童天生喜欢模仿,也善于模仿,在日常生活中,你常常会发现,有很多孩子说话的语气、用词甚至神情等都特别像其家长或其带班教师。因此,家长和教师要注意提高自己的语言修养,为幼儿提供正确、完整的语言。

(2)在日常生活中培养幼儿清楚表达的能力。在幼儿的日常生活中,教师和家长要随时提醒幼儿说正确、连贯的话,向成人清楚地表达自己的意思。如,当幼儿对教师说"老师,皮球"的时候,教师要及时纠正孩子说"老师,我要拍皮球"。只有在幼儿表达完整、清楚、正确的前提下,教师才能满足其需求,而不是孩子一张口,教师就"心领神会"。同时教师和家长也要注意,不能当着幼儿的面去学习其不规范的语言,以免挫伤其积极性和自尊心。

(3)在游戏中训练孩子的语言。游戏是幼儿学习的方式,在日常教学中,教师可以根据本班幼儿的年龄特征及身心发展规律设计一些小活动、小游戏,让幼儿在活动和游戏中发展自己的语言,这会取得事半功倍的效果。

(四)言语表达能力的发展

学前儿童言语交际功能的发展大致可以分为两个阶段:

第一阶段:3岁前。这个阶段言语交际功能主要是请求、回答和提问。这和3岁前儿童独立性发展不足、其活动主要依赖成人有关。在这个阶段,儿童主要使用对话言语、情境性言语和不连贯性言语。

第二阶段:3~6岁。这个阶段的言语功能,除具有第一阶段的言语功能外,还包括陈述、商量、指示、命令以及对事物的评价等。与此相适应的是连贯性言语和陈述性言语的逐渐发展。4岁以后,儿童之间的交谈大为增加。他们会在游戏和其他活动中进行讨论,在合作中协调行动。5岁以后,儿童在争吵中使用辩论性的语言形式。

随着幼儿已有知识结构中词汇的丰富及对语法结构的逐渐掌握,幼儿的口语表达能力也逐步发展起来,具体表现如下:

1. 口语表达能力的发展

第一,从情境性言语过渡到连贯性言语

幼儿初期使用的言语还具有明显的情境性特征。幼儿说话前不会有意识地进行计划,往往想到什么就说什么。3岁之前的儿童说话常常是情境性的,表现为说话断断续续,缺乏逻辑性和条理性。但随着年龄的增长,儿童的连贯性言语开始逐渐发展。到6~7岁时,幼儿方能进行连贯性叙述,但由于其抽象逻辑思维能力发展有限,其叙述能力的发展仍然不完善。连贯性言语的典型特点是:句子完整,前后连贯,听者只从言语本身就能理解句子意思而无须借助于具体情境。

【资料窗口】

情境性言语和连贯性言语

情境性言语是指2~6岁儿童的言语不能连贯地按一定的逻辑顺序进行,而是想到哪儿说到哪儿,还不时地加以手势、表情,甚至有时表现为口吃状态。

连贯性言语的特点是句子完整,前后连贯,能够反映完整而详细的思想内容,使听者从言语本身就能理解所讲述的意思,不必熟悉所谈及的具体情境。

表 4—8　各年龄段幼儿情境性言语和连贯性言语的百分比

年龄	情境性言语	连贯性言语
4 岁	66.5	33.5
5 岁	60.5	39.5
6 岁	51	49
7 岁	42	58

(资料来源:陈帼眉:《学前心理学》,北京:人民教育出版社,1989年。)

第二,从对话言语发展到独白言语

幼儿口语表达能力的发展体现了一个从外到内的过程,即从对话言语发展到独白言语。讲述能力的发展是幼儿独白言语能力发展的重要体现。学者武进之等人利用看图说话研究了幼儿口语表达能力的特点及发展趋势。研究表明,随着年龄的增长,幼儿讲述图画所表达故事基本内容的量逐渐增加。看图说话中,幼儿语法结构发展的趋势与自发语言相一致,但由于图画内容对幼儿语言的限制,使幼儿在各年龄段对各种句子结构的使用率稍稍落后于其自发言语的水平。幼儿看图说话的主动性有一个发展过程:2~2岁半的幼儿只能对主试提出的问题作简单回答,不会作主动叙述,3岁的幼儿开始出现部分的主动叙述,4岁的幼儿能主动叙述的已经达到78%,6岁的幼儿全部能进行主动叙述。幼儿的复述能力也在逐步发展,表现为3岁前的幼儿不会复述,4岁以后大多数幼儿才会复述。

第三,讲述条理性逐渐增强

幼儿在独立讲述中,逻辑性水平逐渐提高。这主要体现为在讲述活动中幼儿讲述的主题逐渐明确,层次逐渐清晰。

3~4岁儿童的讲述常常表现为主题思想不够明确,层次不够清晰。这个阶段幼儿的讲述往往是单纯地对现象的罗列,主题不突出。这种情况在3~4岁年龄阶段最为明显,但随着年龄的增长,存在这种情况的儿童人数逐渐减少。与此同时,就幼儿的言语表达能力发展而言,其顺序性、完整性和逻辑性在3~4岁时发展最为迅速,而 4 岁和 5 岁幼儿的发展水平无显著性差异,具体见表 4—9。

表 4—9 各年龄段幼儿讲述能力的发展

年龄	顺序性	完整性	逻辑性
3 岁	1.1	1.8	1.33
4 岁	2.03	1.56	0.8
5 岁	2.76	0.83	0.5
6 岁	2.43	0.14	0.13

第四,逐渐掌握表达技巧

学前儿童不仅能够学会正确运用语言的基本成分,完整连贯地讲话,清晰而有逻辑性地表达,而且能够掌握有表情的说话技巧,使语言能够更好地表达自己的思想感情。

(1)语气的掌握。语气一方面能够区别说话者的情感和态度,另一方面也可以反映说话者的状态,如开心、疲劳等。而语气的变化主要表现在语音的高低、轻重、长短、停顿、节奏和速度等方面。

首先,声带的长短、厚薄和松紧度决定语音的高低。一般而言,由于儿童的声带比成人的短而薄,所以声音一般较高。儿童需要学会控制自己声带的松紧度,才能掌握语音的高低。

其次,音波的振幅决定语音的强弱。与此同时,语音的强弱与呼吸气流量的大小、发音时用力的程度具有相关关系。如果气流量大,对发音器官的压力大,音波振幅就大,那么语音也就越强;反之亦然。在日常生活中,幼儿最开始是不会小声说话的,以后才逐渐学会在必要场合小声说话。还有一种情况,即幼儿常常分不清楚喊叫与大声说话之间的区别,在进行学习活动或者表演活动时,常常会用很大的力气喊叫。经过教师、家长的正确引导和教育,幼儿才逐渐学会用正常的音高讲话或者表演。

最后,发音动作持续的时间决定语音的长短。二者之间呈正相关关系,具体而言,发音动作持续的时间越长,语音也就越长,反之亦然。语句中部分词语的语气常常会用延长或者停顿来加以表示。儿歌朗诵时,经常会用节奏和速度来表达不同的思想感情。一般而言,幼儿说话时会有两种现象:一是声音拖长,二是说得过急。家长和教师要及早予以纠正。

(2)造成口吃的因素。语言的节律障碍表现为口吃,即在说话时出现不正确的停顿和重复。幼儿的口吃现象不是由某个因素导致的,而是诸多因素综合作用的结果,就目前的研究来看,主要是心理和生理两方面因素共同作用的结果。

①心理因素。一方面,造成口吃的心理原因之一是幼儿说话时过于急躁、激动和紧张。2岁是儿童开始说话的年龄。我们知道,说话是一种发音的言语流,即语音一个接着一个地发出。由于2～3岁幼儿的言语机制发展还不够完善,当幼儿急于表达自己的想法时,就容易出现言语流节奏的障碍。也就是说在他们的发音系统还没有做好发音准备时,他就已经有了发音的冲动。二者之间的矛盾就会造成发音联系动作的不恰当停顿和割裂。如果发音停滞和重复的次数过多,就会使儿童形成条件反射,那么在以后遇到类似情境或者场景时,就会造成口吃。

另一方面,模仿可能也是造成幼儿口吃的原因之一。由于幼儿具有好奇心和好模仿的心理特点,他们觉得口吃很"好玩",于是就加以模仿,久而久之养成一种习惯。

②生理因素。有研究表明,口吃与遗传或某种脑功能障碍有关,也与儿童的言语调节机能还不完善,造成连续发音的困难有关。这种情况会随着年龄的增长而有所缓解。另外,某些生理疾病,如儿童脑部感染、头部受伤以及患百日咳、麻疹、流感、猩红热等传染病后也容易引起口吃。如果是此种原因造成儿童口吃,那么家长就应该及时带其就诊。

由上所述,我们知道,矫正口吃的一个重要方法就是消除幼儿的紧张心理。儿童在4岁之后就开始对自己的言语产生意识,如果成人对其口吃现象加以斥责或者过急要求其改正,无疑会加重幼儿的紧张情绪,导致其口吃现象的加重。这样不仅不能够达到纠正幼儿口吃的目的,严重的还会使幼儿产生不良的性格特征,如孤僻等。

2. 言语表达技能的发展

第一,讲述技能的发展

讲述,又称为叙事,是对已经发生的事件的描述,人们通常称其为"讲故事"。讲述与对话是构成儿童语篇能力的两大重要组成部分。我国研究者以图画讲述作为实验任务,对3～6岁儿童讲述能力的发展进行了细致的探讨。如图所示,你能想象不同年龄儿童看到这幅图后讲出的故事有什么不同吗?

儿童根据图画讲述范例

表 4—10　不同年龄段幼儿讲述上述图画的表现

	讲述的内容	讲述的特点	讲述的类型
小班 (3～4岁)	"小鸡、雨伞""还有雨、还有蛋。" "下雨了,它打雨伞。"	儿童会用词或短语——罗列画面上的事物,还不能说明画面中事物之间的关系。 简单地讲述画面事物之间的联系。这种联系以画面形象之间的空间关系为主,是表面的、片段的联系。描述仅停留在画面的现象上。	零散罗列型讲述 部分关系型讲述
中班 (4～5岁)	"下雨了,它出来后打了雨伞,小鸡、蛋壳、雨伞。"	开始理解图画的内容,并能抓住图画的主要内容、主要事件以及画面形象之间的主要关系。讲述较为简短,讲述内容局限在画面上,不够丰富。	主要关系型讲述
大班 (5～6岁)	"有一天,有个母鸡生下一个鸡蛋,从鸡蛋里面跳出一只小鸡。然后下起了小雨,小鸡拿了一根棍子,拿鸡蛋上面的壳当雨伞来遮住它。" "有一天,小鸡出壳。当时外面下着大雨,它就用壳做了一把伞,打着雨伞。雨越下越大。伞给吹烂了,就把壳补好。走着走着,雨不下了。小鸡就收起蛋壳,把伞收好一直往前走。"	以图画中的主要事件为中心,对画面所反映情节的发生、发展及其阶段进行联想和补充。讲述得比较详细,但还不能完全按照事件的逻辑发展顺序进行合情合理的讲述。 围绕画面的主要内容和事件有层次地讲述。讲述内容包括事件的起因、发展和结果,线索分明,不偏离图画内容。	拓展事件型讲述 整体讲述

从表 4—10 可以看出,"零散罗列"和"部分关系"这两种讲述类型在 3～4 岁儿童中占据主导地位,它们是低水平的讲述形式。这说明小班儿童的图画讲述还停留在讲述单个事物及其表面关系的水平。

"主要关系型"为 4～5 岁儿童的典型讲述类型,这表明中班儿童已经能够理解画面的主要思想,并且可以用简单的语句表达出来。由于"关系不存在于实际的物体之中,关系是抽象的,它是超出物质现实的一步"。所以这个阶段是幼儿讲述能力发展的一个转折期。

5～6 岁幼儿的讲述类型是拓展事件和整体讲述这两种较高水平的讲述形式。在这个阶段,大班儿童能够围绕画面的主要内容和事件进行有层次的讲述。

第二，听话技能的发展

在整个幼儿期,学前儿童所获得的听话技能是十分有限的,这主要表现在他们对话语中讽刺意图的理解,以及对诚实话和讽刺话、侮辱性话语的辨别等几个方面。在日常生活中,他们常常会把成人说的反话当成正话去理解。比如,当幼儿擅自过马路时,妈妈可能会说"你再往前走,试试看!"结果,这名幼儿并没有意识到妈妈是在告诉他不要再往前走,相反,这名幼儿真的往前走了。尽管如此,实际上,幼儿还是具备一定的听话能力。有研究表明,4～4岁半的幼儿,即使在说话者话语的字面意义提供线索很少的情况下,也是能够推测出说话者意图的。如,在一张纸上呈现一个空心圆圈,另有红、蓝两张纸,要求幼儿不要将圆圈填成红的。结果发现,4岁半的儿童已经能够领会说话者的要求,进而将圆圈填成蓝色的。

第三，语用技能的发展

语用技能是交际双方根据交际目的和语言情境有效地使用语言工具的一系列技能,实质上它是一种语言操作技能。幼儿语言能力的提高,促使他们更加有效地进行沟通。

幼儿3岁时就已经开始明白言语所传递的潜在意图,也就是说他们已经能够理解言语所表达的真正含义和其字面意义不一样。

❀**案例呈现**

3岁的美美和小姨在客厅里玩。

美美对小姨说:"我每天下午都可以吃一块巧克力。"

小姨:"不错啊,美美。"

美美:"和小姨在一起的时候,我也有巧克力吃。"

小姨:"……"

❀**案例分析** 你知道美美想说什么吗?是的,你肯定知道。美美成功地利用她所知道的知识(即言语表达的意思可以和字面上说的不一样),把自己的意图(想让小姨帮她拿一块巧克力)告诉了小姨。

3～5岁的儿童明白,只有根据听众的需求来调整自己所发出的信息,二者之间的沟通才可能有效。如,让一名4岁儿童分别把新玩具介绍给一名2岁的幼儿和一名成人。我们发现,当其介绍对象是2岁儿童时,该名幼儿会选择使用一些简单的、短小的句子;而当其介绍对象换成为成人时,该名幼儿所使用的语句就会比较复杂,一般情况下,也会比较有礼貌。

整体而言,在整个幼儿期,学前儿童在交际过程中对语言的操作仍然表现出明显的不成熟。主要为他们使用的语言多是简略的,而且很多话语也不符合语法规则,语言重复较多。幼儿在与他人进行交谈时,如果听话者发出不理解的信号时,他们往往不能对自己的讲话加以修正,相反,他们的表现多半是沉默或者重复原话。已有研究表明,相对于7岁儿童,4岁儿童能够发现并且重新对自己表达不充分的信息加以完善的可能性要低很多。通常他们会认为自己表达的信息已经非常充分,而将沟通失败的原因归咎于说话者。随着幼儿年龄的增长及自身经验的增加,儿童会逐渐认识到有两大因素制约着对某一句话中可能提供的信息的理解,即:传递信息的质量和接受者的认知水平。这种认识对于其语用技能的提高很重要。

第四,元沟通技能的发展

元沟通技能,是指幼儿对自己沟通技能的认识,即在与他人交往的过程中,幼儿是否知道自己的讲话内容何时是清楚明白的,在向他人传递信息时何时又是模糊、不适当的。对于幼儿而言,其元沟通技能发展得比较晚,马克曼(Markman)在其实验中证明了这一点。在实验中,实验者分别交给小学一年级和三年级儿童同一个游戏,而把关键性信息省略掉。实验发现,一年级儿童对关键性信息的缺漏无所察觉而是急于开始游戏;而三年级儿童则能够较快地发觉信息的缺漏。这表明,元沟通技能会随着儿童年龄的增长而逐步提高。

四、童年期儿童言语的发展

儿童在幼儿期基本掌握了言语交际能力,他们能够运用比较丰富的口头词汇来正确造句,表达自己的思想。但是儿童的言语能力还是不完善的,有待于发展。儿童进入学校以后,在新的生活条件,即以学习为主导活动的条件下,言语能力有了新的发展。(1)在教学条件下,向儿童的口头言语提出新的要求。儿童在回答教师的问题时,必须考虑如何组织自己的言语,才能作出正确而有系统的回答。这就要求儿童的言语必须富有自觉性和连贯性。(2)从儿童进入学校起,言语,特别是书面言语成为儿童专门学习的科目——语文课。言语被当作儿童的一种专门的学习对象,要求儿童不是自发地,而是自觉地掌握祖国语言,也就是要求儿童能够学会读和写。读和写是言语发展的高级形式,是人类文化延续的必要手段。在读和写的教学过程中,儿童的言语发展达到了新的更高水平。(3)童年期儿童的言语无论在内容上或是在形式上都发生本质的变化。在口头言语上,儿童必须能够以正确的发音、丰富而精确的词汇来有系统、连贯地表达自己的思想。在书面言语上,儿童必须认识一定数量的字词,会正确使用它们；必须学会阅读，能正确理解原文；必须学会书面表达，做到具有一定程度的准确性、鲜明性和生动性。这些要求促使儿童的内部言语迅速发展起来。内部言语的发展不但在掌握连贯的口头言语和各种书面言语方面是必要的，而且是独立思考和行为自觉调节的心理前提。

(一)书面言语发展

书面言语是在听到和说出的言语基础上形成的一种看到和书写的言语，它要经受专门的教学训练才能掌握。据研究，开始时儿童掌握书面言语远远落后于口头言语，而后逐步赶上并超过。小学一年级，书面叙述和口头叙述词汇量比例是 20∶40；二年级是 42∶46；三年级是 73∶75；四年级则倒过来，其比例为106∶76，到四年级，儿童的语言优势已经从口头言语转移到书面言语上，并显示出充分的优越性。黄仁发研究表明，书面言语的发展表现为以下几个方面：

1. 识字

(1)发展不平衡，两极分化比较严重。两极分化的特征：与被试者的学业成绩相关。凡处于两级之上极者，全是学业优秀者；处于两极之下极者，全是学业低劣者。无一例外，与年龄相关，年级越低，两极所占比例越大；年级越高，差距越小。存在敏感期。小一和小三的差距特别大，应视作敏感期。乡村儿童分化比城市儿童严重。(2)无师可自通。小学生的字汇量来源于课堂教学和课外自学，还可以通过课外其他途径去识字。儿童是怎样认识教学之外的字的呢？一是别人(伙伴和成人)告诉的；二是看到了问别人或查字典的；三是曾听人说过，以后遇上一猜就认得；四是根据偏旁部首推断。(3)识字后出现回生。研究表明，回生现象年级越低回生率越高，年级越高回生率越低。儿童回生的字有五个特点：一是出现率越低，儿童识记越难，识后易回生；二是实用性差，识记差，识后易回生；三是结构不够规则，识后易回生；四是笔画多、结构繁又少见的，识后易回生；五是复习少，欠巩固，尤其是期中、期末考试前学的那个单元的生字。

那么，什么样的字幼儿更容易认识呢？

(1)字大、清楚。字体比较大，字从背景上清楚地凸显，幼儿容易辨认。因此，给幼儿看的书，字一定要大而清楚。

(2)与响亮的语音同时出现。幼儿掌握了口语的词，亦即意味着幼儿建立起语音和语义之间的联系。如果幼儿在感知字形时，多次有语音伴随，二者则较容易建立起新的联系。即在语音、语义联系的基础上，建立音、义、形的联系。幼儿更容易认识电视中的广告词，即与此有关。

(3)有形象作为辨认的支柱。形象记忆是幼儿主要的记忆方式。在识字过程中,对字形加以意义联想,有利于幼儿识记。如,有个幼儿对"爸"字记住的是下半部分是烟斗,对"爷"字记住的则是爷爷有拐杖。教幼儿学拼音时,教师也常教他们把字形与形象化的意义结合起来,如"大姐名a,圆脸右边扎个小辫子;二姐名o,圆圆的脸儿像苹果""h像把小椅子""y像小树杈"等。

(4)字形结构简单。幼儿对结构简单的字形更加容易掌握。如一些独体字("人""大"字等),另外,有些字虽然笔画会多些,但在直觉上可以组成较简单的结构,如"班"字,可以知觉成三个部分,两旁相同(都是王),中间加一道墙,这类字也便于认识。

(5)多次重复。幼儿容易掌握日常生活中常见的字。许多幼儿早期识字,是从认识大街上的商店招牌开始的。在识字教学中,幼儿也较容易认识代表常用物体的字和日常食品包装品上的字。有些字虽然笔画较为复杂,但由于常常用到,因此幼儿也较容易掌握。

(6)与情绪和兴趣相联系。幼儿对于与情绪相联系的字也较容易认识,如"哭""笑"等。在学习中,幼儿对于感兴趣的字也较容易认识。如,有个幼儿特别喜欢小汽车,他有一本画有各种小汽车的图画书,每种车辆旁边都注有车辆的名称。孩子从兴趣出发,认识各种车,也渐渐认识代表各种车辆的字了。

2. 阅读

(1)阅读理解是儿童阅读能力的主要标志。小学生理解课文能力的发展是和儿童掌握词汇意义的深浅、语文基础知识的广狭,以及儿童思维的发展水平有关,总结许多小学教师的教学经验可以发现,儿童理解词语有以下几个特点:一是依靠词语所代表的具体事物的表象来帮助理解。对词的本质特征的理解,不会从抽象定义出发,而是联系生活中的实际事例,依靠过去积累的知识表象来理解。这一特点在低年级尤为显著。二是通过想象体会和理解词语所表达的意境。三是在老师的正确教育下,逐步加深对词的抽象概括、本质意义的理解,从而训练思维的分析综合、抽象概括能力。阅读速度也是阅读能力发展的一个重要标志。儿童开始是一个字一个字地点着念,停顿次数比较多,阅读速度比较慢。随着词汇量增加,对句子含义的理解加深,掌握了字、词和句子结构。随着儿童知觉广度的扩大,他们就不以字为单位,而以词组和句子为单位阅读,因而,视觉广度扩大,停顿次数减少,阅读速度逐渐加快。教师应从小培养儿童的阅读能力,鼓励儿童多读一些有益的少年儿童课外读物,从而提高他们的阅读水平。

(2)阅读的基本方式。朗读和默读是阅读的两种基本方式,也是小学语文课阅读教学中两种常用的基本训练。朗读要一个字一个字地念出声来,所以速度慢;默读是根据"视读广度"来进行的,所以速度快。但是,默读是在朗读基础上发展起来的,一般一、二年级儿童不善于默读,到了小学中、高年级,随着阅读能力的提高和内部言语的发展,默读能力逐渐发展起来。

(3)阅读的基本技能。①翻书的动作。阅读书籍需要学会逐页翻书,而幼儿最初只会用手抓书,不会用大拇指和食指夹住翻书。②按页翻书。上学读书,需要养成有页码意识,逐步形成按页码翻书的能力。③阅读顺序。阅读需要遵循由左到右、由上到下的规则。按照横排和竖排的版面要求去读,而幼儿最初只会跳跃式地扫视。

(4)培养阅读的兴趣。阅读准备最重要的是孩子对阅读产生了兴趣,如果父母都爱看书,又能耐心给孩子讲解书本内容,那么孩子自然会喜欢看书。在良好的教育条件下,幼儿具有兴趣和习惯,能够主动从书本中获得信息,这对于语言发展和智力发展,甚至知识的增加,都具有诸多好处。

3. 写作

写作是书面言语的高级阶段。儿童学习书写之前要有一定的准备,具体包括以下几个方面:(1)手的小肌肉动作协调性的发展。幼儿手的小肌肉动作发展往往比大肌肉发展晚一点。书写则需要幼儿手的小肌肉动作发展到具有一定的控制力和协调性。可以通过绘画活动提高幼儿画线条的力度和流畅性。也可以通过日常生活的自我服务和劳动任务来培养幼儿手的协调性,这些都是幼儿期学习书写的准备。(2)对字形的空间知觉和方位知觉的发展。幼儿对字形的空间知觉和方位知觉的发展不足,会导致幼儿不能正确写出字形。表现为:在空间布局方面,上、下、左、右、大、小比例不当;在方向位置上,如在偏旁部首和字形结构等方面容易发生错误,笔画的长短和数量方面更容易出现错误。因此,为了学习写字,还要培养幼儿对字体空间布局和方位知觉的辨别能力。(3)对笔顺的掌握。在教学幼儿书写时,要注意培训幼儿对笔顺的掌握。(4)正确的握笔姿势。在教学幼儿书写时,还要注意他们的握笔姿势。幼儿自发的握笔姿势往往都是错误的。他们往往会把手放到距离笔尖很近的地方,这样就会遮住其视线,从而导致其歪着头写字。若养成习惯,不仅会对他们的视力发展不利,还会间接影响幼儿脊椎的发展。因此,培养幼儿正确的执笔姿势,是书写的重要准备之一。

小学儿童写作能力的发展,一般经过下面三个阶段:(1)准备阶段,也就是口述阶段,这一阶段是在低年级时进行的。口头说话连贯而有系统,常可促使写作能力的发展。小学生学习是从口头造句、看图讲话开始,所以对他们写作能力的培养必须从口头言语的训练开始。(2)过渡阶段。可以从两方面过渡,一是将口述内容写成书面东西,即将看图说话的内容用文字写下来;二是模仿阅读过的材料,通过练习,将之形成文字。(3)独立写作阶段。儿童根据题目的要求自己独立写文章,相当于正式独立作文阶段。小学是从三年级开设作文课的。独立写作是最困难的一个阶段,是书面言语中的最高阶段。小学生写作是从记述入门,以后在记述基础上发展为论说,其能力随年龄增长而发展,其主要特征:从小学三年级的篇幅234字逐年增多;写作对象从小学三年级以亲人、同学为主逐步过渡到以伙伴、社会人物为主。就写作内容而言,从小学三年级对生活、学习的具体内容的描述逐步过渡到对品德、性格的描绘与评述。

(二)内部言语的发展

内部言语是指不起交际作用的言语,是一种对自己发出的言语,是自己思考问题时自问自答的言语活动。其特点是发音隐蔽,是无声的默语;句子压缩、简短;是由外部言语转化而来。内部言语是言语的高级形式,是在外部言语的基础上产生的。幼儿期在外部言语充分发展的基础上,内部言语才有可能产生,但这时的内部言语还很不完善。

幼儿期内部言语开始产生时,其特点是出声的自言自语,这是一种介于有声的外部言语和无声的内部言语之间的过渡形式。它既有外部言语的特点——说出声,又有内部言语的特点——对自己说。幼儿的自言自语出现在4岁左右,包括"游戏言语"和"问题言语"两种形式。

小学生入学以后,学习任务需要他们独立思考,学会先想后说,先想后做。在教学实践中,内部言语逐渐发展起来。整个小学阶段,内部言语发展大体经历三个阶段:一是出声思维时期;二是过渡时期;三是无声思维时期。初入学的小学生,不论在读语文课时或在演算时,往往是"唱读"或边自言自语边演算,而且出声言语内容、演算内容、书写内容或眼看字、词、句的内容基本同步。通过老师的培养与训练,低年级学生开始学会在运算中短时间的无声言语。三、四年级以后,随着学习能力的发展,在演算或阅读课文时,学生的无声言语逐步开始占主导地位,但是阅读或演算遇到困难时,仍会用有声言语来"帮忙",即使在高年级也是如此。内部言语的发展,不仅与学习活动相联系,也与集体生活中的其他活动相关。在儿童日常生活中,在参加团队集体活动中,需要进行各种独立思考,以及制订计划等,随着这方面活动的开展,儿童的内部言语会迅速发展起来。

综观小学生言语发展的全过程,不论是口头言语、书面言语还是内部言语都普遍存在年龄差异、个别差异和城乡差异。研究表明,小学生言语发展潜力很大,但言语发展的现实状况不是很理想。教材、教法及言语心理研究都有待进一步深入进行。

第四节 儿童口语能力的培养

一、儿童口语培养的原则

(一)顺应儿童自然天性的原则

教育家卢梭说过,"一切出于自然的造物者都是好的,一经人手就变坏了。"这句话表明卢梭主张儿童的教育应当顺应自然,尊重儿童的天性,让儿童自由自在地成长。"大自然希望儿童在成人以前就要像儿童的样子。如果人为地打乱这个次序,就会造成一些成熟的果实,它们长得既不丰满也不甜美,而且很快就会腐烂。"这对于幼儿语言的培养有一定的启发意义。由前面内容我们知道,儿童语言的发展有其自身规律,如儿童总是先从简单音节开始发声,再到连续音节,最后到模仿音节等。基于此,教育者在对幼儿进行口语培养时,要充分尊重儿童语言发展的规律,循序渐进地引导幼儿,切不可揠苗助长。

(二)尊重儿童兴趣的原则

早期儿童的年龄特征和认知结构决定了他们对事物的理解具有形象性和直观性特点。又由于每个儿童都具有一个独特的家庭生活环境,有着不同的生活经验,这样就造就性格特征不一、发展水平和发展速度不同的差异个体。因此,每个儿童所具有的兴趣也就不同。儿童的兴趣反映在语言上就是喜欢用语言表达自己的兴趣倾向,如男孩喜欢讨论车子之类的话题,女孩则喜欢讨论洋娃娃之类的话题。这样,教师就可以根据每个孩子的兴趣和需求去组织符合他们要求的语言教育活动。

(三)赏识儿童语言发展的原则

瑞吉欧有句名言:"接过孩子抛来的球!"幼儿的世界是一个充满可能性的世界,在幼儿的活动中,教师必须学会倾听孩子的声音,理解孩子的思想,走进孩子的心灵,知道孩子的"一百种语言",然后才能去欣赏孩子。在现实生活中,教育者往往会用成人的眼光去审视幼儿,把幼儿当作"小大人"一样看待,以成人的思维去评判儿童。教师常常会按照自己的主观意愿去安排幼儿的学习和生活。在语言教育中,我们通常会听到教师这样指责孩子,"你不能这样讲""跟着老师再说一遍,这次一个字也不能读错"。这在一定程度上是在阻碍孩子语言的习得。

二、儿童口语培养的措施

(一)婴儿期儿童口语培养的措施

1. 为婴儿提供良好的言语示范和榜样

罗斯等人(1959)和韦斯伯格的研究表明,如果成人对3个月以内的婴儿给予频繁的语言刺激,就可以增加婴儿的发音率。在成人的逗弄下,婴儿的许多非自控性发音,特别是长时间的连续发音往往就会发生。用各种语音和声音来刺激婴儿,培养婴儿有意倾听的习惯,让婴儿进行模仿发音练习。同时,用强化、鼓励方法进行相互模仿,诱导婴儿发音。但是,值得注意的是,我们提供给婴儿的声音应当是多种多样的,且要避免噪音。

2. 创设丰富的语言环境,扩大词汇量

(1)动作和实物相配合,建立语词和实物之间的联系。如果要使婴儿具有良好的语言表达能力和理解能力,且能够描述自己的想法,能够从别人所说的话中获得更多的知识,那么就需要将动作和实物配合起来。例如,说到"香蕉"这个词的时候,家长就应该立马将香蕉这个实物呈现在婴儿面前。说到"跳舞"这个词时,家长就应当马上在婴儿面前表现跳舞的动作,并不断重复说,"宝宝,快看,妈妈在跳舞!"通过这样的方式,婴儿就会逐渐理解什么是"香蕉"、什么是"跳舞"。

(2)提供丰富的语言环境,经常与婴儿交流。由于婴儿不到3个月时就开始出现简单的发音,所以家长要多和婴儿进行交流沟通。一方面,家长在单独跟婴儿聊天时,可以把自己的所见所闻讲给婴儿听。家长是婴儿言语交流的榜样,婴儿会重复家长的话,与此同时,家长还应当积极关注婴儿对语言的反应。

另一方面,家长在与婴儿进行交流时,应当用心倾听婴儿的"表达",要及时给予婴儿鼓励、赞许的目光。

(3)运用强调和反复的方法,帮助婴儿掌握新词。作为家长,我们要知道,在教给婴儿新词时,只有和具体的事物形象联系起来,才能让其理解新词的意义。在此阶段进行语言教育时,家长可结合婴儿认知结构中已有的知识经验,用简单的语言解释新词所代表的含义。如,用"好看"解释"美丽""漂亮"等,且在解释的时候,语气应当加重,并且不断进行重复。

【资料窗口】

早期阅读

早期阅读,顾名思义,就是指学前期儿童的阅读。一说到阅读,家长们首先想到的可能就是看书、识字。其实,对于学前期儿童而言,阅读是一个相当宽泛的概念。成人阅读的材料主要是文字,而对于幼儿来说,除文字外,图画、成人的语言都是他们的阅读材料,都是他们文字阅读的基础。成人阅读主要依靠视觉,而对于幼儿来说,他们触摸书籍、听成人讲故事、自己复述故事以及发表自己对故事的意见都属于阅读的范畴。可以说,所有有助于幼儿学习"读"的活动行为,都可以称为阅读。

(资料来源:刘新学、唐雪梅主编:《学前心理学(第2版)》,北京:北京师范大学出版社,2014年。)

3. 开展早期阅读,培养良好的阅读习惯

有研究表明,婴儿在出生后不久,就可以开展阅读教育。家长在和婴儿说话时,可以选择一些适合婴儿这个年龄阶段的图片,边看图片边向婴儿讲述图片上的事物。对于一些具有简单故事情节的图画书,家长应该有足够的耐心用简洁的语言为婴儿讲解。家长在讲解图片内容时,一定要讲到哪里就用手指到哪里,同时,切勿追求量的多少,应当以婴儿的兴趣为主,如果在此期间婴儿的兴趣发生了转移,家长的讲解就没有必要再继续。

【资料窗口】

亲子共读

亲子共读,又称为亲子阅读,是指在家庭中大人与孩子一起阅读。从阅读活动的内容来看,除核心的阅读活动外,亲子阅读可以从选书的时候开始,一直到读后交流,形成一个"选书—读书—再选书—再读书……"循环立体的过程。

从共读的形式上看,亲子共读可以是大人读给孩子听,也可以是孩子读给大人听,还可以是自己读给自己听(默读或读出声音);除了读的形式,还可以有表演、图画、手工、实验等多种形式,重要的是大人与孩子一起享受这个过程。

因此,从广泛的意义上说,亲子共读可以理解为大人与孩子共同分享的多种形式的阅读过程。

(资料来源:刘新学、唐雪梅主编:《学前心理学(第2版)》,北京:北京师范大学出版社,2014年。)

4. 开展听音和发音游戏

这种听音和发音游戏以亲子游戏为主,旨在训练婴儿的听音和发音能力。

(1)唤名游戏。家长可以在每次靠近婴儿的时候用不同的语调呼唤他的名字。每天坚持下来,以后婴儿在听到你叫他名字的时候,就会给予你积极的回应,而家长对于婴儿的积极回应,可以给予其一个甜蜜的拥抱或者亲吻。

(2)发音游戏。家长可以一边抱着孩子,一边发出一些简单的音节,如"a、o、e"等。与此同时,家长可以作出比较夸张的发音方式来引起婴儿的兴趣。家长还可以用比较温柔的声音呼唤孩子的名字,然后用目光注视他,以等待孩子的反应。如果这个时候婴儿真的发出了声音,那么家长应该及时重复他的声音,并且反复进行这种游戏。

(3)摸脸游戏。2个月大的婴儿视力大约只能看清楚15~20cm范围内的物体,相当于母亲抱起婴儿喂奶时刚好可以看清母亲脸的距离。母亲要抓住这个契机,一边喂奶,一边握住婴儿的小手,用他的手摸母亲的脸、耳朵、嘴巴等部位,在摸到的同时,母亲还要告诉他这是妈妈的什么。如,当婴儿摸到母亲的耳朵时,母亲就要告诉他,"耳朵,耳朵,这是妈妈的耳朵!"通过摸脸游戏,婴儿可以渐渐理解所感知到的物体与相应语言之间的指代关系。

此外,还有其他一些游戏,诸如镜子游戏、身体器官游戏和指认物体游戏等均可以促进婴儿口语能力的发展。

(二)幼儿期儿童口语的培养措施

1. 在日常生活中培养幼儿清楚完整的表达能力

幼儿的语言表达能力主要是在日常生活中习得并提高的。首先,教师要鼓励幼儿多说话,并且在其讲述过程中多增加他们的心理感受。这就要求教师在日常生活中教会幼儿观察周围的一切事物,并且有了观察心得之后,要鼓励他们及时用语言表达出来。其次,幼儿讲述的时候,教师要耐心倾听,并且能够与他们愉快地进行交流。在这种师幼互动过程中,教师可以运用正确的语言对他们进行引导,对幼儿语句中不正确的地方及时加以指正,而对用得比较合适和好的语言,应当给予及时鼓励。

2. 开展有趣的讲述活动

在讲述活动中,幼儿可以逐步获得独立的构思和表述的语言经验。学前儿童特别喜欢听富有儿童生活情趣的故事,根据这一特点,教育者可以根据其已有的知识经验,选择一些有教育意义、能够满足幼儿兴趣、情节生动有趣的故事开展讲述活动。

3. 多利用儿歌、绕口令组织语言教学

儿歌、绕口令是深受幼儿喜爱的文学作品。所以,教师可以运用儿歌和绕口令来组织语言教学。在语言教学活动中,多让幼儿读一些朗朗上口、有韵律趣味的儿歌和绕口令,在朗读过程中,幼儿可以进行模仿记忆,进而去理解、掌握优美句子的表达。

4. 看图讲故事或续编故事,增强儿童口语的综合能力

儿童的口语能力是观察、分析、表达和概括等多种能力的综合体现。儿童的思维以具体形象为主,抽象思维发展缓慢。因此,教师在教学中,一方面,要充分利用画面,做到一画多用,让儿童在看图说话的过程中提高观察能力和想象能力,并能够利用周围环境给他们提供主动交往的机会;另一方面,还可以让幼儿在"仿编""续编""扩编"趣味故事和画面讲述时,根据自己的生活经验和想象力,大胆而清楚地表达自己的意见、愿望和要求,以发展幼儿的想象力和思维能力。

5. 积极为幼儿创造交往条件

幼儿的交往主要有亲子交往、同伴交往、师生交往以及和周围人之间的交往等几种形式。不管是哪种交往形式,在交往过程中,都可以促进幼儿口语表达能力的发展和提高。对于亲子交往,园方可以经常请家长参加一日活动,多开展亲子游戏。并且要求家长在家里照料幼儿的过程中,尽可能与孩子进行言语交流,倾听孩子说话,切记用命令的语气和孩子说话。对于同伴交往,教师和家长要多为孩子创造交往的环境。例如,让一个孩子找一个朋友给对方说一件自己感兴趣的事情;或者把孩子带出去,让其自由自在地玩耍。在玩耍过程中,孩子们就有了言语交流;抑或多组织一些语言游戏,让孩子在游戏中进行言语交流。对于师生交往,教师要有足够的耐心,俯下身来倾听儿童的"悄悄话";平时主动找孩子谈话,要注意在谈话过程中激发孩子的说话兴趣。对于和周围人的交往,主要是在带孩子走亲戚、带孩子去超市等时候进行。如果家里来客人,要主动向客人问好;如果是去别人家做客,也要主动和主人打招呼;在路上遇到熟人时,家长要引导孩子打招呼;当然,教师在引导孩子进行社区互动,如参观超市、医院等时,更不要错过指导幼儿说话的大好机会。

第五章

儿童智力创造力的发展与辅导

【本章相关问题】

※加德纳多元智力理论
※信息加工智力发展理论
※智力发展的差异及影响因素
※创造力及其培养
※情绪智力

进入信息化时代,对儿童智力创造力发展提出了更高的要求,科学技术日新月异,传统知识型人才已不能适应社会需要。在孩子成长过程中,更加注重对儿童创造能力的培养,相应地,我们在考察儿童心理水平时,应以成绩、智力、创造力等多方面指标为依据,因此,研究儿童智力创造力发展的影响因素,对于儿童综合素质的提升有着重要意义。

第一节　儿童智力发展的理论观

【资料窗口】

高尔顿及其智力测验

弗朗西斯·高尔顿(Francis Galton,1822年2月16日~1911年1月17日),出身于英国一个贵族家庭,他的父亲是银行家,其母亲和达尔文的父亲是同父异母的兄妹,所以高尔顿是达尔文的表弟。高尔顿是家中9个孩子里最小的一个,从小就聪颖过人,出生12个月后,便能认识所有的大写字母,18个月后则能辨别大写和小写两种字母。在他咿呀学语的时候就能背诵拉丁文。到了2岁半左右,高尔顿已能阅读《蛛网捕蝇》之类的儿童读物。3岁时他学会签名,4岁时能写诗,5岁时已能背诵并理解苏格兰叙事诗《马米翁》,6岁时,他已熟谙荷马史诗中的《伊利亚特》和《奥德赛》,7岁时能欣赏莎士比亚的名著,对博物学产生了兴趣,并按自己的方法对昆虫、矿物标本进行分类。1844年,高尔顿的父亲去世,他继承了巨额遗产,异常富有。因此,他从未担任过大学教师或其他专业职务,但他爱好发明,多才多艺,学术兴趣包括人类学、地理学、数学、力学、气象学、心理学和统计学等,远超过同时代的许多学者。1859年其表兄达尔文出版了《物种起源》,这引起了高尔顿对人类遗传的兴趣。

1884年,高尔顿创设了一个"人体测量实验室"。参观者只需花3便士的费用,就可以测试和测量13项特征:反应时间、视力和听力的灵敏度、色彩分辨能力、判断长度的能力、拉力和拧力、吹气的力量、身高、体重、臂长、呼吸力量和肺活量。高尔顿相信,人与人之间智力上的差别很大程度上是由遗传所致。他认为,若干遗传的生理特征或者能力,特别是感官和反应时间的敏度,都与智力相关联,因而是辨识这些人的标准(他之所以这样想,是因为他自己的两项观察结果:第一,智力迟钝者的感官分辨度较差;第二,因工作要求而产生的感觉敏度,比如钢琴调音师、品酒师或者羊毛分拣者通常都是由男人担当,他相信,这些人比女人聪明多了)。可以说,高尔顿是第一位使用"智力"测验的人,因此,他开创了一种心理学研究的新形式,同时也是一个新的研究领域:个体差异。

然而,高尔顿所测量的内容真的是智力吗?如果是,为什么这些指标可以代表智力水平吗?如果不是,智力又是什么,我们该如何去测量?儿童的智力是如何发展、变化的,又受到哪些因素的影响,是不是像高尔顿所讲的那样,完全由遗传所决定?

(资料来源:根据百度百科整理。)

从高尔顿的早期探索至今,科学心理学对智力问题的探讨已有百余年历史。随着研究的不断深入,心理学家越来越认识到,智力表现是多样化的,具有丰富的内涵,其发展模式也纷繁复杂。因此,为了全面把握儿童智力发展的规律,我们需要从不同角度对其进行探究。目前,关于智力发展的研究,主要有以下四种取向:

一是心理测量取向。该取向的研究者,一般以特定的智力理论为基础,编制出适用于不同年龄阶段个体的标准化智力测验,以描绘人群整体的智力发展过程,以及个体间的差异。如比奈－西蒙智力量表、瑞文推理测验、斯坦福－比奈量表,以及韦克斯勒智力量表等,都有广泛的应用。

二是皮亚杰主义取向。该取向包括皮亚杰本人的智力发展观,以及其追随者所倡导的新皮亚杰主义。他们认为智力是结构性的,智力发展就是个体通过主客体的相互作用,不断形成新认知结构的过程,从而实现对环境的适应。新皮亚杰主义承认皮亚杰关于智能发展的一些基本过程(即认知发展的四个阶段,见第三章),但也沿着这些概念发展了一些新的观点,如后形式运算(具有辩证性、相对性、主观性、反省性、整合性以及不确定性等特征)概念的提出。

三是信息加工取向。该取向的心理学家采取实验研究的方法,分析智力活动过程中个体的信息加工特点(不同的成分和环节),信息加工的不同决定了个体智力水平的差异。该取向更加关注个体在解决任务过程中,对信息的编码、组织、贮存、提取,以及计划和监控等认知加工,以及这些加工成分随年龄的发展变化特点。

四是情境化取向。该取向的研究者认为,传统的智力测验聚焦对个体基本心理能力的评估,但这并不能反映个体实际的问题解决能力。情境主义研究取向的心理学家更加强调主体与环境、情境的交互作用,认为智力具有情境适应性功能。譬如,斯腾伯格的智力三元论即包含情境亚理论,加德纳的多元智力理论也是与现实情境相结合,提出了多种类型的智力。

关于皮亚杰主义取向的智力发展观,本教材之前的章节已作了介绍,这里不再赘述。心理测量取向是传统智力研究所遵循的主要研究路线。但随着信息加工心理学和建构主义理论的兴起,现代智力理论更加强调智力活动过程中的信息加工,以及智力的情境适应功能。鉴于此,下面主要从传统和现代两个方面,系统阐述智力的相关理论。

一、传统智力理论及其新发展

百余年来,心理学家们构建了很多智力理论或模型。然而,20世纪80年代之前,传统智力理论仍是智力研究领域的主导。基于心理测量学的思想,传统智力理论一般认为智力表现由内在因素所决定,通过因素分析的方法揭示智力的构成因素,进而认识智力的内涵。但基于不同的统计分析材料和方法,形成了不同的具体智力理论。

(一)二因素论

1904年,英国心理学家斯皮尔曼(C. Spearman)提出了智力的二因素论。他认为,人的智力由一般能力(G因素)和特殊能力(S因素)构成,一般能力是一切智力活动的共同因素,如推理事物之间关系、问题解决的能力等;特殊能力只与特定的智力活动有关,如绘画能力、音律知觉能力等。二因素论认为,个体完成任何一种认知活动都需要这两种能力的参与,而每个人的一般能力和特殊能力都有所差别,即使具有同样一种特殊能力,在水平上也会有不同。由于一般能力是所有智力活动的基础,所以一般因素和各种特殊因素间有一定的关联,但特殊能力之间可能有关联,也可能相互独立。

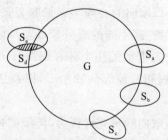

斯皮尔曼智力二因素论

(二)群因素论

由美国心理学家瑟斯顿(L. Thurston)1938年提出。瑟斯顿是著名的心理计量学家,与斯皮尔曼不同,他凭借多因素分析的方法,认为智力由七种因素构成,即七种基本心理能力,它们之间不同的搭配、组合,便构成每个个体独有的智力结构。瑟斯顿所提出的七种基本心理能力是,语词理解(Verbal comprehension,V),理解语词含义的能力;语词流畅(Word fluency,W),语言迅速反应的能力;数字运算(Number,N),迅速正确计算的能力;空间关系(Space,S),方位辨别及空间关系判断的能力;联想记忆(Associative memory,M),机械记忆能力;知觉速度(Perceptual speed,P),凭知觉迅速辨别事物异同的能力;一般推理(General reasoning,R),根据经验作出归纳推理的能力。

瑟斯顿认为,七种基本心理能力并不是彼此独立的,它们之间有一定的相关性,例如,推理(R)与语词流畅(W)、数字运算(N)与语词理解(V)。因此,瑟斯顿还提出了二阶因素(Second order factor)的概念,即在彼此相关的第一阶因素的基础上,再度进行因素分析,但此时分析的不再是各种测验间的共同因素,而是各种因素间的共同因素。他认为斯皮尔曼的G因素可能是这种二阶因素。

(三)流体智力与晶体智力理论

卡特尔(R. B. Cattel)在对各种测验题目进行深入研究的基础上,于1963年提出了该理论。他认为,一般智力或G因素可以进一步分为流体智力(fluid intelligence)和晶体智力(crystallized intelligence)两种。流体智力是指一般的学习和行为能力,如知觉、记忆、运算速度、推理能力等,流体智力的主要作用是学习新知识和解决新异问题,它主要受先天遗传因素影响;晶体智力是指已获得的知识和技能,晶体智力测量的是知识经验,是人们学会的东西,它的主要作用是处理熟悉的、已加工过的问题。晶体智力是通过掌握社会文化经验而获得的智力,主要受后天学习因素影响。

到了20世纪80年代,进一步的研究发现,随着年龄的增长,流体智力和晶体智力经历的是不同的发展历程。和其他生物学方面的能力一样,流体智力随生理成长曲线的变化而变化,在20岁左右达到顶峰,在成年期保持一段时间以后,开始逐渐下降;而晶体智力在成年期不仅不下降,在以后的过程中还会有所增长。

(四)智力的三维结构理论

三维智力结构理论是由美国心理学家吉尔福特(J. P. Guilford)提出的。他认为,智力结构应从操作、内容和产品三个维度来考虑。智力的第一个维度是操作,即心理活动或过程。操作分为五种:记忆(memory)、认知(cognition)、发散思维(divergent thinking)、聚合思维(convergent thinking)和评价(evaluation)。智力的第二个维度是内容,即活动对象和信息材料的类型。内容有五种:视觉(visual)、符号(symbolic)、语义(semantic)、行为(behavioral)和听觉(auditory)。智力的第三个维度是产品,即信息加工所产生的结果。产品有六种:单元(units)、类别(classes)、关系(relations)、系统(systems)、转换(transformations)、推测(implications),单元是最简单的产品,推测是最复杂的产品。如图所示。

吉尔福特的三维智力结构理论对智力结构提出了一种动态的看法,同时考虑信息加工的内容、操作和产品,有助于智力测验研究工作的深入。但这一理论在实际应用中有一定的困难,因为他的三维智力结构模型共由 $5\times5\times6=150$ 个立方体组合而成,每一个小方块代表一种独特的智力,显得过于精细,目前尚未有哪一份智力测验可以评定该模型包含的所有智力层面及其因子。此外,吉尔福特否定一般智力存在的观点也受到一些学者的批评。

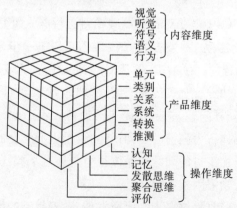

吉尔福特的三维智力结构理论

随着对智力认识的深入,传统智力理论阵营内部的分歧正在缩小,他们的理论主张更加接近。比如,斯皮尔曼和瑟斯顿都对自己的理论进行了修改、相互承认。特别是,由于各种新兴智力理论的冲击,传统智力理论也发生了演变。

1993年,卡罗尔(J. B. Carroll)提出了认知能力层级模型,该模型指出智力由三个层级组成,最低一层是各种特殊因素(specific level),最高层级是一般智力因素(general intelligence),居于二者之间的是受G因素影响的中间层级(broad abilities),由流体智力、晶体智力、一般的记忆和学习、视知觉、听知觉、广泛的提取能力、一般的认知敏捷性和加工速度八个因素构成。卡罗尔的理论受到了该派大多数学者的支持,被认为代表心理测验取向智力理论的新进展。

传统智力理论对社会的最大影响就是建立在其基础之上的智力测验。经过多年发展,如今智力测验作为一种很好的标准化方法,已经开发出适应各类人群的智力量表,并在世界范围内普遍使用,而作为其基础的传统智力理论也由此更加深入人心。因此,虽然传统智力理论受到许多研究者的批评,但其固有基础和理论的不断发展使其仍占有重要的优势地位。

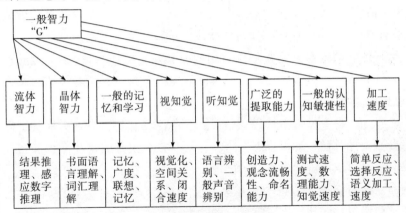

卡罗尔的智力层级理论

从20世纪80年代以来,各种新兴智力理论开始出现,有些智力理论也已经得到广泛的认同,确立了重要地位,并形成了与传统智力理论相抗衡的强大力量。

二、现代智力理论

(一)加德纳的多元智力理论

智力的多元理论是由美国心理学家加德纳(H. Gardner)1983年首次提出,并着重论述了其基本结构。他认为,支撑智力的多元理论是个体身上相对独立存在的、与特定的认知领域或知识范畴相联系的七种智力(后来发展为九种)。这九种智力分别是言语－语言智力、音乐－节奏智力、逻辑－数理智力、视觉－

空间智力、身体－动觉智力、自知－自省智力、交往－交流智力、自然智力和存在智力。

(1)言语－语言智力主要是指听、说、读和写的能力,表现为个人能够顺利而高效地利用语言描述事件、表达思想并与人交流的能力。

(2)音乐－节奏智力主要是指感受、辨别、记忆、改变和表达音乐的能力,表现为个人对音乐包括节奏、音调、音色和旋律的敏感以及通过作曲、演奏和歌唱等表达音乐的能力。

(3)逻辑－数理智力是指运算和推理的能力,表现为对事物间各种关系如类比、对比、因果和逻辑等关系的敏感以及通过数理运算和逻辑推理等进行思维的能力。

(4)视觉－空间智力包含感受、辨别、记忆和改变物体的空间关系并借此表达思想和情感的能力,表现为对线条、形状、结构、色彩和空间关系的敏感以及通过平面图形和立体造型将它们表现出来的能力。

(5)身体－动觉智力主要是指运用四肢和躯干的能力,表现为能够较好地控制自己的身体、对事件作出恰当的身体反应以及善于利用身体语言来表达自己的思想和情感的能力。

(6)自知－自省智力指认识、洞察和反省自身的能力,表现为能够正确地意识和评价自身的情绪、动机、欲望、个性、意志,并在正确的自我意识和自我评价的基础上形成自尊、自律和自制的能力。

(7)交往－交流智力指与人相处和交往的能力,表现为觉察、体验他人情绪、情感和意图并据此作出适宜反应的能力。

(8)自然智力指能认识植物、动物和其他自然环境(如云和石头)的能力。自然智力强的人,在打猎、耕作、生物科学上的表现较为突出。自然探索智能应当归结为探索智能,包括对于社会的探索和对于自然的探索两个方面。

(9)存在智力指人们表现出的对生命、死亡和终极现实提出问题,并思考这些问题的倾向性。

加德纳强调,这九种都是各自独立的不同类型的智力,而不是同一种智力的不同成分,每一种智力代表了以大脑为基础的一个能力的模块,这也是加德纳智力理论和传统智力理论的一个根本区别。加德纳智力理论和传统智力理论的另一个根本区别是方法学上的不同。传统智力理论从因素分析出发,而加德纳受生物制约观思潮影响,依靠大量的神经生理学证据。他搜索了与智力相关的各门学科的文献(含实验数据),特别是对神童、天才、脑损伤病人、白痴学者等的研究,采用所谓的"主观因素分析"方法,列举了确定上述九种智力模块的八条标准。虽然强调每一种智力都有它的生物学来源,但加德纳并未否认文化历史的作用。他认为智力的前提是在特定的社会文化情境中有用和重要,不同的文化和历史时代重视不同的智力类型,因此他并不否认教育的作用。但是,他抨击了现代教育,他认为由于传统的智力测验仅仅测量语言和数学这两类智力,以这种狭隘的标准将儿童分类,严重伤害了许多在其他方面智力优秀的孩子,使他们未能得到应有的重视和适当的教育。他主张开发能够评估所有智力类型的测量手段,尽早对儿童进行多元智力评估,以便发现儿童的各种智力潜能并进行教育开发。

(二)斯腾伯格的三元智力及成功智力理论

斯腾伯格(R. J. Sternberg)试图在更为广泛的意义上解释智力行为,于1985年从信息加工的角度提出了智力的三元理论。他认为,大多数的智力理论是不完备的,它们只从某个特定的角度解释智力。一个完备的智力理论必须对智力的三个方面予以说明,即智力的内部构成成分(即成分性智力)、这些智力成分与经验的关系(即经验性智力),以及智力成分的外部作用(即情景性智力)。

成分性智力涉及智力的内部构成成分,它是指个体对初级信息进行加工的能力,包含有三个子成分,即元成分、操作成分和知识获得成分。元成分是指控制行为表现和知识获得的过程,它负责行为的计划、策略与监控,如确定问题的性质、选择解题步骤、分配心理资源、调整解题思路等;操作成分是指接受刺激,将信息保持在短时记忆中,比较刺激,从长时记忆中提取信息,以及作出判断反应的过程,负责执行元成分的决策;知识获得成分是指用于获取和保存新信息的过程,负责新信息的编码与存储。在认知性智力活动中,元成分起着核心作用,它决定人们解决问题时使用的策略。例如,从对类比推理过程的研究发现,推理能力强的人解决问题比推理能力弱的人更快,也更准确,但他们在解题中是先花费较多的时间去理解问题,而不是急于得出答案。

经验性智力涉及内部成分与外部世界的关系,它是指根据经验调整所运用的成分从而获益的能力。经验性智力既包括有效地应付从未见过的新异事物,也包括自动地应付熟悉的事情。在非常熟悉任务的时候,良好的表现依赖于操作成分的自动执行,如阅读、驾车、打字时的自动编码等;而在任务不熟悉时,良好的成绩依赖于元成分对推理和问题解决的辅助方式。

情景性智力涉及智力成分的外部作用,它是指在日常生活中适应环境、塑造环境和选择新环境的能力。为了达到目标,凡是有一定智力的人都能运用操作成分、知识获得成分和元成分。但是,智力行为是因条件的改变而变化的,在不同的情境中,人的智力行为有不同的表现。比如,一个人在实验室中解决物理问题时所用到的知识和元成分与他力图摆脱尴尬处境、平息家庭冲突时所用到的知识和元成分完全不同。有些人可能并不具备很高的学历,也可能难以清楚地表达他们是如何处理现实事物的,但他们却擅长解决日常问题,如解决人事纠纷和讨价还价,在这种意义上,情景性智力又被称作实践性智力。

总之,智力的三元理论从人的内部世界、外部世界及智力与经验的关系三个方面来阐述智力的结构,其中成分性智力是三元智力理论中最早形成和最为完善的部分,它揭示了智力活动的内部机制。根据这种理论编制的智力测验,能测量出人们是怎样解决问题的,因而对深入了解智力的实质,促进智力的训练和培养有着重要意义。

斯腾伯格于1996年提出成功智力理论,不仅超越了传统智力理论,也超越了其自身的理论。"成功",是指个体能在现实生活中实现自己的目标,这种目标是个体通过努力能够最终达成的人生理想。因此,成功智力也就是指用以达成人生主要目标的智力,它能使个体以目标为导向并采取相应的行动。它不仅要求儿童掌握知识,更重要的是把自己的潜能发挥到极致,让每一个具有不同潜能的人都能获得成功。成功智力包括分析性智力、创造性智力和实践性智力三个关键方面。分析性智力是一种分析和评价各种思想、解决问题和制订决策的能力。创造性智力是一种能超越已知给定的内容,产生新异有趣思想的能力。实践性智力是一种可在日常生活中,将思考及其结果以一种行之有效的方法加以实施的能力。

【案例】

具有成功智力的学生

故事一

自以为是班上最聪明的杰克想捉弄一下欧文,欧文是他认为的班上最笨的男孩。杰克将欧文拉到一边说:"欧文,你想看看什么是'笨'吗?瞧这个……嘿,欧文。这有两个硬币,你挑一枚吧,它归你了。"

欧文看了一下两枚硬币,一枚五分、一枚一角,然后挑了五分的那枚。

欧文拿了那枚硬币走开了。远处一位一直注视着这场交易的成年人走向欧文,温和地告诉他一角的硬币虽然小一些,但比五分的更值钱,所以刚刚亏了五分钱。

"哦,我知道。"欧文回答道,"但假使我挑了一角的,杰克就再也不会让我在两个硬币中进行挑选了。我选五分,他就会一次又一次地让我挑下去。我已从他那里拿到了一块钱,而我要做的就是一直挑五分的硬币。"

这则故事指出一个我们早已知道的事实——有的人在学校里表现平平,但在学业之外却有异乎寻常的表现;而有的人正相反。"为什么有时非常聪明的人会表现得如此愚钝?"这一古老的问题提醒我们,有人善于思考而有人不善于思考,但这与他们在学校的表现无关。

故事二

两个男孩走在森林里,他们是截然不同的两个人。第一个男孩,老师认为他聪明,他的父母也认为他聪明,于是他也自认为很聪明。他的能力测验成绩出色,功课优秀,另有许多可资参考的奖励证书。所有这一切都将使他在学业领域出类拔萃。少有人认为第二个男孩聪明,他的测验成绩一般,学习成绩也不突出,其他文件证明显示他勉强合格。至多也仅仅够得上机灵或有点小聪明。当两个男孩行进在森林中时,他们遇到了一个问题——一头巨大、凶猛且看上去很饥饿的灰熊从树林中向他们扑来。第一个男孩算出17.3秒后灰熊将追上他,于是大惊失色,回头去看第二个男孩。后者正镇定自若地脱去旅行靴换上跑鞋。

第一个男孩冲第二个男孩说:"难道你疯了?我们怎么跑得过灰熊呢?"

第二个男孩答道:"没错,但我跑得过你!"

故事中的两个男孩都很聪明,但他们聪明的方式各不相同。第一个男孩迅速地分析了问题,不过他的能力到此为止。第二个男孩不仅确定了问题所在,而且得出一个富有创造和实践性的解决办法。

具备成功智力意味着能够很好地从三个不同方面进行思考:分析的、创造的和实践性的。通常课堂上和测验中看重的仅仅是分析的能力。然而,这种学校里最为推崇并视之为聪明的能力,在许多学生日后的现实生活中却要比创造和实践的能力来得相对无用。

(资料来源:[美]斯腾伯格著,吴国宏、钱文译:《成功智力》,上海:华东师范大学出版社,1999年。)

(三)帕金斯的真智力理论

真智力理论是由美国哈佛大学教授帕金斯(D. N. Perkins)于1995年提出的。他认为,智力有三个基本方面:神经的、经验的和反省的。神经智力是人们神经系统的功能,大部分由遗传因素决定,是不可传授的。帕金斯的神经智力类似于卡特尔的流体智力。经验智力是从经验中学来的,它是知识的扩展和组织。帕金斯的经验智力类似于卡特尔的晶体智力。反省智力是指记忆和问题解决的策略,类似于元认知或元认知监控的成分。帕金斯教授还提出了智力的公式:智力=能量+技巧+内容知识。公式中的能量是指人的神经系统的生理功能;技巧是指策略性知识;内容知识是指陈述性知识和程序性知识。

(四)PASS模型理论

加拿大的戴斯等人(J. P. Das & J. A. Nagilieri)于1990年把信息加工理论、认知研究的新方法与智力研究的传统方法即因素分析方法结合起来,通过大量的实验研究,探讨了智力活动中的信息加工过程,并以苏联心理学家鲁利亚(A. R. Luria)的大脑三级功能区学说为理论基础,提出了人类智能活动的三级认知功能系统的智力模型,即"计划-注意-同时与继时加工模型"(Plan Attention Simultaneous Successive Processing Model),即PASS模型。戴斯等人在《认知过程的评估——智力的PASS理论》一书中对它作了系统的介绍,它包含三个功能系统:(1)注意-唤醒系统,是指影响个体对信息进行编码加工和作出计划的基本功能系统。该系统在智力活动中起激活和唤醒作用,是整个系统的基础,同鲁利亚提出的大脑皮层一级功能区的功能相吻合。(2)同时-继时编码加工系统,负责对外界刺激信息接收、解释、转换、再编码和存储,是智力活动中主要的信息加工系统,在整个系统中处于中间层次。(3)计划系统,负责认知过程的计划性工作,即在智能活动中确定目标、制订和选择策略、对操作过程进行监控和调节,对注意-唤醒系统和同时-继时编码加工系统起监控和调节作用,是整个功能系统的核心,属于最高层次。这三个系统协调合作,保证了一切智力活动的运行。

PASS模型智力理论是"认知革命"时代大背景下的产物,在各种宣称"超越IQ"的现代智力理论中颇具自己的特色。PASS模型依托现代神经生理学和认知心理学的最新研究成果,是一种注重信息加工过程的认知心理学智力理论,打破了传统智力心理学中特质、因素研究各领风骚的局面。

三、情绪智力理论

情绪智力理论是对传统智力理论仅仅把智力局限于认识领域的一大超越。最早可追溯至 20 世纪 60 年代,即有学者提出了情绪智力的概念,但在很长一段时间里该概念并没有引起全球范围的关注。直至 1995 年,《纽约时报》的科学记者丹尼尔·戈尔曼(D. Goleman)的《情商:为什么情商比智商更重要》一书的出版,才引起全球性的情商(Emotional Quotient, EQ)研究与讨论,因此,丹尼尔·戈尔曼被誉为"情商之父"。哈佛大学心理学博士丹尼尔·戈尔曼接受前人的相关观点,认为情感智商包含五个主要方面:了解自我,监视情绪时时刻刻的变化,能够察觉某种情绪的出现,观察和审视自己的内心体验,它是情感智商的核心,只有认识自己,才能成为自己生活的主宰;自我管理,调控自己的情绪,使之适时适度地表现出来,即能调控自己;自我激励,能够依据活动的某种目标,调动、指挥情绪的能力,它能够使人走出低潮,重新出发;识别他人的情绪,能够通过细微的社会信号,敏感地感受到他人的需求与欲望,认知他人的情绪,这是与他人正常交往,实现顺利沟通的基础;处理人际关系,调控自己与他人情绪反应的技巧。

【资料窗口】

情商的性别差异

很多有关情商性别差异的研究显示,总体上,女性的情商分数高于男性。需要注意的是,这只是群体平均水平间比较的结果,尽管差异达到了统计学意义上的显著,但并不代表某一个男性就一定比某一个女性的情商水平更低。

神经科学家塔尼亚·辛格(Tania Singer)基于脑科学的研究,也支持情商的这种性别差异。她将共情(empathy)分为两种系统:一种是认知共情(即想象和理解他人的观点)系统,另一种是情感共情(即感受到他人的情绪感受)系统。行为领域的研究表明,女性较男性占优势的是情感共情能力,而男性更加擅长的则是情绪的自我控制。辛格的研究进一步发现,女性的镜像神经元系统往往更为发达,因此依赖镜像神经元获得共情信号的能力较男性更强。男性则不同,镜像神经元系统被激活之后,往往进入问题解决的模式。

剑桥大学的西蒙·拜伦－科恩(Simon Baron-Cohen)则提出另一种解释情商性别差异的模式,认为存在一种极端的"女性脑",这种脑结构的镜像神经元活动更为频繁,因此表现出非常强的情感共情能力,但系统思维能力一般。与此相反,极端的"男性脑"则在系统分析能力上表现更为出色,但情感共情能力显得不足。这两种极端的大脑结构模型处于人群正态分布的两端,而大多数人的大脑结构模式则处于两者之间的位置。但显然不是所有的男性都有"男性脑",所有的女性都有"女性脑",因为也有很多女性善于系统分析思维,而很多男性表现出很强的情感共情。

此外,情商的这种性别差异,表现在不同能力水平上可能有所不同,对于工作表现最优秀的一部分人(如前10%),性别间的差异就不存在,即所有男性和女性都一样出色。针对灵长类动物的研究也发现,处于领袖地位的雄性黑猩猩比雌性黑猩猩,表现出更多安慰难过同伴的行为,尽管雌性黑猩猩安慰行为总体上多于雄性黑猩猩。这或许表明,提供恰当的情绪支持是领导者的基本素质之一。

(资料来源:[美]丹尼尔·戈尔曼著,杨春晓译:《情商(实践版)》,北京:中信出版社,2012年。)

情感智商概念和理论的提出有其积极作用。应该看到,智力问题是一个极为复杂的问题。情感智商概念从情绪情感过程的角度来分析智力的本质,为人们最终发现或接近智力本质,提供了一个新的视点和分析途径。它从一个新的角度为智力理论的变革提供了理论基础。该理论在分析情感智力时,突出了对情绪的监控、管理以及调节活动在智力活动中的作用;在阐述人际关系时融入大量的人本主义心理学观点,有利于儿童的情感发展和情感教育。它开始涉及社会文化因素对智力的影响,超出了传统智力理论的范畴,也超出了以认知过程分析的智力理论的范畴,极大地丰富了智力的内涵。然而我们在接受这一新观点时有必要清楚地看到它的局限性,对情感智商的概念和理论应有一个正确的看法。

第二节 智力的发展与影响因素

儿童的智力是如何发展的,受到哪些因素的影响?对这些问题的回答,对

第五章 儿童智力创造力的发展与辅导

教育教学的开展有着重要的指导意义。了解了智力发展的快慢也就清楚了成长的关键期,知道发展受哪些因素的影响,也就明确了教育的局限以及可以发挥作用的空间。但对智力发展问题的解答,同样与智力的内涵及其研究取向密切相关。有些心理学家认为,智力的概念过于抽象,因为人的能力可以体现在不同的领域,而且在与外界环境持续交互的过程中,其表现形式也在不断变化。因此,与研究相对模糊的抽象概念相比较,探究环境适应背后共同的认知结构和过程似乎更有价值。但心理测量取向的研究者则认为,的确存在一种抽象的认知能力,而且个体间差异似乎相对稳定,即随着年龄的变化,个体的智力水平在群体中的位置是相对稳定的。基于心理测量取向已取得的大量研究成果,智力测验和智商的概念已被大众所熟知,下面主要基于心理测量(或个体差异)取向的相关研究,具体介绍儿童智力发展及其影响因素的问题。

一、儿童智力发展的趋势

(一)智力发展的概况

关于智力发展的一般趋势,心理学家很早就开始了探讨,也提出过很多关于发展趋势的模型和假设。但研究存在的一个共同问题是,没有将不同的智力类型作区分,因此很难给出相对细致、全面的描绘。基于心理测量和脑科学的大量相关研究,一个重要的类型区分即把智力分为流体智力和晶体智力。流体智力是解决新问题的能力,其对个体习得知识的依赖相对很少。流体智力的经典测验即瑞文推理测验,主要测查个体的推理能力,测验中的题目需要受测试者观察给定图形(一个或多个)的规律,进而选出符合该规律的图形填入空缺处(如图所示)。与流体智力不同,晶体智力主要是指个体所习得的知识和技能。

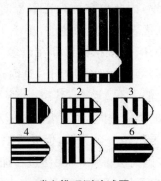

瑞文推理测验试题

流体智力和晶体智力区分的意义即在于其受先天遗传和后天环境的影响不同,流体智力受先天遗传的影响更大,而晶体智力则受后天环境的影响更大。在个体发展过程中,流体智力随年龄的增长先会逐渐增加,到成年后稳定在一定水平,之后则会呈下降趋势。而晶体智力会随年龄的增长不断累积增加。具体发展趋势如图所示。该趋势与大众的日常经验基本相符,即个体的认知加工能力、速度,以及思维的灵活性等,在出生以后是不断发展成熟的,但稳定在最高水平一段时间后,则会有一个逐渐衰退的过程,到老年则会有记忆力减退和认知加工速度变慢等诸多流体智力下降的表现。然而,老年人群体的知识经验水平则是最高的,在特定(如行政管理)领域同样可以发挥其优势。

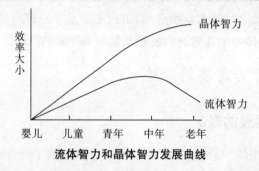

流体智力和晶体智力发展曲线

(二)智力发展水平的差异

依据个体差异心理学的观点,个体的智力发展水平在群体中的位置是相对稳定的,并且不同的人所能达到的最高水平也是不同的。心理学家一般用"智力商数"(Intelligence Quotient,简称 IQ)来表示个体智力水平的高低。智商最早提出之时的确是一个商数,其计算公式为:智商(IQ)=(智力年龄÷实际年龄)×100。通过其计算公式不难发现,智商是一个比率,即智力年龄达到其实际年龄应有平均水平的比率,因此也被称为比率智商,得分 100 即代表达到平均的发展水平,大于 100 则代表发展较为超前,小于 100 则反之。IQ 概念提出后,得到了广泛的传播和关注,但该指标仍存在诸多问题,首先,个体在成年以后智力年龄基本稳定,但实际年龄却不断增长,这时通过该公式计算得到的智商会不断降低,与实际情况似乎不太吻合;其次,比率智商只能反映个体与其所在群体平均水平相比发展的优劣偏向,并无法具体体现个体在群体中处于何位置;最后,比率智商的指标虽然是一个分数,但并没有单位,分数高只能说明智力水平更高,但具体高多少则无法得知(即无法进行加减运算)。

鉴于比率智商存在诸多不足,美国心理学家韦克斯勒在智力测验中首创以离差智商表示智力的相对水平。韦克斯勒将一个人的智力测验分数与同年龄组的平均分数相减,结果再除以该群体的标准差,从而得到其测验成绩的标准分数,以此作为智商的指标。因此,离差智商即是指以标准差为单位的个人分数偏离团体平均数的相对数量。这种智商是根据离差计算出来的,故称离差智商(IQ_D)。在不同的智力测验中,最终的智商值会在原始标准分数的基础上作适当变换,以避免分数中出现负数和小数。总之,其计算公式可概括为:离差智商(IQ_D)=k×[($X-\overline{X}$)÷S]+100。式中,X为某人实得的智力测验分数,$\overline{X}$为某人所在年龄组的平均分数,S为该年龄组分数的标准差,100为指定的常态化标准分数的均数值,k为其标准差(韦氏量表的k=15,斯—比量表的k=16)。

目前,常用的智力测验有比奈—西蒙智力量表、韦克斯勒智力量表、斯坦福—比奈智力量表、瑞文标准智力测验等。测验编制者们通常采用超常、正常、低常的概念来概括儿童智力水平的三个等级。总体来看,人类的智力分布基本上呈两头小、中间大的正态分布形式。在一个具有代表性的人群中,有接近一半人的智商在90到110之间,而智力发展水平非常优秀者和智力落后者在一定人口中只占相当小的比例。智力超常儿童是指智力发展水平显著超过同龄人平均智力水平的儿童(IQ≥130)。这类儿童在心理上表现出一些共同点:强烈的求知欲和广泛的兴趣;观察细致、准确;注意力容易集中,记忆速度快、准确而牢固;思维敏捷,不易受具体情境的局限。

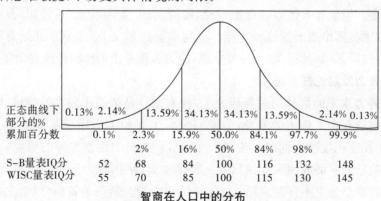

智商在人口中的分布

注:S—B:斯坦福—比奈智力量表;WISC:韦克斯勒儿童智力量表

(三)智力发展的个别差异

1. 智力发展类型的差异

类型差异是指构成智力的各种因素也存在个体间差别。依据卡罗尔提出的认知能力层级模型,智力测验的总分反映的是个体一般智力(G)的水平,而在一般智力因素和各种特殊因素之间还有中间层级的八个因素,包括流体智力、晶体智力、一般的记忆和学习、视知觉、听知觉、广泛的提取能力、一般的认知敏捷性和加工速度。换言之,人们在这些类型因素上,也会表现出差异。譬如,有的个体虽然流体智力一般,但并不妨碍其习得、存储大量的知识经验,从而表现出晶体智力的优势;还比如,有的个体可能擅长感知,另外一些人则在加工速度上表现出优势,具体在知觉方面,有的可能擅长知觉分析,有的则优于知觉综合。总之,这种类型间的差异表现在儿童智力发展的方方面面,体现了每个儿童所独有的特点。而现代多元智力理论的提出,也很好地呼应了这种类型间差异的事实,构成了因材施教的重要理论基础。

2. 智力发展速度的差异

在儿童智力发展的速度上,基本呈现三种形态:一是稳定发展,这是大多数人的发展模式;二是先快后慢式发展,如一些人表现出早熟,在小时候就崭露头角,但在成人以后智力平平;三是先慢后快式发展,如一些人表现出大器晚成,在小时候智力一般,但在中学或以后显露出智力超群。人的能力显露有早晚之别,有些人在儿童期就表现出非凡的能力,常被称为"神童""早慧"。例如,我国唐代诗人白居易1岁开始识字,5~6岁就可以即席赋诗,9岁已精通声韵。奥地利古典音乐家莫扎特3岁发现三度音程,5岁谱写了小步舞曲,6岁举办了独奏音乐会。但也有人智力表现比较晚,即所谓的"大器晚成"。譬如,齐白石直到40岁才显露出杰出的绘画才能。生物学家达尔文50多岁才开始有研究成果,并完成巨著《物种起源》。一般来说,能力表现突出的年龄阶段在中年。

3. 智力发展的性别差异

在智力水平的群体间差异研究上,性别差异是被关注最多的领域,因为男女之间的确存在生理上的差异,但他们所处生存和生活环境基本上是一致的(尽管在社会化过程中也存在差别)。因此,有关智力性别差异的研究,也能为揭示影响智力发展的因素提供启发。整体来看,依据智力测验的结果,男性和女性在智商总分上不存在差异。由于传统智力测验所得的智商分数,主要反映的是个体一般智力(G因素)的水平。这表明,男女之间在一般智力上并不存在差别。即便从流体智力和晶体智力两个类别作进一步考察,也很少有研究发现男女之间的差异。目前研究发现,智力的性别差异主要表现在一些相对具体的智力因素上。

在空间能力上,男性表现相对更好,如心理旋转和追踪移动物体等。新近的研究发现,心理旋转能力的性别差异最早可以在3个月大婴儿身上表现出来。这说明,心理旋转能力的性别差异具有很强的生理基础,同时社会文化和学习也有着重要的影响。有研究表明,空间能力的性别差异会随年龄的增长而更加明显。在言语能力上,女性更有优势,特别是在言语流畅性上,女性的优势尤为明显。在与言语能力相关的学科(如语文和英语)上,女生的学科成绩也显著更高。此外,男性被诊断为阅读障碍的比例更高。总之,在智力发展上的确存在特定的性别差异,这种差异很可能是先天生理基础(如脑结构、性激素)和后天教养(如社会文化对不同性别角色的定位)交互作用的结果。

二、智力发展的影响因素

总体来看,智力发展是先天遗传和后天环境交互作用的过程。但到底是遗传的作用更大,还是后天教养的作用更大,依然存在争论。问题无法得到很好解决的关键在于,在个体智力发展过程中,遗传和环境两个因素是密切相连的,很难将二者分离开。譬如,儿子像父亲一样具有很强的音乐创作能力,有可能是因为遗传了父亲的相关基因,但也有可能是因为接受了父亲耳濡目染的家庭教育。有鉴于此,一些研究尝试对这两个影响因素进行分离,以揭示各自的作用。

(一)遗传因素

在动物研究中,研究者可以同时操控动物繁殖过程中的基因组合和环境,从而揭示其行为特性的决定因素。有关动物选择性繁殖的研究,一定程度上支持在智力发展过程中遗传具有重要作用。研究首先培育出"聪明的"老鼠(走迷津速度较快)和"笨"(走迷津速度较慢)的老鼠,然后再让聪明老鼠和聪明老鼠进行交配,笨老鼠与笨老鼠进行交配,经过几代繁殖,结果发现聪明鼠后代的能力越来越强,而笨鼠后代的能力则越来越差,换言之,两组之间的差异逐渐变大。显然,这种模式不能应用于人类的研究。尽管如此,心理学领域有关双生子、家庭经济地位与智力关系的相关研究依然说明了一些问题。

尽管研究者在人类群体无法进行类似的操纵,但有时社会自然造就了不同的实验条件。同卵双胞胎始于同一个受精卵,然后分裂成两个相同的胚胎,因此,他们具有完全一致的遗传基因。社会上,双胞胎弃婴时常被不同的家庭所领养,如果他们是同卵双胞胎,就出现了基因相同但生活环境不同的情况。美国明尼苏达大学的两位心理学家历经多年找到了来自8个国家的,共56对分开抚养的同卵双胞胎,他们对这些被试进行了一系列生理测量和心理测验,并将这些双胞胎与生活在一起的同卵双胞胎进行对比。其中,有关智力测验(用到韦氏成人智力量表和瑞文推理测验)的结果表明,无论是否在同一环境下共同成长,同卵双胞胎之间智力测验的分数都表现出高相关(相关系数 r=0.69~0.88),更为重要的是,两类双胞胎在智力上的相似性差异也非常小(以两组相关系数的商来表示,越接近1,表明相似性程度越一致)。结果表明,遗传因素在智力发展中的决定性作用,即约70%的 IQ 差异是由先天基因不同所造成的。

需要注意的是,尽管分开抚养的同卵双胞胎是在不同的家庭成长,也不能忽视其生活环境中相同的地方,包括都学习语言、接受基本的家庭和学校教育,以及身处同样的人类社会文化背景。脱离了这些基本环境因素,肯定无从谈起智力发展问题。但在这些基本环境具备的条件下,智力的决定作用就突显出来。如果作一个类比,这就像打篮球,大多数儿童都有机会接触这项运动,所以篮球水平的差异受遗传因素的影响更大。此外,遗传本身也影响着环境,当一个儿童表现出智力上的优势,父母和老师可能有意无意给予他(她)更多的关注和更高的期望,这些关注和期望进一步又促进了其智力的发展。

(二)环境因素

美国加利福尼亚大学的罗兹维格及其同事,对动物进行了历时十余年的系列相关研究。他们将具有同样遗传基因的老鼠,安排在单调贫乏或丰富的环境下饲养(4~10周的时间)。结果发现,在丰富的环境中生活的老鼠,具有更厚和更重的脑皮层,其大脑中化学活动水平也更高,神经突触也更大(Rosenzweig,Bennett,& Diamond,1972)。大脑发展是智力发展的基础,因此也一定程度上表明环境刺激对智力发展的重要作用。在人类社会,有关家庭经济社会地位(Socioeconomic Status,SES)的相关研究也发现,在中、高经济社会地位家庭成长的儿童,其 IQ 的平均分比低经济社会地位家庭成长的儿童高 12 分(Locurto,1990;Duyme,Dumaret,& Tomkiewicz,1999)。当然,有人会质疑这类研究结果还是无法分离遗传和环境的相互干扰,因为高经济社会地位家庭成长的儿童的优势可能来自于更为丰富、多样的教育环境,但也有可能源于其更优越的遗传基因。但有关领养儿童的对比研究,则进一步证实环境的重要作用。这些研究对象是出生于低经济社会地位家庭的儿童,但分别被不同经济社会地位家庭领养,因此他们的遗传背景是相似的,但研究仍然揭示家庭经济社会地位效应的存在。当然,这种优势可能不仅来自于家庭环境,而且与之相联的邻里、同伴和学校环境可能都对儿童的智力发展产生影响。

此外,研究还发现,随着社会年代的变迁,人类群体的 IQ 测验分数会有整体提升,这种现象被称为弗林效应。智力测验每隔数年都需要重新修订,以适应新时代背景下的群体。但当研究仍用旧版本的测验测试新被试时,他们的 IQ 分数较之前的样本群体有明显提升。弗林深入研究了历时 46 年的美国军队征兵的智力测验结果,发现美国年轻人的 IQ 平均分数在这期间增高了 14 分,大约每 10 年增长 3 个智商分。之后,涉及众多国家和地区的研究同样也发现了这一现象,说明该现象具有普遍性。研究者一般认为,弗林效应主要源于民众受教育水平的提高。

综合各方面研究,我们更加深刻地认识到智力发展是遗传和环境交互作用的结果。而有些甚至略显矛盾的研究结果,恰恰反映了两方面的影响具有动态变化性。换言之,当遗传因素影响较小时,其差异更多地来自于环境,反之亦然。譬如,有些儿童可能有很好的音乐天赋,但其家庭可能无法为其提供学习的机会,这时其最终的能力表现即会受环境的制约;但当外在环境给予儿童同等的发展机会时,其先天遗传条件则可能更多地决定了其能力表现。

【资料窗口】

工作记忆训练有助于提升流体智力

流体智力主要是推理事物之间关系和解决问题的能力。卡特尔提出该概念之初认为,个体的流体智力由先天遗传因素所决定,不会受后天环境的影响而改变。但近些年来的研究表明,认知训练特别是工作记忆训练,可以提升个体的流体智力水平。

工作记忆是人的记忆系统中非常重要的一个子系统,它主要指个体在当前意识状态下,对信息的短暂保持和操作,其容量非常有限。目前研究发现,个体的工作记忆能力与其推理能力、多学科的学业成绩之间有着密切联系。针对工作记忆,n-back 任务是目前主要用到的测试和训练任务。在该任务中,实验者会向受试者呈现一系列刺激,受试者的任务即是判断当前的刺激与之前第 n 个刺激是否相同,n 的值越大,作出正确判断对个体工作记忆的要求就越高。

大量研究已发现,基于 n-back 范式的工作记忆训练,无论对于成人或是中小学生,都提升了训练者的流体智力。基于功能性核磁共振成像的研究结果发现,历经两周时间的训练,被试背外侧前额叶大脑皮质激活明显增加,但在训练结束四周后激活强度逐渐降低。最近,国内学者彭君和莫雷等人则尝试对4~5岁幼儿的工作记忆加以训练,考察对幼儿流体智力的提升效应。研究采用基于n-back游戏程序,对实验组幼儿进行了为期两周的训练,每天持续15分钟;另外,研究还设置了两个控制组:一个以"水果忍者"游戏程序进行训练,另一个则不进行任何训练。研究结果表明,训练结束后,实验组幼儿的流体智力明显高于另外两个控制组,并且6个月后的再测发现,这种提升效应仍然保持。

这些研究表明,人类大脑的可塑性可能远超过我们的想象。近些年来,许多研究也提供了通过短期训练干预可以提升个体心理机能的证据。而工作记忆训练可以提升流体智力的相关研究,势必给智力理论的发展和教育教学实践带来新的启发。

(资料来源:彭君、莫雷、黄平、周莹、王靖、昂晨:《工作记忆训练提升幼儿流体智力表现》,《心理学报》,2014年第10期。)

第三节 儿童创造力发展及其培养

在知识经济和全球化大背景下,培养儿童的创造力已成为世界各国教育共同面临的挑战。但何为创造力?其发展受到哪些因素的影响?如何在教育中培育乃至训练学生的创造力?顺应时代发展的需求,从20世纪50年代开始,科学心理学对该主题进行了大量探讨。

一、创造力的内涵

与心理学中的许多概念相似,在日常交往中,人们对"创造力"(creativity,也称创造性)一词的理解很少出现分歧,但要给创造力下一个科学的定义,则不是一件容易的事情。纵观不同时期和不同领域的有关研究,多数研究者认为创造力是产生新颖(novel)且适用的(useful)观点或产品的能力。新颖是指创造性的想法或产品首先需是"新"的,即之前没有的,当然这种"新"可能是相对于全社会,也可能是相对于某个群体,甚至是相对于创作者自己。适用则是指创造性的想法或产品还需是有用的、适宜的、有意义的,它可以是解决一个问题,或具有某一功能,或者满足某种需求。

根据创造性产物新颖性和适用性的特征,我们还可以把创造性的观点与一般观点或离奇观点进行区分,如图所示。一般说来,如果一种观点既不新颖又缺乏适用性,我们就称其为非创造性观点;但非创造性观点并非仅限于此,如果一种观点不能同时满足高新颖性和高适用性两个特征,也不能算创造性观点。

	低	高
新颖性 低	非创造性观点	现在有效的、但非创造性的问题解决方法
新颖性 高	离奇的、但非创造性的观点	创造性观点

创造性观点的两个维度

依据创造性观点相对新颖性的不同,创造力还可以分为不同层次。传统上,研究者将之分为大创造(大 C)和小创造(小 C)两类。所谓大创造(Big Creativity),是指一些时代伟人或者杰出人物所作出的对某一领域或者整个人类的突破性贡献。例如,达尔文提出进化论,爱因斯坦提出相对论,毕加索创作新作品,阿波罗号飞船登月等,都属于大创造的范畴。所谓小创造(Small Creativity),又称日常创造(Everyday Creativity),是指由普通人在日常生活和工作中作出的新颖而又有一定社会意义的创新。例如,发明一个新菜谱,对某项产品进行技术改造,写一篇抒情散文,等等。

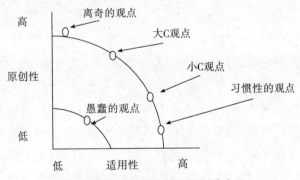

基于创造力特征划分的不同创造水平

目前,创造力的研究主要从四个方面展开:(1)创造力的个人(Person)因素,包括认知风格、人格特质和情感特征等。(2)创造性过程(Process),包括创造性产品的生成过程、创造性思维的加工过程。(3)创造性产品(Product),创造性产品具有新颖、有用等特征。(4)创造性环境(Press/Place),研究促进或阻碍创新的环境因素。这四个方面也被称为创造力研究的4P模式。

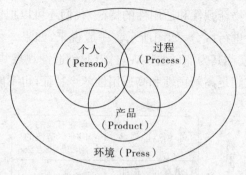

创造力研究的 4P 模式

【资料窗口】
关于创造力,我们有哪些认识的误区?

提到创造力,我们可能会想到牛顿、爱因斯坦、莫扎特、乔布斯等天才般的人物。我们欣赏这些创造性天才,但同时也可能对他们如何作出创造性的成就抱有神秘感。这些都构成了一般民众对创造力的一种认识。但这种认识是否合理?与创造力的研究结果是否一致?下面结合当前创造力领域的研究结果,来梳理一下公众有关创造力可能存在的一些认识误区。

第一,创造力是与生俱来的。

最开始列举的各领域天才性人物的确影响了人们对创造力的理解,使我们大多数人倾向于认为创造力只是少数天才的专利,是天赋作用的结果。但就目前研究来看,创造力是具有层次性的,个体生成新颖而适宜的想法即展示了创造力,尽管这想法或理解可能仅仅对于个体自己新颖而有意义。因此可以说,我们每个人都具有创造力。并且,关于创造力的研究也发现,有关创造力的一些规律在不同层次创造力上的表现也是趋于一致的。譬如,大人物做自己感兴趣的事情时更有利于创造力的发挥,我们也是这样。

第二,年轻人比老年人更有创造力。

年龄和创造力的关系是复杂的。30岁早期到40岁后期大致是人一生中创造力最高的阶段。从35岁起,创造力开始初次下降,因为这时个体在家庭、孩子和工作上的负担越来越重,无暇去创造。而到了退休之后,个体有了足够的时间,于是创造力又开始提高。对于女性,之前的高峰区会更小些,而后的增长区要更大些。因为有些文化中,女性往往辞掉工作去抚养子女、照顾丈夫,对家庭负有更多责任。子女的独立会给她们带来一生中创造力极大发展的时期。随着年龄的增加,人们变得越来越不能容忍模糊性,总是以自己老套的眼光看问题,这不利于创造力的发展。但是有些人在变老的同时会习得更多的经验和应对约束的技巧,反而变得更加有创造力。老年人也可能有高创造力,只要他们能容忍模糊性。同样,年轻人的创造力也可能面临许多障碍:有抱负、有创造力的孩子往往被家长和老师视作威胁,使他们不得不与年龄大的、没有创造力的人一起工作;此外,在很多国家,社会也并不倾向于给年轻人创新的机会。

第三,外部约束越少,创造力就越高。

近些年来,西方流行一种说法:如果想让人们富有创造力,就别去评估他们的工作。只有在几乎不存在什么约束,没什么指导方针的情况下,人才会有创造力。这些讲法源于外界评价会减损儿童创造力的一些早期研究。但在现实情境中,这种说法已在很大程度上被否定。人们什么时候可以在没有任何约束的条件下工作或解决问题呢?绝对没有限制完全不可能,何况在需要发挥创造力时,我们所感到的最大约束多半是自己施加到自己身上的。

(资料来源:Plucker, J. A., Beghetto, R. A., & Dow, G. T. (2004). Why isn't creativity more important to educational psychologists? Potentials, pitfalls, and future directions in creativity research. *Educational psychologist*, 39(2), 83—96.)

二、关于创造力的理论

(一)创新的心理测量理论

美国心理学家吉尔福特积极倡导对创造力进行科学研究,他本身也为促进创造力研究的发展作出了很大贡献。根据吉尔福特的三维智力结构理论,与创造力关系最为密切的部分是"对发散思维成果的操作",或生成多种反应的能力。吉尔福特不研究创造性天才,而是采取心理测量的途径,通过《非常规用途纸笔测验》(Unusual Uses Test,简称 UUT)来测量人的发散思维能力。吉尔福特为全面理解人类的智力作出了贡献,同时创建了创造力的心理测量法。

在吉尔福特工作的基础上,托兰斯编制了《Torrance 创新性思维测验》(Torrance Tests of Creative Thinking,简称 TTCT),以此来测量创新思维的流畅性(fluency,即作出反应的总数量)、灵活性(flexibility,即作出不同种类反应的数量)和原创性(originality,即作出反应的独特性和稀少性),此测验是对创造力进行测量评估的基石。1984 年,托兰斯及其同事曾作过调查,发现在已出版的有关中小学生(K-12)和大学生、成年人的创造力研究中,分别有约 75%和 40%采用了 TTCT,可见 TTCT 在创新研究领域运用得广泛。

发散思维测试问题的特点是,答案是不确定的,思考的方向是多面的。但创造性思维不仅需要发散,而且需要聚合,因为有些问题的答案是明确的,只是暂时没有找到解决问题的方向。此时,个体需要借助一系列认知搜索实现对问题的解决。有研究者围绕聚合思维设计了一系列创造力测验和任务,其中,应用最为广泛的即是曼德尼克(Mednick)的远距离联想测验(Remote Associates Test,简称 RAT)。他认为,高创造力的人能够将远距离的要素连接起来,远距离联想测验项目包括三个词汇,要求被试根据所呈现的三个词汇进行联想,找到与这三个词汇都能组成一个新词的词汇。例如,前面三个线索字如果是"氛""服""争",你就可以用"气"来和它们分别组成"气氛""服气""争气"。

【资料窗口】

典型发散思维和测试题目及计分

题目:请列举"筷子"的用途,答案越多越好,越新颖越好。

答案:当作玩具棒

　　　搅拌东西

　　　当量尺

　　　疏通或清理管道

　　　计数工具

　　　在上面雕刻

　　　做风筝

　　　防身工具

当作礼物
开发智力的玩具
掏耳朵
作为叉子叉东西

计分：
流畅性：不同反应的总数。
灵活性：反应的类别数。
原创性：在整个抽样中，该反应被提及的次数少于样本群体的5%。

(二)创造力的社会心理学理论

阿玛拜尔(Amabile)的工作在创造力研究领域有较大影响，她提出了创造力的成分理论。研究者普遍认为，此理论是一种较为全面的创造力理论，它全盘考虑认知、人格、动机以及社会因素。据此理论，创造性过程遵循有固定顺序的几个步骤，包括问题表征、准备、反应生成、反应确认和产出。阿玛拜尔还提出创造力组成成分的模型，从整体上分析了影响创造力的各种因素。该模型包括三种成分：领域相关技能(domain-relevant skill)、创造力相关技能(creativity-relevant skill)和任务动机(task-motivation)，创造性产品的生成则是以上三个基本成分相互作用的结果。

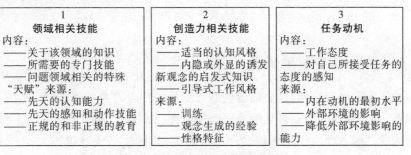

创造力的社会心理学理论模型

在这个理论框架中，领域相关技能被视为所有任务进行的基础，包括事实性知识、所需要的专门技能和问题领域相关的特殊"天赋"，这些取决于先天的认知能力、先天的感知和动作技能以及正规的和非正规的教育。领域相关技能组成了个体可能产生的反应的全套信息，从中合成新的反应，并根据这些信息对新的反应进行判断。因此,根据该理论视角,在某一领域大量的知识不利于创造力——这一流行概念是不正确的。通常,如果领域相关信息组织是合理的,那么随着领域相关技能的增加只会促进创造力。另外,丰富的创造力相关技能和内在任务动机,都会促进个体创造力的发挥。

(三)创造力的投资理论

吉尔福特将创造力看作智力结构模型的一个方面。与此观点不同,斯腾伯格认为创造力不能完全解释智力,并且智力也不能完全解释创造力。即是说,"创造力包含了智力以及其他东西"。1992年,斯腾伯格和卢伯特在《创造力的投资理论》一文中对"其他东西"作了详细说明。根据这个理论,创造力是个人、环境和特定任务交互作用的结果。创造性个体就像金融投资者,通过低买高卖获取利润(花最低的代价创造最高的利润),只不过其投资的对象不是股票而是观念,他们起初形成的观念似乎并不符合当时的风尚,甚至有可能在别人看来很愚蠢(价值被低估),但是这些观念有被大众接受的潜质(有成长潜力)。创造性个体努力去说服人们相信该观念的价值,一旦该观念被大众接受(升值),他便将此观念卖出,并让其他人去补充其细节,挖掘其中更为细微的意义,而自己又转向另一个被大众低估了其潜在价值的观念。人们一般会希望别人喜欢他们的想法,但如果一个想法立刻得到众人的掌声,这往往意味着它并不是特别有创造力。斯腾伯格和卢伯特提出了六个因素,包括智力、知识、思维风格、人格、动机和环境。在特定情境下,如果某个人具备这六个因素,便可能产生创造力。

三、创造力的发展

(一)创造力发展的特点

与智力发展问题相似,要描绘创造力发展的特点需首先确定"创造力"所指的问题。目前来看,主要可从两个层面加以探讨,一是创造性的潜能,二是创造性的成就。创造性的潜能即创造性思维能力,具体包括发散思维和聚合思维;而创造性的成就即个体所表现出来的创造力,即一系列创造性的成果。针对创造性潜能的发展特点,与智力发展的研究类似,研究者一般采用发散思维、聚合思维或综合性测验,对不同年龄阶段的个体施测,以揭示其发展规律。针对创造性的成就,研究者则更加关注个体创造性的成就随年龄增长的变化趋势。

关于创造性潜能的发展,研究发现发散思维和聚合思维的发展模式并不相同。托兰斯的研究发现,发散思维测验成绩从一年级到三年级是稳定增长的,但在四年级有一个急剧下降的趋势,这被称为"四年级滑坡"现象,然后到五、六年级重新有一个恢复提升,到七年级又有一次下降,然后再稳步提升。对于该现象产生的原因,托兰斯认为可能与儿童的社会性发展有一定关系,四年级学生开始越来越重视同伴的看法,会注意使自己的行为举止、语言、衣着与同伴保持一致,对作出判断和评估的兴趣不断提升,而且对性别差异的意识增强,这一与同伴保持一致的压力可能抑制儿童创造力的发挥。

新近的研究发现,在流畅性和灵活性上,发散思维能力在青少年中期(15～16岁)达到顶峰,但在原创性上,从青少年晚期(17～25岁)到成年早期(25～30岁)仍有显著提升,这表明发散思维也需要多种认知加工共同参与,其不同的侧面发展趋势可能并不相同。与发散思维的发展趋势不同,聚合思维随年龄发展一直有一个稳步提升的过程,直到成年早期(25～30岁)达到最高水平。这一发展过程与个体流体智力的发展过程基本一致。

关于创造性成就的终身发展,研究者通过对众多艺术家、科学家和文学家成就与年龄关系的研究发现,创造性作品的产生是年龄的函数,表现为倒J形曲线,25～40岁是一个人创造性产出的最佳年龄。但是,包括最初、最好和最后的创造性成就的时间,是随创造性活动专业领域的扩大而变化的,美国学者莱曼(H. Leman)还得出从事不同学科的人最佳创造的平均年龄,见表5—1。需要注意的是,最佳创造年龄与活跃于创造性领域的时间或职业年龄,也是紧密相关的。此外,研究还发现,作品的质量与它全部的数量紧密相关,所以,最具代表性的最好的创造性作品可能出现在创作者职业生涯中最多产的阶段。

表5—1 不同学科最佳创造的平均年龄

学　科	最佳创造的平均年龄(岁)	学　科	最佳创造的平均年龄(岁)
化　学	26～36	声　乐	30～34
数　学	30～34	歌　剧	35～39
物　理	30～34	诗　歌	25～29
实用发明	30～34	小　说	30～34
医　学	30～39	哲　学	35～39
植物学	30～34	绘　画	32～36
心理学	30～39	雕　刻	35～39
生理学	35～39		

(二)影响创造力发展的因素

与智力发展相似,创造性行为同样是个体与环境因素相互作用的结果。大量研究显示,个体的动机、智力、知识基础及个性特征都与其创造力水平相关联,而环境氛围则对创造性行为产生促进或抑制作用。

1. 个性和动机

创造性与人们的个性特征存在一定关系。诸多心理学家相信,富于创造性的个体具有其自身独特的个性特点。人格心理学家发现,富于创造性的个体经验的开放性更强,更加自信、自我接受,较少保守;他们的尽责性得分较低,但是敌对性、冲动性得分较高。斯腾伯格则指出,大量研究已证实创造性与某些个性特质有关,这些特质包括愿意克服障碍,愿意从事一些冒险任务,能够容忍模棱两可,高自我效能感,等等。此外,创造性的个体还倾向于寻求对立的立场,喜欢站在别人的对立面思考。个性与创造性的关系还因创新领域不同而有差异。譬如,艺术家往往有高水平的经验开放性和低水平的尽责性,而科学家在具有高水平的经验开放性的同时,则有高水平的尽责性和自信心。

动机是指激发、引导和维持个体活动的心理过程,同个体行为的选择、努力、频率、坚持性等密切相关。创造性活动作为一种特殊的人类行为,同样离不开动机的作用。其中,内外动机的区分得到了研究者的认同。大量证据表明,内部动机是创造力的重要决定因素。托兰斯对小学生的一系列纵向追踪研究发现,在成年期更有创造力的个体,通常所从事的是自己喜欢的工作。格鲁伯和华莱士的个案研究也发现,具有创造力的个体更热爱自己的工作,能够在长年累月的工作中保持饱满的热情。契克森米哈(Csikszentmihalyi)则用"福流"来描述个体在创造性活动中的投入状态,全神贯注地投入工作以至感觉不到时间,不断选择有挑战性的问题来检验自己,从而寻求"奔涌"体验。

2. 智力和知识

智力和创造力是两个不同的心理学概念,心理学家大多同意智力和创造力代表了两种不同的能力,为此开发了相应的测验。对于智力和创造力的关系,一种最为流行的观点是托兰斯的阈限理论。该理论认为,智力是高创造力的必要但不充分条件;尽管智力和创造力存在正相关,但这种相关在智商达到120以后就不再存在。这种观点得到了一些研究的支持。例如,有研究发现,尽管众多诺贝尔奖获得者的 IQ 分数居于中等或中等以上水平,但他们并非都属于高智商者;事实上,他们中大多数人的智商在 125 以下。针对高中生的研究也显示,大多数高成绩者,要么是高创造力,要么是高智力,而创造力和智力同时都高的则极少。

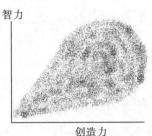

智力与创造力的关系图

创造是以知识为依托的,是在个体原有的知识和经验基础之上进行的。大量研究已经证实知识是影响创造力的重要因素。一些学者认为,知识如同地基,越扎实则建起的高楼越牢固。因此,知识和创造力之间应该呈正相关,即知识越丰富,个体创新的能力越高。个体如要有所创造,必须掌握大量的知识,只有通过不断学习积累达到一定的知识量才能生成创造性产品。对于这一论断最主要和最直接的证据就是"十年定律"。心理学家埃里克森(Ericsson)和同事在柏林顶级音乐学院的研究发现,达到卓越水平的个体其刻意(即有目的和有计划的)练习时间均达到1万小时,即大约要经历10年的时间。正所谓:"人们眼中的天才之所以卓越非凡,并非天资超人一等,而是付出了持续不断的努力。只要经过1万小时的锤炼,任何人都能从平凡变成超凡。"但某领域的相关知识经验太多又会形成思维定势,无法推陈出新,阻碍创新,即知识越多并不意味着创造力越高。在某些领域,知识和创造力之间可能呈现倒U型关系,中等程度的知识水平最有利于个体创造力的发挥。

3. 环境氛围

个体创造性潜能的发挥与其所置身的环境密切相关。个体或小团体创意的展现,会因为组织中有利于创造行为的条件而有所促进,不利于创造行为的条件而有所抑制。在学校情境中,支持不寻常的想法,提供思考和选择自由的课堂环境,有利于引导学生取得创造性成就。有利于学生创新思维的课堂一般具有三个方面典型特征:教师本身就是榜样;教师营造的课堂氛围;教师通过教学活动奖励和培养学生的创造力。

研究显示,教师报告说他们很重视学生的创造性,但相关行为却并非如此。教师对创造力的认知成分较为关注,而忽视了人格成分,并且对于环境成分的理解很片面。因此,在教育情境下,教师还需给予学生创造性思考的时间、给创造性观点和成果予以奖励、鼓励理智的冒险,要允许学生犯错误,多鼓励学生想象他人的观点、探索环境、质疑假设、找到兴趣、发现问题、生成多种假设、关注宽泛的观点而非具体事实、反省思维过程本身。

四、儿童创造力的培养

20世纪50年代以来,创造力逐渐成为人们关注的热点,这不仅表现在心理学理论研究上,而且表现在创造力教育和培养实践上。在大量心理学研究和教育实践的基础上,人们开始认识到,创造力是广泛存在于每个人身上的,虽然高创造力不是人人都具有的,但通过创设适当的环境条件,进行适当的教育,每个人的创造力都是可以得到促进和提高的。目前,有关创造力培养的理论观点和体系纷繁复杂,概括起来主要有三种思路(戴耘,2013):

第一种思路强调"思维",即注重在教学中培养与创造性相关的思维方式和行为倾向。从发散思维到批判思维,从思想实验到实地考察,培养的是一些好的思维习惯,其中包括"非智力"因素。譬如Sternberg和Williams(1996)认为创新教学即意味着鼓励学生去创造、发明、发现、想象、假设以及预测。开发创造性思维,还需扩展思维的视角,提高想象力。定势是创造性思维的最大障碍,而且很难避免。为了克服这一问题,需要增加头脑中的思维视角,学会从不同角度去看问题。想象是指在已有形象的基础上,经过重组、改造、联合而创造出新形象的心理活动,而想象力是人类特有的、指向未来的组合能力。人类的智能只有经过想象力的作用,才能与行为整合,转变为创造性思想。我国学者所研发的"学思维"课程即可归为该思路的创造力培养模式(林崇德、胡卫平,2010)。

而Runco(2010)则认为,创造的勇气、广泛的兴趣、冒险性等非智力因素在创造性培养中发挥着核心作用。历史上许多伟人对人类社会的进步作出突出贡献,除他们具有卓越的才能和非凡的智慧外,还因为他们具有独特的个性。个性作为一种稳定的心理特征,比人的行为和思想更加深刻。培养创造个性,首先要树立不迷信、不盲从、不模仿、不随俗的信念,要敢于大胆提出自己的观点。培养创造个性,还必须坚持如一。当前的研究已揭示,创造力可以通过两个通道加以实现,一个是灵活性,另一个是坚持性。坚持即要不怕实现目标过程中的挫折和失败,努力克服各种困难和障碍。世界上许多惊人的创造天才,并不完全因为其智力不凡,更多的在于他们比多数人更加勤奋、好学,并且能持之以恒。如果在探索的过程中遇到一点阻力就退缩、放弃,必将一事无成。

显然,强调"思维"的思路受到研究者和实践者的充分重视。但另外两种思路同样对我们的教育实践具有极大的启发意义。第二种思路强调"建构",在课程设置和教学上为学生创造空间,鼓励他们根据自己的特长和兴趣对现实、知识和意义进行独特的建构。其最终目的是希望从个体的知识结构、兴趣点的发展、独特性中产生思维内容的新质。如在美国,部分高中生有机会对知识进行拓展和深入,从而走向知识前沿,以便尽早进入知识开拓者的行列。而第三种思路则强调"实践",通过参与特定领域(艺术、科学、商业、技术等)共同体的创造实践活动,培养与之相关的习惯、性向、知识,从而形成专长,并跃升到创造新的理念、方法和产品的新水平。例如,青少年科技创新大赛和基于项目的学习等围绕解决真实问题的学习,都是在解决问题的实践应用中建构知识,提高技能,培养创造能力和创造倾向。

高水平的创造是一种综合心理品质的体现,是创造性认知与创造性人格在特定情境下相互作用的产物。因此,创造力的培养实际上是创造性认知、创造性思维和创造性人格的培养,而这些心理品质的培养又是在一定的创造性环境中进行的,创造力的培养和促进是一项融学校、家庭、社会于一体的系统工程。不仅如此,我们还需要激发个体主动的创新意识。所谓创新意识是指创造的愿望、意图等思想观念,它是创造活动的起点和前提。对于青少年学生来说,创新意识是一种非常可贵的品质,它能将个人的创造技能与技巧化作其内在的习惯,变成一种自觉行为和生活方式。真正实现"处处是创造之地,天天是创造之时,人人是创造之人"。

【案例】

幼儿创造力开发策略

1. 借助道具激发孩子们的创造性思维

老师在橱柜内找到一箱压舌板,思考之后,决定使用这些东西激发孩子们的创造性思维。老师举起一个压舌板问孩子们:"能拿它来做什么?"孩子们给出如下答案:

可以藏起来;做成木偶;当鼓槌击鼓;做成冰棒;当挠痒工具;当勺子舀苹果酱;挖洞;搅拌颜料;添加到火中;做布丁泡泡;切蛋糕。很显然,有的孩子已经饿了,他们想吃点心了。

❋ 小贴士

如何尝试激发孩子们的创造性思维？可以从孩子们能看到并且触摸到的事物开始启发他们，比如压舌板、砖头、围巾或其他具体事物。如果孩子们一开始对你的问题显得一脸茫然，耸耸肩说"不知道"的话，教师可以先举一两个例子启发孩子。要注意的是，教师需要确保这个游戏是积极向上的，并且让孩子们觉得很有趣，你可以使用这些句子增加活动的趣味性："是啊，那真是个好主意，不过我猜我们会想出更多的用途。""看呀，我们已经有这么多有意思的主意了，真有趣！"教师不仅要接受孩子们的思维，更要鼓励他们不断思考，并且寻找更多的答案。

❋ 问问自己

我是否借助道具启发孩子们的创造性思维？

我是否帮助孩子们意识到对于一个问题可能会有很多有效的答案？

为了激发孩子们的创造性思维，我是否制订了有针对性的课程计划？

2. 重视孩子们关于开放性问题的答案

Q女士带的是4岁班的小朋友。十月里的一天，树叶开始凋落，这时她问了孩子们一个问题："现在外面有什么？"（这其实是个非常好的、可以启发思考的开放性问题）一些孩子大声喊道："小汽车！"也有的孩子说："有小狗、猫咪。"还有的孩子回答是云彩。面对这些答案，Q女士只是不动声色地附和一句"哦，啊"或者"是的"。很显然，孩子们的回答都不是她所期望的答案。无奈之下，她请全班孩子去窗边与她一起向外观望。这时，孩子们猜测的答案更广泛了，从小草、小鸟、感恩节、篱笆，到行人、小汽车，孩子们猜了个遍。不过，他们没有明确的线索。如果他们一直这么猜下去，而且不介意老师冷淡的"哦，啊"回复，或许孩子们会猜到老师想要的答案。我觉得Q女士这么做是在练习读心术啊。

好不容易，一个幸运的孩子喊出的答案将其他孩子从无休无止的猜测中解放出来："树叶！"老师这下很高兴，她赞许地点点头，这才是她所期待的正确答案。接着，她从包里拿出一片泛黄的叶子，与孩子们讨论秋天到来的种种痕迹。

❋ 小贴士

类似这样让孩子们猜测教师的意图然后得出所谓正确结论的游戏，其实会对孩子产生消极影响。如果教师问的是开放性问题，那就应该接受并尊重孩子们的回答。孩子们明白冷淡的"哦，啊"与有激情的"对啦！太棒

了"是不一样的回应。教师开展讨论时应当鼓励孩子们去思考,而非猜测。可以通过以下问题启发孩子们的思维:

如果现在一只大象走进教室了,你该怎么办?

小鸟在说什么?

小松鼠要去哪里?

假设你可以拜访一个有魔法的地方,那里会是什么样子?

如果从来不下雨,会是什么样子?

你想谈论些什么?

为了更好地鼓励孩子们创造性思考,可以这样开始讨论,"我们假设一下""你能想象一下吗?"或者"如果……怎么样"。

智慧始于惊奇。

❁问问自己

我是否会问开放性问题?

我倾向于尊重孩子们的想法并鼓励他们锻炼想象思维,还是认为孩子应该给出我认为的正确答案?

(资料来源:[美]格温·斯奈德·科特曼著,田田译:《开发幼儿智力和创造力的99个策略》,上海:华东师范大学出版社,2013年。)

第六章

儿童情绪情感的发展与辅导

【本章相关问题】

※情绪的成分,以及情绪发展对儿童其他方面发展的作用
※各种情绪发展理论的评价
※儿童情绪发展的特点
※儿童情绪情感辅导途径和策略
※培养儿童高级情感的方法

情绪活动是人类的基本活动,有着独特的机制和发展规律,对人的生存和发展有着极为重要的作用。人的情绪情感是天生就有的吗,有哪些功能?情绪的表达和理解随着年龄的增加,呈现怎样的发展规律?有哪些理论流派解释过情绪情感的发展?高级情感是如何发展的?儿童情绪辅导如何进行?这是本章要解决的问题。

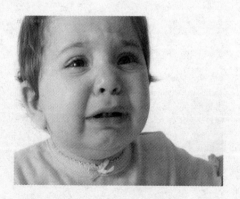

第一节 情绪及其发展理论

一、情绪的内涵

情绪是人类生活的基本面,我们总在体验着情绪,感受着快乐和忧伤、恐惧与愤怒。所谓情绪与情感,是人对客观事物的态度体验及相应的行为方式。情绪体验的第一步就是个人意识到对自己有重大意义的事件正在发生,个人对这些事件的评价和解释促成了随后的情绪反应。情绪总是和有机体的需要密切联系着,客观事件能否引发情绪,引发什么样的情绪常常以人的需要为中介。满足人的某种需要的事物,通常会引起肯定的情绪体验,而阻碍某种需要的事物通常会引起否定的情绪体验。情绪的成分是复杂的,通常认为包含生理、表情和体验三个基本成分。

情绪产生过程图

(一)生理唤醒

情绪与中枢神经系统、自主神经系统、内分泌系统以及大脑两半球的功能有着密切关系。情绪的生理成分包含自主神经系统的变化,如心率、出汗、肾上腺水平等。例如,害怕或焦虑伴随的生理变化有呼吸加快、心率提高、血压上升等。特定情绪状态下,外部腺体活动也会发生相应的变化。例如,人在悲痛或过分高兴时会流泪,焦急和恐惧时会冒汗。不同的情绪伴随着不同的生理变化,但是它们之间的对应关系是复杂的。

(二)表情成分

个体需要将内在的情绪体验经由行为活动表露出来,从而显示其内在的心理感受,以达到与外界沟通的目的。面部表情和声音、身体姿态等都是可见的情绪外在表现形式。儿童已经具有一些基本的表情模式,而且表情与特定情绪之间存在一定的联系,比如微笑、鬼脸、哭泣、大笑等表情。表情具有跨文化的普遍性,有学者研究认为婴儿具有基本的面部表情模式。表情也具有文化差异,比如高兴时,有的文化支持开怀大笑,有的文化则要求笑不露齿。

(三)体验成分

情绪的体验成分是个体在情绪状态下的主观感受或认知判断。人如何解释和评价自己的情绪,依赖于其认知水平和已有经验。比如,一个儿童说"我很开心",他必须认识到和"开心"相关的内外部线索,体验开心这种情绪,并命名它。所以,在情绪体验产生时,语言和认知是很重要的,个体可以根据对内外部线索的认知来识别情绪,根据语言来命名情绪,识别模糊的内部感受和区分不同的情感。

二、情绪情感在儿童心理发展中的作用

(一)情绪的动机作用

情绪是儿童认知和行为的唤起者与组织者,也就是说情绪对儿童心理活动和行为具有非常明显的动机和激发作用。情绪直接指导、调控儿童的行为,驱动、促使儿童去作出这样或那样的行为,或不去作某种行为。例如,让儿童学会早上来园时跟老师说:"早上好",下午离园时说:"再见",结果许多儿童先学会说"再见",而"早上好"则较晚才学会。其重要原因是由于儿童早上不愿意和父母分离,缺乏向老师问早的良好情绪和动机,下午则愿意立即随父母回家,所以赶快说"再见"。虽然同样是学说话,在不同情绪影响下,学习效果并不相同。

(二)情绪对认知发展的作用

情绪与认知之间关系密切,一方面,情绪是随着认知的发展而分化和发展的,另一方面,情绪对儿童的认知活动及其发展起着激发、促进作用,或抑制、延缓作用。孟昭兰曾以婴幼儿为被试,研究了不同情绪状态对智力操作活动的影响。结果表明,婴幼儿的不同情绪状态对其智力操作的影响明显不同,具有显著差别。具体表现为:愉快的情绪有利于婴幼儿的智力操作,而痛苦、惧怕等情绪对婴幼儿智力操作不利。积极的情绪起推动、促进作用,而消极的情绪则起破坏、干扰作用。同一情绪在不同强度水平下对智力操作效果的影响也不同。过低或过强的情绪水平不如适中的情绪状态,后者才能导致最佳的操作效果。愉快的情绪强度差异与操作效果间呈倒 U 字相关,即适中的愉快情绪能使智力

操作达到最优。总之,不同性质和不同强度水平的情绪对认知活动起着不同程度的推进或破坏作用,直接影响智力活动的效果。

(三)情绪是人际交往的重要手段

每一种情绪都有其外部表现,即表情,它是人与人之间进行信息交流的重要工具之一。在婴幼儿与人的交往中,占有特殊重要的地位。新生儿几乎完全借助于他的面部表情、动作、姿态及不同的声音表情等,与成人进行信息交流,相互了解,引起其与成人的交往,或者维持、调整交往。儿童在掌握语言之前,主要是以表情作为交际工具,在婴幼儿初步掌握语言之后,表情仍是婴幼儿重要的交流工具,它和语言一起共同实现着儿童与成人、儿童与同伴间的社会性交往。

(四)情绪对儿童个性形成的作用

婴幼儿时期是个性形成的奠基时期,儿童情绪情感对其具有重要影响。儿童在与不同的人、事物接触中,逐渐形成对不同人、不同事物的不同的情绪态度。儿童经常、反复受到特定环境刺激的影响,反复体验同一情绪状态,这种状态就会逐渐稳固下来,形成稳定的情绪特征,而情绪特征正是个性性格结构的重要组成部分。

综上所述,可以看到儿童情绪情感对其心理发展具有非常重要而广泛的意义,影响、涉及儿童心理诸多方面的发展。

三、情绪获得理论

(一)学习理论

学习理论的代表人物即行为主义心理学家们,他们从 20 世纪 20 年代开始,就对情绪发展进行正式研究。他们强调,婴儿除三种基本情绪(怕、怒、爱)是先天具有的外,其他情绪都是通过经典条件作用、操作条件作用、观察学习等过程习得的。美国行为主义心理学家华生认为,所有的情绪反应都是儿童通过条件作用习得的结果。操作行为主义心理学家斯金纳则更强调情绪反应的随意性,情绪反应的发生源于儿童是否受到强化,强化是增加情绪反应概率的过程,通常认为儿童根据其行为受到奖励或惩罚来学习对不同情境的反应。如当一个孩子因要求得不到满足而发脾气时,父母立即满足其要求,这就强化了儿童的发脾气行为,儿童因此学会以发脾气作为要挟父母的手段。社会学习理论提出者班杜拉则认为,观察学习是引起情绪反应的重要来源。观察学习是指个体通过观察他人在某情境下的反应及它们所引起的结果而学会相应行为、情绪反应的过程。大量的学习都是通过观察后模仿而产生的。如婴儿看到别人被狗咬并表现出痛苦时,就会产生对狗的恐惧。相反,害怕狗的孩子观察到他人与狗的积极交往也会消除这种恐惧。

学习理论在解释儿童情绪发展中有许多独到之处,主要强调后天的学习在情绪发展中的作用,用学习、模仿、强化等概念来说明儿童情绪的获得和发展。但是学习理论的不足之处是对情绪学习过程的分析还比较简单,难以解释复杂的社会性情感的发展,尤其是经典条件作用理论和操作条件作用理论。

【资料窗口】

华生曾进行过一项著名的恐惧产生实验,被试是一位11个月大的小男孩阿尔伯特。实验开始时,阿尔伯特对白兔没有表现出恐惧。华生采用建立条件反射的方法,每当小白兔出现时就伴随出现一个大响声,以引起男孩的恐惧。小白兔和大响声多次结合,就形成对小白兔的恐惧。后来小阿尔伯特不仅对兔子产生恐惧,甚至对小白鼠、长满胡子的老爷爷等凡是有毛发的都产生恐惧,这就导致了泛化。华

恐惧产生实验图

生由此认为,人的多数情绪都是通过经典条件反射而产生的。

(资料来源:张厚粲:《行为主义心理学》,杭州:浙江教育出版社,2003年,引用时有改动。)

(二)精神分析理论

古典精神分析理论的创立者弗洛伊德认为,情绪是"一个欲表露的源自本能的心理能量的释放过程"。这种心理能量称为力比多,也就是说情绪实际上是力比多能量释放的过程。儿童不同年龄阶段力比多的投注部位是不同的。

弗洛伊德对于情绪的研究主要围绕婴儿和父母亲的关系展开,强调婴儿生物性本能的作用。婴儿1岁时,力比多投注于口腔活动,母亲是婴儿的主要照料者,满足婴儿的口唇需要,对口唇需要的过度满足或不足都会形成口唇期的固着,将来形成退缩、依赖或易怒易悲观、仇视人的人格特征。1岁到3岁进入肛门期,力比多从口腔转移到肛门,婴儿的排泄活动成了力比多发泄的主要途径。母亲对幼儿进行排便训练。在排便训练过程中,若过于严格,会形成焦虑、固执的强迫性人格特征。可见,新的精神分析理论继承了弗洛伊德的承认亲子关系在婴儿情绪发展中的重要作用,但是不强调喂食、排便训练的意义。如埃里克森认为,1岁的婴儿主要是建立对他人的信任感,如果抚养者能够提供及时、一贯、可靠的养育方式,那么婴儿会形成对父母的信赖感,否则会形成不信任感。在婴儿2岁时,开始有自主性需求,这时若父母为其提供既自由又有一定限制的适当养育,那么就会形成自主感;若是过分保护和惩罚不当,就会形成对自己独立能力的怀疑和羞怯。新的精神分析理论强调早期亲子关系的特殊性,强调用富有情感、始终一致、可信赖和柔和的方式照料婴儿对婴儿心理发展与心理危机解决的重要意义。

从以上观点可以看出,精神分析理论主要将关注点放在儿童早期情绪上,并且认为亲子关系是影响婴儿情绪的关键。母亲对儿童早期养育的重要性不言而喻,儿童的愉快、悲伤都和母亲的照料有着密切关系,而且早期母爱的被剥夺会造成婴儿情绪发展上的创伤性后果。精神分析理论尤其是新的精神分析理论对儿童养育有着重要的指导作用。

(三)知觉再认理论

知觉再认理论把儿童看作一个信息加工的有机体,这个有机体接受刺激并作出反应。反应是通过已形成的内部结构来进行的。儿童在知觉外部事件时,会在头脑里形成一个心理图像,他会用已有的知觉结构对其进行同化,同化可能成功或失败,进而产生不同的情绪反应。凯根等人曾作过这样一个研究:给4个月大的婴儿看一张规则的人脸照片或三维的人脸塑像,再给婴儿看一张图式化的脸的变体或一个弄歪了的不规则的脸的变体。结果发现婴儿对前者比对后者会产生更多的微笑。而且婴儿从注视规则的脸到微笑的产生,中间约有3~5秒钟的间隔。这就支持了这样一个解释,当婴儿在注视一张规则的脸时,有一个潜伏期(刺激同化于原有图式所需的时间),随着对脸的知觉认识,微笑就被释放出来。在现实生活中确实可以看到这种情况,婴儿不是见到刺激后就立即发出微笑,而往往是在注视刺激一段时间后才产生微笑。婴儿见到自己熟悉的人就感到很愉快,而见到陌生人就感到害怕,甚至哭。按照知觉再认者的观点解释,那是因为陌生人与他们熟悉的人相比,有相似的地方又有很大的不同,所以引起焦虑。总之,无论害怕还是微笑,与儿童同化刺激物的知觉再认能力有关。

【资料窗口】

希伯黑猩猩实验

希伯将一组黑猩猩安置在一直有正常的视觉刺激包括能看见其他猩猩的环境下,另一组黑猩猩则是在有障碍物、看不见其他黑猩猩的条件下抚养的。给两组黑猩猩看一个石膏制的黑猩猩头像,结果发现那些在正常视觉条件下养大的黑猩猩一见到这个头像就产生了害怕与愤怒;而缺乏视觉经验的黑猩猩或者没有引起什么反应,或者感到好奇,绝无害怕的表示。希伯认为,这两组黑猩猩的不同反应是由于在正常视觉条件下抚养的黑猩猩形成一个知觉模式。这个知觉模式包括黑猩猩的头部、身体、四肢,可是眼前它们看到的模式虽然是十分熟悉的,却是不完整的,与它们原有的经验不相符,于是引起了害怕。另一组黑猩猩因为从来没有见过黑猩猩的模样,也未形成有关黑猩猩的知觉模式,没有比较,也就无所谓害怕。这个实验也验证了知觉再认理论。

(资料来源:刘成玉:《儿童害怕心理产生的原因及其克服》,《铜仁师专学报》,1999年第2期,引用时有改动。)

(四)社会认知理论

著名的发展心理学家弗拉维尔认为,社会认知是指对人类心理和人类行为、关系的知觉、思维和推理。社会认知理论研究的重点是儿童对他人行为、人与人之间关系、社会角色、他人的愿望信念等心理状态的认识和理解。儿童的社会认知能力会影响儿童的情绪。其中,儿童的观点采择能力是社会认知发展的核心。4~6岁的儿童正处于观点采择能力发展的转变期。所谓观点采择是指能够了解他人和某一角色的观点,并将其与自己的观点相协调的能力。观点采择既有认知上的(包括了解其他人的观点、想法),也有情感上的(又被称为移情,即能够意识到他人的情绪情感状态)。如果说认知观点采择让儿童能够去理解他人,也从其他人的眼里来看自己,逐步脱离"以自我为中心",对自己的评价日渐客观;那么情感观点采择让他们更能感受到其他人的情感,随着儿童观点采择能力的提高,儿童学会对他人行为的正确归因,能更好地控制和表达自己的情绪与行为。如儿童甲刚刚搭好的积木塔被儿童乙推倒了。如果儿童甲认为这是儿童乙故意破坏,就会发怒,但是若认为是无意中碰的,就不会发火。儿童早在5岁时就表现出归因对情绪的影响。若要提高儿童的观点采择能力,心理学家建议多鼓励儿童参与游戏,接触更多的玩伴,在生活中也需要多利用一些机会提示儿童,多给儿童讲童话故事,培养儿童采择不同观点、情感的能力。

社会认知理论把情绪纳入社会认知的概念中进行分析,并提供了很多实验证据。但是社会认知理论也有局限性,比如,社会认知理论只关注比较少的情绪种类,很多情绪没有进入到他们的视野;另外,强调情绪是认知的产物,情绪与认知的相互作用关系没有被纳入研究视野。与此同时,社会认知理论对于生物成熟对情绪的作用也没有给予关注。

(五)社会建构论的观点

社会建构论对情绪的理论解释是对认知观点和机能主义观点的进一步阐发和综合化。一方面,认为情绪是个体自身内部的建构,这与认知观点相通;另一方面,强调情绪是个体之间的建构,这与机能主义观点相通,是能在更高层面反映社会历史文化和政治秩序的综合症候群。情绪的社会建构论以弗格尔等(1992)提出的"社会过程理论"为典型代表。他们提出,情绪是由个体从事特定活动时产生的一些动态过程的自组织的社会建构。在弗格尔看来,情绪既不是个体内部的主观体验,也不是离散的生物模块,而是通过情绪代言者的交互作用而动态产生的社会建构的连续体。所谓情绪代言者,指的是带有情绪色彩的一些行为,这些行为与其他行为相互影响,从而维持或改变机体和环境之间的关系。例如,在亲子沟通中,父亲逗弄孩童——孩童微笑——孩童注视父亲的逗弄行为并预期其继续逗弄等,所有这些行为都是情绪代言者,亲子之间这一相互作用的动态过程即是一个自组织的社会建构。由于人们之间的交互作用各不相同,即便同是新生儿,其与环境的交互模式也明显不同,即便是同一对亲子在不同时间的逗弄也不尽相同,这样就会产生大量的组织模式,只有少量的组织模式由于对个体具有适应性的价值而凸显出来,成为经常重复出现的模式。从社会建构论的观点来看,情绪发展是一种自组织的发展。情绪发展意味着情绪复杂度的增加,意味着情绪组织性的增强,情绪各成分之间越来越协调,机体和环境之间越来越和谐。不论在实时交互中,还是在人生发展的不同阶段,情绪的各种动态过程、各种成分不断组织融合,形成一个自治的模式,而这一模式又总是独立于当时的特定情境的。因此任何发展都不会导致什么稳定的结构模式,也就不必遵循特定的时间进程,情绪的各个过程、各种成分都可以自行地、不同步地发展,随着时间的推移,最终自组织为特定的情绪模式。

第二节 儿童情绪情感的发展

随着年龄的增长,个体从在生命的头几个月里,婴儿用微笑、视线接触等表达情绪,到成年后可以表达极为丰富的情绪,以及从自发反应的情绪到对情绪进行调整以适应情境,从简单直接的情绪体验到深刻丰富的社会性情绪体验,这个过程是情绪发展过程。人类的情绪发展过程是有规律可循的,有着其自身的基本特点,这些特点对于我们理解儿童情绪发展有着重要意义。

一、儿童情绪情感发展的特点

(一)情绪表达从弥散笼统到分化

儿童出生后,立即可以产生情绪表现,头几天新生儿或哭,或安静,或四肢划动等,可以称为原始情绪反应。原始情绪反应与生理需要是否得到满足有着直接关联。身体内部或外部的不舒适刺激,如饥饿或尿布潮湿等刺激,会引起哭闹等不愉快情绪。当直接引起情绪反应的刺激消失后,这种情绪反应也就停止,代之以新的情绪反应。例如,换上干净尿布以后,立即停止哭声,情绪也变得愉快。原始情绪反应是儿童与生俱来的遗传本能,进化论创始人达尔文指出:情绪表现是人类进化与适应的产物。比如,啼哭时嘴角下弯的表情,是人类祖先在困难时求援适应性动作;愤怒时咬牙切齿和鼻孔张大等表情,是人类祖先即将进行搏斗时的适应性动作。

婴儿情绪发展表现为情绪的逐渐分化。加拿大心理学家布里奇斯情绪分化理论是早期比较著名的理论。她通过对100多个婴儿的观察,提出关于情绪分化较完整的理论和0~2岁儿童情绪分化模式。她认为,初生婴儿只有皱眉和哭的反应。这种反应是未分化的一般性激动,是强烈刺激引起的内脏和肌肉反应。3个月后,婴儿情绪分化为快乐和痛苦。6个月以后,又分化为愤怒、厌恶和恐惧。比如,眼睛睁大、肌肉紧张,是恐惧的表现。12个月后,快乐情绪又分化为高兴和喜爱。18个月以后,分化出喜悦和妒忌。布里奇斯情绪分化理论被较多人接受。一些人还用不同形式把它的情绪分化模式表示出来。但是,布里奇斯情绪分化理论也受到批评。心理学家认为,她的情绪分化阶段缺乏具体指标,因此难以鉴别每种情绪是如何区分出来的。也没有说明形成分化的机制。因而认为,这种情绪理论是强加于婴儿的。继布里奇斯后,也有一些类似研究探讨儿童情绪分化问题。

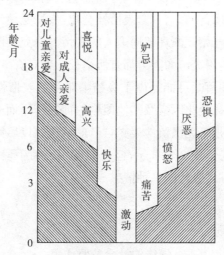

布里奇斯情绪分化图

(二)情绪和情感逐渐社会化

儿童社会化,是指一个新生儿由原本单纯的自然人,经过与社会环境中人和事物的互动,而形成符合社会规范的态度、观念与行为的过程,通过这一过程,儿童在周围环境的影响下,逐渐学会适应社会的要求。儿童最初的情绪是与生理需要密切相联系的。随着儿童的成长,情绪逐渐与社会性需要相联系。与社会性需要相联系的情绪过程就是情绪社会化过程。社会化是情绪和情感发展的一种趋势。4~6个月的儿童已出现由社会性需要引起的喜悦、着急,逐渐摆脱同生理需要的联系,如对友伴、玩具的情感。从3岁到入学前,陆续产生亲爱、同情、尊敬、羡慕等20多种情感。儿童情绪社会化趋势表现在以下几个方面:(1)情绪中社会性交往内容不断增加:在儿童的情绪中,涉及社会性交往的内容,随年龄增长而增加。美国心理学家爱姆斯用2年时间系统观察了学前儿童交往中的微笑,从1岁半到3岁,非社交性微笑比例下降,社交性微笑比例有所增长。(2)引起情绪反应的社会性动因不断增加:情绪反应的动因是指引起情绪反应的原因。婴儿情绪反应,主要是和他们的基本生理需要是否得到满足相联系。温暖的环境、吃饱、睡足、尿布干净、身体舒适等,就是引起愉快情绪的动因。3~4岁幼儿仍然喜欢身体接触。例如,刚刚进入幼儿园的儿童,很愿意老师牵他手,甚至喜欢搂着老师,让老师摸一摸,亲一亲。小班老师在活动中摸孩子头,拍他肩膀,幼儿就感到满足。幼儿要求别人注意、与别人交往的需要表现比较明显。成人对幼儿不理睬,可以成为一种惩罚手段。小朋友不和他玩,也是一件让幼儿痛苦的事。(3)表情社会化:表情是情绪的外部表现。随着儿童的社会化,他们开始逐渐理解周围人的表情。研究表明,随着年龄增长,儿童解释面部表情和运用表情的能力都有所增长。吉布森等认为,有意表情随年龄增长而增加。这种情况可能是由于头脑中储存的表情性表象越来越精确之故,但其精确率可因社会化因素及其他因素的抑制作用而有所降低。苏雅可布松认为,婴儿的特点是毫无保留地表露自己的情绪。以后则根据社会要求调节其情绪表现方式。儿童从2岁开始,已经能够用表情手段去影响别人,并学会在不同场合用不同方式表达同一种情感。

【资料窗口】
情绪的社会参照作用

我们常常说在生活中要懂得察言观色,这会让我们的行为不至于莽撞。其实6~7个月的婴儿就已经具有这项技能。当婴儿遇到不熟悉的情境或者陌生的东西时,不能作出确定的反应,就会从母亲或者其他照料者的面孔上寻找线索和信息,以决定自己的行动。这实际上表明婴儿的理解和解释表情的能力。心理学家把这称为情绪的社会参照作用。有人做了实验(称作"视崖"实验)来验证12个月大的孩子是否会察言观色。将孩子置于实验装置的"浅滩"一端,母亲站在"悬崖"一端,用玩具把孩子吸引过来。在实验中,一半母亲面带微笑,另一半母亲面带怯色。结果母亲面带微笑的一组孩子中,有74%爬过了视崖,而另一组儿童没有一个爬过视崖,且出现害怕的表情。如此看来,孩子读懂了母亲的表情,并且以之为基础对自己的行为作判断。社会性参照行为的发展对婴儿自我知觉的发展和道德感的发展有着重要意义。

(资料来源:桑标主编:《当代儿童发展心理学》,上海:上海教育出版社,2003年。)

(三)情绪和情感日趋丰富化

从情绪和情感所指向事物来看,其发展趋势是越来越丰富和深刻。所谓情感日益丰富,可以说包括两种含义:其一,情绪过程越来越分化。儿童在2岁时已经能初步表达内疚、害羞、妒忌和自豪感等复杂的情绪。2~3岁的儿童开始能用语言简单表述自己和他人的情绪体验。Marco等(2004)在一项针对6~7岁儿童面部表情识别的实验中发现,这一年龄段的儿童对面部表情的识别正确率达到72%,且不存在显著的性别差异。这种面部表情识别能力反映出儿童能通过表情推测他人的内部心理状态。进入小学的儿童,已基本具有人类的各种情绪表现形式。儿童的主要活动形式由游戏转为学习,在学习过程中体验到成功的喜悦,获得知识的满足感、考试失败的挫折感,体会到在集体活动中的集体荣誉感、同伴关系的友谊感等。其二,情感指向事物不断增加,有些先前不引起儿童体验的事物,随着年龄增长,引起了他们的情感体验。例如,亲爱情感,首先是对父母或经常照顾婴儿的其他成人,然后是对兄弟姐妹和家中其他成员有了亲爱情感。进了托儿所或幼儿园后,先是对老师,然后对小朋友有了亲爱情感。而这种情感范围也是逐渐扩大的。

(四)情绪和情感逐渐深刻化

情绪和情感逐渐深刻化,是指情绪和情感指向事物性质的变化,从指向事物表面转向事物更内在的特点。如,就儿童对父母的情绪情感而言,年幼儿童表现为对父母的依恋,因为父母满足其生活来源,而年长儿童已能表达对父母辛劳的尊重与爱戴。另有研究发现,随着儿童年龄的增长,儿童的归因能力不断提高,情绪体验逐步深刻,愤怒的情绪开始减少,并更加现实化。5岁的儿童会因为下雨天父母取消了游玩计划而感到愤怒,小学生则会了解到实际原因而感到失望;学前儿童经常用哭闹等方式来表达自己的不满,而小学生则逐渐学会用语言来表达不满。有研究认为,幼小的儿童产生愤怒的动因有三种:(1)生理习惯问题。如不愿上厕所或不愿吃饭、洗脸和睡觉等。(2)与权威矛盾问题。

如被惩罚,不许参加某种活动等。(3)与他人关系问题。如不被注意、不被了解、不愿和别人分享东西等。研究认为,2岁以下儿童第一种情况最多,3~4岁儿童第二种情况接近45%,4岁以上儿童则第三种情况更多。由此可见,情绪和情感与周围环境刺激的关系是复杂的,不是一对一关系,同一种环境刺激可以引起不同的情绪,同一种情绪又可能是由几种不同环境因素引起的。情绪和环境的复杂关系往往与认知发展水平有关。

(五)情绪的自我调节倾向愈加独立化

情绪调节被认为是儿童期社会情绪发展的核心成分,是一种十分重要的社会情绪能力。情绪调节是先天固有与后天形成相作用的过程,通过对情绪反应(特别是情绪的强度和持续性)的监控、评估和修正,以实现个体目标的过程。

下面主要介绍情绪调节发展三个方面的表现:

1. 情绪调节策略的发展变化

有人认为,儿童的情绪调节可分为支持性的情绪调节策略、参与性的情绪调节策略和独立使用的情绪调节策略。儿童在学步期和学龄前期,主要依靠照料者提供的支持性的情绪调节策略。随着年龄增长,儿童渐渐能越来越灵活地独立运用各种情绪调节策略。有研究曾经提出,即使是在没有母亲支持的情况下,学步儿童也会独立运用一些情绪调节策略,比如,把注意力集中到某个刺激物上或是从某个刺激物上移开,或是通过身体上的自我安慰或自我刺激来分散注意力,接近或远离某种情境,或通过游戏对某种情境进行认知性或象征性的操纵。例如,在愤怒的情境中,2~3岁的儿童倾向于以避开该情景来调节自己的愤怒体验,而4~5岁的儿童则倾向于担负更多的社交责任和表现出更积极的情绪来应对该情景。Walden的研究发现,在压力或模糊的情境中,婴儿会利用母亲的表情线索来帮助调节自己的行为。2岁时,幼儿开始依靠自己的内部情绪资源管理情绪行为。因此,学步期可能是情绪调节技能发展的一个重要阶段。总之,随着年龄的增长,儿童的情绪调节能力是越来越强,调节策略是越来越丰富,运用手段也是越来越灵活。儿童这种从依赖性的情绪调节到独立的自我情绪调节的发展,是儿童心理健康成长过程的必经之路。

2. 儿童对情绪调节策略的意识

这方面的研究很多都是采用儿童自我报告的方法进行的。有研究表明,学龄前儿童似乎知道不少直接或间接地改变悲伤和愤怒的方法。当儿童被问道,"沮丧时,你会做什么?"4~11岁的儿童大多数会提到游戏的策略,或者是做些有趣的事使自己感觉好过些；比较少的儿童承认用回避策略、寻求安慰或帮助的策略。教师可以在类似的情境中询问儿童，当遇到消极事件时他们将会做什么，或是在消极情境中别人应该做什么。学龄前儿童更多地把社会支持和寻求成人帮助作为情绪调节的解决办法，而年长些的儿童则更多地提出直接的问题解决和认知策略。比如，幼儿开始产生某种情绪体验时，自己还没有意识到，直到情绪过程已在进行时才意识到。这时幼儿才记起情感及其表现应有的要求，从而去控制自己。常有些初上幼儿园的3岁孩子，由于离开熟悉的家庭环境而哭起来，然后一边抽泣，一边自言自语地说："我不哭了，不哭了。"这种矛盾情况说明，幼儿从初期不会调节自己的情绪表现，到开始产生要控制调节自己情绪表现的意识，但还不能完全控制自己的情绪表现。

3. 儿童情绪调节发展与社会认知能力、社会性发展的关系

情绪调节的发展与个体的社会认知能力、社会性发展有关联。在某种程度上，认知理解和认知期望决定了情绪反应。有研究认为，不同的个体对同样的情绪唤醒会作出不同的解释，而人们对事件意义的认知也会影响情绪反应的产生。对大脑功能的研究表明，情绪是人类信息加工中固有的，认知思维活动不仅能解释情绪的唤醒，而且能引起情绪的唤醒。实际上，有研究工作已经证实，儿童表征能力和信息加工能力的提高促进了情绪的理解和适应性，使儿童的情绪调节得到发展。比如，打针时感到痛，但是认识到要学习解放军叔叔的勇敢，能够含泪露出笑容。又如，认识到母亲因为工作需要外出，能够用愉快的表情对待和母亲的暂时离别。

就情绪调节与社会性发展的关系来看，情绪调节的发展是一个社会性发展过程，情绪调节不仅是个体内部的加工过程，而且是在社会关系和社会互动的情境中发生的。比如，在学步期以前，照料者就常常采用认知性的应付策略来帮助他们，有目的地重新调配儿童的注意力，这是一种非常有效的情绪调节方法。他们还会演示具体的情绪调节策略，以便儿童掌握，或者是构建与儿童的情绪调节能力相匹配的环境，以免引发的情绪超过儿童自身可利用的资源。这些有意或无意的帮助和支持，极大地促进了幼儿情绪调节能力的发展。而在各种人际交往中形成的互动经验也为他们提供了支持、榜样和指导，使儿童知道如何与他人相处，从而形成并发展适应性的或适应不良的情绪调节方式。如此，情绪的一项重要机能就是在一定目标的指引下，调节社会关系或社会行为。比如，有的幼儿在幼儿园遇到不愉快的事情时控制并极力掩饰自己的情感，留到回家看见亲人，立即大哭。这是幼儿在不同情境中的情绪表现，说明幼儿已经明白在不同的社会关系和社会情境中表达不同的情绪。又例如,当幼儿想要喜爱的食物时,如是在父母面前,他立刻伸手去拿,或要求分食;但在外人面前,他只是注视着食物,用问长问短的方法表示自己对食物的喜爱。

二、高级社会性情感的发展

高级社会性情感是在人类社会历史中发展而形成的,具有稳定的深刻的社会意义的情感。人类的高级社会性情感主要有道德感、理智感、美感。

(一)道德感的发展

道德感是个体自己或别人的举止行为是否符合社会道德标准而引起的情感。道德感的形成是比较复杂的过程,不同年龄阶段道德感的发展有不同特点。(1)幼儿期道德感的发展。3岁前只有某些道德感萌芽。3岁后,随着交往范围的扩大,特别是在幼儿园集体生活中,儿童有机会掌握各种行为规范,道德感逐渐发展起来。小班幼儿道德感主要是指向个别行为,往往是由成人评价而引起。中班幼儿比较明显地掌握一些概括化道德标准,他们可以因为自己在行动中遵守了老师要求而产生愉快感。中班幼儿不但关心自己行为是否符合道德标准,而且开始关心别人的行为是否符合道德标准,由此产生相应的情感。例如,他们看见小朋友违反规则,会产生极大的不满。中班幼儿常常会出现"告状"现象,就是道德感的一种表现。大班幼儿道德感进一步发展和复杂化。他们对好与坏、好人和坏人,有鲜明的判别,有不同的情感。而且这个年龄的幼儿在分清好与坏、爱小朋友、爱集体等情感方面有了一定的稳定性。随着自我意识和人际关系意识的发展,学前儿童的自豪感、羞愧感、委屈感、友谊感、同情感以及妒忌情感等也都逐渐发展起来。(2)进入小学以后,社会活动与社会交往日益增多,人际关系也进一步复杂。儿童的道德情感进一步得到发展。低年级儿童主要是以社会反应作为自己情感体验的依据,中年级儿童则主要以一定的道德行为准则为依据,高年级儿童则开始以内化的抽象道德观念作为依据。小学儿童道德情感的发展有个明显的转折期,一般是在小学三年级。小学儿童道德情感的发展具有不平衡性,不同道德范畴的情感体验有所不同。如义务感、良心范畴等情感体验发展较早较好,而与政治道德感有关的爱国主义情感发展则相对较晚,水平也较低。(3)少年期的学生能够较好地理解集体主义、爱国主义等情感。但由于知识局限,往往比青年初期显得浮浅和表面。他们热爱集体生活,非常重视自己班级与学校的荣誉,能以集体的生活来要求自己。如果集体受到严厉的批评,他们会感到非常难过,视之为一种惩罚。相反,如果受到表扬或奖励,他们会感到兴奋和愉快。

【资料窗口】

快乐的损人者

"快乐的损人者"(Happy Victimizer)现象是一种道德情感与道德认知相脱离的现象,即儿童虽然知道损人行为不对,却认为损人者会感到"高兴"。这种现象是研究者在研究道德情绪判断及归因时发现的。而在成人角度看,既然知道损人行为不对,就应对此感到不安或愧疚。国内的研究发现,虽然大部分4~6岁儿童判断损人者会感到高兴,但只有15%的8岁被试认为损人者快乐,即大部分8岁儿童认为损人者是难过的;在对损人者情绪作归因时,当儿童假设自己是损人者时,除4岁组儿童大部分(77%)认为自己仍感觉高兴,6岁组和8岁组儿童这一比例明显减小,而体验到"害怕"的人数比例增加,且年长儿童一般都体验到消极情绪。几乎所有的研究发现,4~10岁的儿童都能作出正确的道德判断,认为"他是错的",并且中西方在这方面没有差异,但是部分儿童会认为损人者是快乐的。4~10岁儿童当中,"快乐的损人者"现象是普遍存在的。值得一提的是,与西方儿童相比,中国儿童的道德认知和道德情感分离现象在较小的年龄就减少了,中国儿童判断损人者不高兴的年龄段要比西方国家低。研究表明,在真实的情境中,幼儿能够比较准确地判断人的某些情绪反应及其强度,但却不能准确地判定其原因,他们对情绪原因的判断受到线索的明显影响。在有关研究所用的故事中,既存在可能导致损人者"快乐"的因素,又存在可能导致损人者"内疚""害怕""惭愧"等因素;而各类线索的明显性和可解释性是不同的。例如,损人者的损人动机(如拿走别人的玩具、食物,报复等)通常是被明确告知的,损人的后果(如得到了想要的东西或达到了预期的目的)也是明显的,这些归因线索可能容易使被试作出损人者"高兴"的情绪判断;而对于损人者的道德观念、品质等归因因素,被试可能就难以推断出来。如果提高后者线索的明显性,使它容易被儿童所认识,则可能得出不同的结果。当然,这方面的研究需要考虑儿童是否已经懂得人的稳定的心理特征,如品质等会对其情绪反应有影响。这就需要考察情境因素与儿童社会认知能力因素的交互作用,将两方面的研究有机结合起来。

（资料来源：欧阳云霜：《"快乐的损人者"现象研究的中西差异》，《科技创新导报》，2011年第1期。）

（二）理智感的发展

理智感是人在认识和追求真理过程中产生的情感体验。因此，理智感总是与人的求知欲、好奇心、创造欲相联系的。那种对未知事物的好奇、对知识的渴求、对不理解事物的疑问、对不解问题的焦虑，及成功后的喜悦、自信、自豪，以至对谬误的鄙视等都可以视为理智感。理智感也是人所特有的情感。这是由是否满足认识的需要而产生的体验。这是人类社会所特有的高级情感。

(1)儿童理智感的发生，在很大程度上由环境的影响和成人的培养所决定。适时给婴幼儿提供恰当的知识，注意发展他们的智力，鼓励和引导他们提问等教育手段，有利于促进儿童理智感的发展。对一般儿童来说，5岁左右这种情感已明显发展起来，突出表现在幼儿很喜欢提问题，并由于提问和得到满意回答而感到愉快。6岁幼儿喜爱进行各种智力游戏，或所谓"动脑筋"活动。如下棋、猜谜语等，这些活动能满足他们的求知欲和好奇心，促进理智感的发展。(2)小学儿童的理智感主要是在教学过程中发展起来的。小学儿童理智感的发展表现为求知欲的扩大和加深。如学习兴趣在整个小学时期表现出对学习的外部活动感兴趣，发展到对学习的内容、对独立思考的作业更感兴趣；从笼统的、不分化的兴趣逐渐发展为对不同学科内容初步分化的兴趣；从对具体事实的兴趣发展到对初步探讨抽象和因果关系的知识的兴趣；阅读兴趣从课内阅读发展到课外阅读，从童话故事发展到文艺作品和通俗科普读物；从对日常生活的兴趣，逐步扩大和加深到对社会、政治生活的兴趣。(3)青少年期是理智感发展的重要时期。因为理智感是在人的认识活动中产生和发展的。青少年期又是一个人的认识能力发展最迅速的时期，中学生理智感的发展主要表现在求知欲方面。初中生的求知欲比小学生强。中学生对学习的兴趣浓厚，多数都比较爱学习。到了高中期，他们的求知欲表现得更深刻、更高层次，突出表现在对真理的追求方面。

（三）美感的发展

美感是人对事物的审美体验，是人接触到美的事物所引起的一种感动，是一种赏心悦目、怡情悦性的心理状态,是人对美的认识、评价与欣赏。

美感早在儿童2～3岁就开始发展起来,在绘画、音乐、舞蹈、表演、阅读等活动中,幼儿的美感逐渐发展起来,而随着生活、学习范围的扩大,小学儿童的美感进一步发展。小学低年级已能很好地欣赏动物塑像,与高年级儿童的感受体验成绩十分接近。但对人体造型的欣赏还处于发展过程中,随着年级的增长,他们对人体造型美的体验逐渐深刻,美感欣赏能力逐渐发展。在音乐美感欣赏上,小学高年级学生与中学生一样,认为流行歌曲通俗、易懂、旋律优美,更能引人入胜,产生美的愉快体验。一般说来,经常接触的具有明显美的外部特征的客观事物容易使小学生产生美的体验,而那些接触少的、具有深刻内涵的美、体现内在特征的事物,则不易引起他们的美感体验。但是,随着年龄的增长,在教育的影响下,小学儿童的美感体验会越来越丰富。每一个人由于审美观的不同,对同一对象的美感体验也会有所不同。因此,要培养小学儿童的美感,必须透过具体的事物形象进行审美观点的教育。

青少年美感的发展非常迅速,特别是到了青年初期,对美的追求更加广泛。美感体验也逐渐深刻。在人体造型欣赏中出现的美感体验逐渐深刻、美感欣赏能力呈现由低向高发展的趋势。在声音美感方面,从初中一年级起,青少年的美感欣赏能力接近高年级水平,与高年级学生无显著差异,表明少年时期美感发展已接近成熟水平。

第三节 儿童情绪情感辅导

健康的情绪情感对儿童的社会适应能力和健康成长具有重要意义。儿童在发展过程中通常会遇到这样或那样的情绪问题,而无论在学校教育或是家庭教育中,对儿童情绪的处理通常存在一些误区,比如打压否定儿童情绪。因此,遵循儿童情绪发展与调节规律对儿童进行情绪辅导就显得尤为必要。情绪辅导是指通过一定的方式与策略提升儿童的情绪管理能力,从而促进良好情绪的形成与培养,使不良情绪得到消除与矫正。情绪辅导的内容和要求主要是使学生的情绪变化做到目标适宜,方式适当,反应适度,并以积极情绪为主。

一、情绪辅导的内容

情绪辅导的内容主要包含两个大部分:一是良好情绪的形成与培养,二是不良情绪的消除与矫正。下面分述之。

(一)良好情绪的培养

良好情绪是与某种需要满足相联系的情绪,通常伴有愉悦的主观体验,并能提高人的积极性和活动能力,比如快乐、幸福、乐观、希望等。下面以快乐感与幸福感的形成、培养为内容进行说明。

1. 快乐感的培养

快乐感是自己期望的目标达成后产生的一种心理上的愉悦与舒适感。快乐感让生活充满色彩和阳光,对于儿童的成长发展有着重要意义。但是现实中,儿童受各种各样诸如家庭、学校和社会因素的影响,可能并不快乐,甚至有的儿童觉得生活了无趣味。为了让儿童快乐成长,需要帮助儿童学会去获得快乐。快乐感的培养可以通过收获快乐和保持快乐进行。

收获快乐:如若留心,处处皆快乐。要想收获快乐就要关心快乐,要主动留意,有意追寻。学习中有快乐,游戏中有快乐,克服一个困难,解决一个问题,做一件好事,取得一些进步都是快乐。只要有积极主动的追求心态,快乐就在眼前,就在脚下。

保持快乐:一时快乐容易,保持快乐难,因为保持快乐需要智慧。儿童年龄小,阅历少,人生智慧缺乏。教师需要在这方面给予指导。常见的对策:调整对自己的成就期望,使之符合实际;对事物常带着欣赏和赞美的态度;要有迎接困难的准备心态;远离或者智慧处理烦恼;忍让克制处理矛盾;多交朋友等。

2. 幸福感的培养

很多人认为幸福是一种非常"空洞"的无法捕捉的东西,或者是其他东西的附属产物,比如财富、成功。其实,幸福感并非是空洞的东西,也不是一些东西的附属物。心理学研究认为,幸福感至少包含两个因素:(1)欢欣、得意、满足等积极的情绪情感体验;(2)对生活各方面满意程度的认知评价。幸福感由三组因素决定:一是设定点(人格因素),二是境况(环境、宗教、文化、经济状况、社会支持、亲密等),三是目的性活动。根据此原理,可对儿童幸福感的培养进行指导。

用良好的教育环境来优化学生的情感。教师需要充分发挥自身情感素养的感染力,以情感人,用情育人。教师的积极情绪会带来学生的积极情绪体验,教师的消极情绪则可能给学生造成心理伤害。

指导儿童有积极的幸福观念。对幸福的体验很大程度上依赖于个体对幸福的设定。积极的幸福观念让学生学会在平凡的学习和生活中感受与体验幸福。

改善儿童的交往环境。人际支持与亲密关系是幸福感的重要源泉,一个整日面临人际冲突或者亲密需要得不到满足的人很难感受到幸福。教师需要在学校、班级创造良好的交往环境,倡导儿童彼此帮助,彼此合作,多替人考虑等,有助于儿童获得幸福感。

指导儿童学会自我调适。幸福与否主要取决于自己,遇到不如意,避免过度伤心和陷入悲观,学会调整心态,微笑面对生活,就会感到幸福。

【资料窗口】

积极情绪与脑

美国加利福尼亚工科大学的詹姆斯·奥尔兹教授用"自我刺激"的方法,证明下丘脑和边缘系统中存在一个"快乐中枢"。他在大鼠脑部埋入电极进行电刺激后发现,刺激下丘脑的上部就会出现快感,这就是脑的A10神经,人们又习惯称之为"快感神经"。同样将该方法运用于人类,即用电极刺激病人的下丘脑上部时,病人会面带微笑,表现出高兴的样子。大脑两半球对情绪的控制和调节存在一定差异。研究者对消极情绪和积极情绪的脑电研究发现,在大脑的前方可以发现对积极情绪和消极情绪的不同反应。在积极情绪下,大脑左前半球的脑电活动增加,大脑半球活动的不对称比消极情绪时增高。Davidson和Fox还发现,大脑前部在积极情绪和消极情绪下的不对称活动在婴儿期间就已存在。Meyers和Smith的研究也支持了这一发现,他们的结论是,虽然对积极情绪和消极情绪的处理都是在大脑左半球进行的,然而积极情绪会比消极情绪引起更多左半球的脑电活动。相比之下,在没有情绪刺激之下,大脑两半球活动的不对称则不存在。腹侧黑质位于下丘脑前下侧。与下丘脑相同,食物的形状与气味激活其神经元放电,它的独特作用是引起积极的情感反应,其神经元被毁坏则失去享乐而引起厌恶反应。切除背部下丘脑而保持它的完整就不引起厌恶。它是脑唯一的一个点被切除(对实验鼠)后对甜食能引发任何积极情感的奖励作用消失的部位。这说明腹侧黑质神经元对甜食的积极情绪起关键作用。关于对人类的作用,已有研究表明它对人类正性心境起作用。总而言之,腹侧黑质对情绪加工,尤其是对正性情绪状态起特殊作用。

背部神经核团位于前脑皮层下的前部,包含多巴胺和类鸦片传递系统,因而具有诱导积极情绪的作用。多巴胺是"脑的神经愉快传递物质"。该部位被神经科学家看作奖励和愉快系统的一般流通渠道,并称为"正性奖励的感情通道"。采用药品或毒品的研究支持了中脑边缘系统起着产生积极情绪的刺激作用。

(资料来源:王新:《积极情绪述评》,《科协论坛》,2009年第11期。)

(二)不良情绪的消除

不良情绪是常见的,比如悲伤、焦虑、抑郁、孤独、厌学等,这些不良情绪常常会引发其他问题,必须予以重视,如若发现,则需要提供有效的指导。下面就儿童焦虑与抑郁进行分析。

1. 焦虑情绪的消除

焦虑是人面对即将到来的威胁感到无能为力,不能应付的痛苦反应,是个体在无助状态下,缺乏有效行动去克服或应付威胁时所产生的一种情绪体验。焦虑是人的一种本能情绪,每一个人都会存在焦虑情绪,当人处于心理压力状态或者受到刺激时,都会出现焦虑情绪。正常的焦虑情绪能够帮助人们面对突发的事件,但是长期的焦虑情绪却会影响人们的心理健康。儿童常见的焦虑问题主要集中在学习焦虑、考试焦虑和社交焦虑三个方面。教师需要针对不同的焦虑类型给予具体辅导。下面以考试焦虑为例进行分析。

考试焦虑是由考试测验引起的焦虑。有研究发现,考试焦虑随着年级的增高而逐渐增加。考试焦虑通常表现为忧虑、紧张、注意力时常不集中、心跳加快、肠胃不适、睡眠不良等。考试焦虑的辅导需要兼顾家庭和学校。(1)家长和老师要为儿童营造宽松的成长环境,避免过重的压力。父母和教师要认识到儿童的成长有着更广泛的内涵,不只是考试成绩。平常多给孩子减压,引导他们形成正确的考试动机。(2)纠正儿童不正确的应考观念和做法。不要过分渲染考试艰难而对考试怯场,不要让孩子觉得考试是决定其命运的事件。(3)指导儿童掌握考试的策略和方法。学会沉着应对,稳住阵脚,耐心审题,认真检查。(4)教会儿童放松技术。焦虑总是伴随着紧张,学会放松会缓解紧张,减轻焦虑。常用的放松方法有深度呼吸法、静坐冥想法、自我暗示法、意象训练法、身体放松法等。

【案例】

　　李某，男，11岁，小学五年级学生。独子，父亲是公安部门干警，母亲是中学教师。该生进入小学后一直很优秀。父母一心想让儿子学英语，给孩子较大的压力。四年级期末考试李某没考好，班级前三名，年级组前十名。父母不满，大发雷霆。然后开始给孩子大量上补习班。本以为孩子学习成绩会上升，结果却是，每当英语考试，该生就觉得睫毛倒置，影响视线，并伴随颤抖、心慌、头晕、思维模糊、注意力不集中等症状，以至于每到英语考试前都要剪睫毛。父母带其就医，未发现睫毛倒置。这是一个考试焦虑的案例，考试前用剪刀剪去自己认为倒置的睫毛是因考试焦虑而导致的强迫行为症状。本案例中李某焦虑的主要原因是内在和外在的学习压力以及父母过高的期望、过分严格的教育。在辅导中应注意与李某的父母建立良好的合作关系，指导李某父母给李某降压，并有针对性地进行系统的脱敏训练。

（资料来源：郭黎岩编著：《小学生心理健康与辅导》，北京：高等教育出版社，2014年。引用时有改动。）

2. 抑郁情绪的消除

　　抑郁是个体较长时间内感到无精打采、闷闷不乐、郁郁寡欢和沮丧的心理体验。儿童抑郁情绪最典型的特征是感受不到快乐。抑郁通常表现为情绪低落、思维迟钝、精神萎靡，通常会伴随食欲不振，睡眠不良。儿童抑郁症和成年人有较大的不同，容易被家长和老师忽视，因此，重视儿童抑郁症的早期识别和防治，就显得非常重要。儿童抑郁症状有以下三种表现：第一种是身体不舒服，例如恶心呕吐、厌食、腹部不适等，这是精神症状躯体化的缘故；第二种是急性抑郁反应，大多数是受突然出现的严重精神刺激后表现出惊恐、绝望、伤心流泪、失眠、夜间多噩梦等，急性抑郁反应病程不长，容易恢复；第三种是慢性抑郁反应，表现为情绪低落、孤独少语、郁郁寡欢，甚至流露出"没有劲""不开心"等消极情绪。抑郁症患儿大多具有胆小、敏感、固执、任性、依赖性强、忍耐性与灵活性差、以自我为中心和情绪不稳定的性格特征。他们往往感到很孤独，认为没有人能理解他们，因而表现出情绪不愉快、兴趣减少、自我评价过低、言语减少、动作迟缓、行为退缩、好发脾气、恐惧不安、悲观厌世，甚至出现自杀的企图，同时伴有失眠、食欲减退和躯体不适感。儿童抑郁多与家庭变故和经历挫折有关系。在抑郁辅导中要注意以下要点：(1)从儿童的生活经历中找出抑郁产生的原因。(2)根据儿童发病的有关因素和症状特征，采取心理治疗，包括行为疗法、游戏疗法、暗示疗法等。耐心的教育引导，帮助儿童克服情绪上的障碍，逐步培养其坚强健全的性格。(3)鼓励他们积极参加实践活动，比如跑步、打球等，这样可以改善情绪，增进与同学间的交往，使他们更好地适应环境。(4)要帮助家长正确地教育孩子，为他们创造宽松和谐的生活与学习环境，多与孩子相处，陪同他们参加活动，让他们感受到关爱与温暖。

3. 厌学情绪的消除

厌学情绪是指学生在主观上对学校学习生活失去兴趣，产生厌倦情绪和冷漠态度，并在客观上表现出一定的行为。而厌学症的主要特征是指学生在主观上对学习毫无兴趣，把学习当作负担，视学习为一件痛苦的事情，在客观上表现为不能从事正常的学习活动，出现经常性逃学或旷课，严重的会导致辍学。厌学会对学生的终身学习行为产生严重影响。厌学情绪产生的原因多来自外界因素，特别是家庭因素。一般情况下，儿童厌学是因为家长或者老师对儿童期望过高，提出的要求总是超出他们的能力范围，这样儿童总是经历失败，产生挫折感。另外，教师或者家长对孩子教育方法不当，教师缺乏激励与点拨，家长缺乏耐心，要么不管不问，要么实施棍棒教育。如张某，男，五年级，父亲是干部，总在外边忙，母亲是护士，经常上夜班。父母无暇过问孩子的学习。张某很聪明，贪玩，马虎，经常不交作业，得过且过。三年级后成绩下滑。父亲急了就打一顿。这样，他对学习更不感兴趣了。

对厌学的儿童进行辅导要注意：(1)找出厌学的根源，如是家长因素，则要与家长建立联系，在肯定儿童优点和长处后，向家长介绍儿童现在的学习状态，并委婉、详细地分析家庭环境的影响是导致孩子厌学的主要原因，务必引起家长的重视，最后提出合理化建议。(2)与儿童交流，帮助其明确学习目的和意义，强化学习动机，帮助其明确学习的社会意义和个人意义，使"要我学"的外在动机转化为"我要学"的内在动机。扩展、完善其原有的认知结构，帮助形成稳定而积极的学习动机，激发他们发自内心的学习欲望，让他们不断从学习中获得满足感和成就感。(3)可以通过同伴帮扶的办法对厌学儿童进行帮助。

二、儿童情绪辅导的途径与策略

(一)儿童情绪辅导的途径

1. 个别辅导

个别辅导通常针对个别对象,大多以一个学生为对象,了解来访学生的各方面资料,加以分析研究,以了解其存在的问题,然后针对问题的成因与困难之处提出适当的处置方法,使其在行为、情绪、个性等方面健康发展。情绪困扰是影响儿童学习、成长的重要因素。儿童若遇到过多的困难与挫折而无法克服,很容易产生焦虑和不安全感,影响学习动机、学习热情和学习效率。有的学生由于情绪困扰,容易出现冲动、过度紧张、孤僻冷漠、喜怒无常,严重影响其人格发展。这些情况通常需要个别辅导来解决。

2. 团体心理辅导

团体辅导是一种在团体情境下提供心理援助和指导的咨询形式,通过共同的探讨、训练、引导,解决成员共同的发展或共有的心理问题。团体心理辅导感染力强,团体中存在多个影响源,成员之间可以互相支持、集思广益,共同探讨问题的解决办法。团体心理辅导效率高,一个辅导者可以同时辅导多个来访者,增加了来访者人数。团体辅导效果也容易巩固。团体辅导为成员创造了一个类似真的社会环境,成员在充满信任的团体氛围中,通过示范、模仿、训练等方法学会作适当的反应来感受和表达情绪。团体辅导中的结果更容易迁移到日常生活中。在学校里可以开展比如"我的情绪我做主""晒晒我的心情""构造我的快乐"的团体辅导活动。

3. 心理辅导活动课

心理辅导活动课是对学生进行心理辅导的重要方式。心理辅导活动课是通过确定目标、选择内容、实施教学、开展评价等方式组织的心理课程。这种课程以活动为主,可以采取心理训练、问题解析、情境设计、角色扮演、游戏、心理情景剧、专题讲座等多种形式,灵活多变,是一种可以让最大多数学生受益的心理辅导渠道。

(二)情绪辅导的策略

儿童心理健康工作重在预防,在于"治病于未病"。在一般的儿童健康情绪培养上,可以通过下面的策略进行。

1. 认知策略

主要通过让儿童正确认识各种情绪,学会自己调节情绪以及培养积极的情绪。(1)多与儿童进行情感对话。孩子揣摩别人的想法和感受,常常依据家人之间的互动经验而来。家庭中的经验和家人情感的分享可以说是孩子对他人感受和想法的基本来源。因此,如果父母与孩子常常清楚地表达自己的情绪,分享自己的感受,可能有助于孩子了解他人的情绪。此外,利用故事及周围的人、事,来引导孩子设想他人的情感和想法,也可能对孩子的情感敏感性有帮助。如果父母把自己的伤心表现出来,让孩子知道父母的情绪或者让孩子明白自己让父母伤心了,孩子就会对这种情绪有所了解。(2)避免过度鼓励儿童竞争。鼓励儿童竞争,常常不自觉地教育儿童只关注自己,而阻断对他人需要和感受的觉察、反应。研究表明,高度竞争性的儿童表现较少的同理心。在竞争的情境及获胜的欲望下,代表着牺牲他人以满足自己,受此情境潜移默化的影响,儿童所学习的不是关心、为别人着想,而是"唯我独尊"。因此,过度教育儿童竞争与取胜,不利于培养其体察他人的同理心。

2. 行为策略

行为策略是指从观察具体行为开始,运用行为主义理论的原理,以改善不良行为,建立良好的行为模式。以行为策略来改进的儿童情绪行为必须是具体的、可以观察的,整个改进过程需采用渐进式,而且应在儿童的能力及意愿范围内。例如,儿童如何表达负性情绪,"你生气时干什么?""踢门!"这是一些情绪的"表达规则",而这些规则指挥着情绪的表达。随着年龄的增长,儿童会使用复杂的表达规则。儿童可以通过学习情绪表达规则,进行适当的情绪表达。情绪辅导过程中,可以通过情绪表达规则训练情绪表达,使其尽可能控制在能被他人接受的范围。

3. 情绪策略

情感策略是指塑造出一种安全、温馨、平和及完全被接纳的心理情境,使身处其中的儿童较自由、开放地进入同伴的情感世界,认识及理解自己的情绪感受,才能被接纳、表达自己的感受,使某些原本正常的情绪感受不因压抑而变质,为某些不愉快的情绪感受找寻正当的出路。情绪无所谓对错,只有表现的方式是否被社会所接受。当儿童表现出不符合社会所强调的情绪表现方式时,若是一味否定,将使儿童失去学习情绪无所谓对错,但情绪的表达方式有是否恰当之分的机会。因此,当此种情形出现时,应先在情感上接纳儿童,之后再进行处理。学会欣赏儿童情绪表达的多面性,儿童时而冲动、时而出现负面的情绪或正面的情绪,这些都是不压抑情绪的表现。情绪表达的各种面貌都蕴藏着情绪转化的可能性。唯有正视情绪表达的所有面貌,健康的情绪发展才有可能。

4. 移情训练

个体移情作用的产生不仅需要理解他人的情绪表达,而且需要理解他人所产生情绪的情境,只有当个体能从受困扰的当事人角度看待其所处的境况,才能明确当事人的情绪所表达的真实意义,从而产生相应的情感体验。所以,教师要善于引导儿童去了解他人的感受,使儿童从他人的语言、声音、眼神、手势等体态形貌中看到欢乐与不安、痛苦与幸福,并设身处地为他人考虑,以引起自身情感上的协同与共鸣,这样,儿童就能作出相应的回应方式:伸出关心他人、抚慰他人、帮助他人的友谊之手。与此同时,儿童自身也在这个过程中得到无形而价值不菲的回报:协调的人际关系和情商的提高,这也是我们进行情绪、情感教育的目标。

5. 心理自我分析法

对于年龄较大的儿童出现的一些普遍的情绪倾向,可以教学生写心理日记进行自我分析。心理日记包含以下五个方面内容,以王同学的一次心理日记为例:(1)现象:我觉得我一直以来都不是很喜欢看书。我总觉得看书眼睛很痛。虽然我觉得看书是一件很好的事,可以扩大我们的知识面,使我们了解很多东西,开阔视野。但是,再好看的书,我也会只看几页就看不下去。(2)原因:从小母亲就教导我要努力学习,没事的时候总叫我去看书。但是,在母亲的观念里,看书只能看语文、数学书,别的都叫闲书。于是,我整天想着玩,因此作文写得不好。后来,母亲就叫我看作文选,但是,那个时候的我根本就不爱写作文,怎么会喜欢看作文选呢?渐渐地,我越来越讨厌看书。(3)后果:懂得的知识没同学多,作文写得没同学好。(4)对策:有时候,我会找一些自己感兴趣的书来看,让自己坚持下去,眼睛痛就滴眼药水。(5)效果:我个人觉得效果还是可以的,因为我知道的东西多起来了。

三、高级情感的培育

(一)儿童美感的培育

儿童美感的培育主要通过音乐、体育、美术和语文等涉及艺术的学科来进行,还可以通过课外活动来进行,如组织各种文艺活动小组,如绘画组、歌咏组、舞蹈组、乐队。此外,还可以利用节假日、春游秋游,把儿童带到大自然的怀抱里,既可让他们感受到大自然的美,又能激发他们热爱祖国、热爱家乡的情感。社会是个广阔的天地,也是进行美感教育的重要场所。如参观展览会、博物馆、游览名胜古迹,利用社会上涌现出的先进人物、先进事迹对儿童进行道德风尚美、心灵美的教育是美感教育中经常持久的内容。

(二)儿童理智感的培育

儿童理智感的培育主要通过以下几个途径:(1)鼓励儿童多提问,多思索,多探究,并创造条件让儿童有机会去探索,去创造。(2)儿童在游戏、学业上取得成功要及时给予表扬,尽量避免让儿童体验过多、过强的失败情绪,任务与要求要切合儿童实际,要善于发现儿童认识活动中的优势领域和兴趣。成功和兴趣是推动年幼儿童理智感发展的重要保证。

(三)儿童道德感的培育

根据儿童道德感的发展过程,在培养儿童的道德感时须注意以下几点:(1)为儿童树立切实可行、生动形象的榜样。(2)在进行道德教育时须"晓之以理,动之以情",不断激发学生的情感共鸣,使他们从小对符合社会道德的行为产生愉快、自豪、羡慕、向往的情绪体验,对违反社会道德的行为表示厌恶、蔑视、羞耻。要形成一种正确的集体舆论,及时表扬好人好事,批评不良行为。(3)随着儿童认识的发展,应向他们阐明道德理论、道德标准,使他们的道德体验不断概括化、深化。

【案例】

兰兰到底是害羞还是耍脾气

兰兰是个5岁的女孩,她在家里十分讨爸爸、妈妈喜欢。她会经常对爸爸说:"我很想念你哟,你能不能早些回来呀?"早晚她都会亲吻爸爸。她会把在幼儿园里发生的事说给妈妈听,哪怕是些很细微的事。她会为下班的爸爸放鞋子,会帮妈妈拿买回来的大包小包物品上楼。会和爸爸、妈妈玩在幼儿园玩过的游戏,表演节目给爸爸妈妈看,自觉地练琴和照老师吩咐的去做练习。然当父母带兰兰外出时,兰兰却和在家里截然不同,任父母怎样哄她,她都不爱说话,也不愿意向叔叔、阿姨问好。因而,妈妈得出结论:兰兰很害羞。虽然兰兰在家里也经常提起某某叔叔、阿姨,但在和叔叔、阿姨一起用餐时,她却是一脸不高兴的样子。妈妈去打听兰兰在幼儿园的情况,老师说兰兰每天都第一个到幼儿园,很乐意当老师的小助手,为小朋友做这做那,也喜欢画画、弹钢琴、跳舞,几乎是班里数一数二的能干孩子,老师经常给予她展现自己的机会,让她锻炼胆量。可是,她见了叔叔、阿姨不主动打招呼,在外面进餐时总没有好表现的情况一直没有好转。

分析

从兰兰的种种表现来看,她并不是害羞,而是在耍脾气,希望父母、叔叔、阿姨更关注自己。从幼儿心理发展的角度分析,兰兰是个自我意识发展比普通孩子快的孩子,她观察细致、情感细腻、好胜心也很强,特别在乎别人关注她,哄她开心。甚至可以说,她较懂事,会分析成人的各种表现。从儿童的智力发展和情商发展的角度来看,兰兰的智力发展较好。智力是观察力、注意力、思维力、记忆力、想象力的综合。由于兰兰的智力水平较高,因而给老师和父母的印象都特别好。在父母的眼中,自己的孩子总是最棒的。兰兰的父母认为她只是害羞,无疑为她的不良表现找到了理由。其实,兰兰的情商发展水平是远远低于智商发展水平的。情商发展包括五个方面能力:(1)了解自己情绪的能力;(2)控制自己情绪的能力;(3)以自己情绪激励自己行为的能力;(4)了解别人情绪的能力;(5)与别人友好相处的能力。因而,兰兰并不具备第(2)种至第(5)种能力,如果不加以正确引导,将会影响她的健康发展。

心理辅导要点

分析对兰兰的教养方式,不难发现,兰兰的父母存在重智商、轻情商的偏差,对孩子发展情况认识不足,把耍脾气误看作害羞;分析兰兰成长的家庭环境,那是个四口之家,奶奶、妈妈都对兰兰过分关注,想种种办法照顾她、逗她。很多事情,她自己也能做好,可是妈妈不让她做。她的自我意识特别强,成长的愿望也强,尤其在与家人以外的人在一起时,她内心是想表现自己的,却感到父母太小看她了,于是把这个不满情绪发泄出来,实际上,她在耍脾气。对兰兰进行辅导,关键在于父母应该做到:

(1)学习有关幼儿情商发展的知识,认识到情商的发展对孩子成长的意义,正视孩子情商发展不良的事实。

(2)不再给孩子以"害羞、胆小"的理由,认为孩子只是耍脾气,应该让她正视自己内心的感受,学会正确表达自己的情绪情感,而不是逃避,采取

"发脾气"的形式。要让孩子意识到,变相地表达情感,没有人能猜到,也不利于交往和成长。

(3)相信孩子能照顾自己,不要给她过多的关注,以至让她感到太受束缚。而是适当地对她进行冷处理,然后巧妙地引导她达成父母对她的期望。例如,当她面对客人不打招呼、不愿吃饭时,父母不去劝说她,而是告诉客人:"她过一会就会自己向你问好的""她过一会就会自己吃饭的,而且吃得很快"。当她有一点转变时,再鼓励和配合她,让她自己选择吃什么,而不是总让妈妈安排她吃什么。

(4)在日常相处的时候,用评价别的孩子的方法,引导她懂得,能控制自己情绪的孩子是更让人喜欢的,激发她产生在外人面前展现自我的愿望。

(5)与老师配合。当发现她控制住自己的情绪,乐于表达自己的快乐,有适合各种场合情绪的反应时,就让老师单独鼓励她,暗示她做得更好。

总之,孩子经常在同一种情况下耍脾气应引起父母的足够重视,因为这是情商发展不良的一种信号。只有运用适当的方法,巧妙地加以引导,帮助孩子走出以自我为中心的误区,积极接纳别人,树立健康的自我意识,才能使孩子的人格得以健全发展。

(资料来源:赵冬梅:《案例解析幼儿情绪情感培养》,《教育导刊(下半月)》,2009年第10期。)

第七章

儿童个性的发展与辅导

【本章相关问题】

※弗洛伊德性欲发展理论
※自我同一性
※个性发展的差异
※自我意识
※家庭教养方式
※儿童发展独立性

个性发展是个体从出生到青少年期个性的形成和发展过程。儿童个性的形成和发展经历了一个漫长而复杂的过程。儿童个性是个体在一定社会条件下通过实践活动逐渐形成和发展起来的。

第一节　个性发展的理论

一、弗洛伊德人格发展理论

美国著名心理学家 E·G·波林说过:"谁想在今后三个世纪内写出一部心理学史,而不提弗洛伊德姓名,那就不可能自诩是一部心理学通史了。"

【资料窗口】

弗洛伊德(1856—1939),奥地利著名精神病学家、精神分析学说创始人。1873 年考入维也纳大学医学系,毕业前曾在当时著名生理学家布吕克生理研究所工作。1881 年,获医学博士学位,1882 年,与布洛伊尔合作,从事神经病治疗和研究工作。1885 年,到巴黎向当时神经病学权威沙科学习。1889 年,到法国南锡向伯恩海姆学

弗洛伊德及其同事

习催眠疗法,这对今后发展他的精神分析法也很有启发。在临床实践中,他发现布洛伊尔使用的"谈疗法"需花费大量时间与病人谈话,而沙科的催眠疗法疗效不巩固,且有相当一部分病人不能接受催眠,因此,他决定让患者在觉醒状态下身心放松地坐卧榻上把想到的话尽量说出来。弗洛伊德称之为"自由联想法"。1895 年,他与布洛伊尔合著的《癔病研究》一书出版,标志着精神分析学派的诞生。之后,1900 年《梦的解析》、1904 年《日常生活的精神病理学》和 1905 年《性学三论》使心理分析学成为国际上承认的一个重要理论,并为人格和心理社会发展等领域的动力心理学提供了基础。

(一)人格理论及人格发展观

弗洛伊德将个体的心理活动划分为潜意识、前意识和意识,他更强调潜意识活动。他早期与布洛伊尔一起治疗歇斯底里症时,曾发现病人对一切情绪经验并不是都能意识到的。病人在催眠状态中若能回忆与他的病有关的经验,并说出这些经验后,心情舒畅,病就会痊愈。于是他得出一种看法,病人经历过的情绪经验,被推到他意识之外,这种情绪经验掌控了大量的心理能力,因而产生病症,从这一早期设想开始,弗洛伊德逐渐形成了意识和潜意识概念。意识实际上是心理能量活动的一种表面水平。潜意识是心理能量活动的深沉部分,包括原始冲动、本能以及出生后的各种欲望,由于违反社会规则,因而得不到满足,就被压抑到潜意识之中。它们虽然不被个人意识到,但并没有消灭,而是在潜意识中积极活动。所以潜意识是人们经验的极大贮存库,它由许多欲望组成。在潜意识中埋藏了许多与情爱、性有关的被压抑情绪,这些东西总要冲破束缚跑出来,支配人的心理活动。前意识是指在潜意识和意识之间的意识。虽然此时此刻意识不到,但可以在集中注意、认真思索或没有干扰时回忆起来的经验。因此,前意识也属于意识的一部分。总之,弗洛伊德认为,意识在整个人类心理中只占了极小的比例,它像马铃薯皮一样显而易见。而在皮下面,还隐藏着马铃薯最主要的部分。同样,意识之下也埋藏着其他更重要的心理部分。

1. 弗洛伊德的人格结构说

本我是最原始的系统,它处于思维的初级阶段,是无意识、非理性、难以接近的部分。永远追求快乐原则,追求最大快乐,争取最少痛苦。力比多就围困在本我之中,它能量的增加导致紧张梯度(张力)的增加,而快乐原则使个体的紧张降低到能够忍受的程度,如性欲满足、饥饿消除,从而产生快乐,但本我无法与外界直接接触。对于婴儿来说,本我能量总是指向于周围对象,主要是父母,尤其是母亲。这就是所谓的"俄狄浦斯情结"。随着儿童对这些对象的了解,这些对象就进入儿童人格而形成心理生活的代表——自我的核心。自我是本我得以与外界接触的唯一心灵之路。自我是意识结构部分,它处在本我和外部世界之间,一面产生于本我,一面连接着现实,儿童随着年龄的增长,逐步学会不凭冲动随心所欲,而是学会考虑后果,考虑现实作用,这就是自我的作用。自我根据现实原则,即考虑现实作用,使个体能适应实际需要来控制活动方式。用弗洛伊德的话说"控制着进入外部世界的兴奋发射"。自我心理能量来源于本我,而心理能量消耗主要用在对本我的控制和压抑上。在儿童发展过程中,自我使自己变得与本我所指向的力比多发泄对象尽可能相像,通过这种相像,自我本身就成为本我的发泄对象。弗洛伊德称之为自恋。就是所谓的从对象力比多向自恋力比多转化。这种转化通常包括三种方式:压抑、自居和升华。我们已经知道的压抑,是由自我发生的。自居又称认同作用。年幼儿童在产生爱恋自己异性父母的冲动时,将自己置身于同性父母地位以他们自居,获得替代性满足。升华是指被压抑的本能冲动转向社会所许可的活动中去寻求变化、象征性的满足。当儿童力比多从父母,尤其是母亲身上转化到自身时,实质上是暗示了性目的的放弃和俄狄浦斯情结的分解。于是,儿童自居作用进一步加强了男孩性格中的男子气或使女孩性格中的女孩性格固定下来。在进一步研究中,弗洛伊德认为俄狄浦斯情结具有肯定性和否定性的双重性。例如,一个男孩不仅对其父亲有矛盾冲突的心理和对其母亲深情的性爱对象选择,同时还有女孩心态,即对父亲表现出深情的女性态度和对母亲的嫉妒、敌意。人格结构的最后一部分叫超我。当儿童从俄狄浦斯情结中解脱出来并以父母自居时,便出现了超我。超我由两部分构成,一部分叫良心,另一部分叫自我理想。良心由父母禁令("你不应该")构成。自我理想对儿童的奖励是自信、自豪感。这是儿童早年对父母"好孩子"称赞的反映。这种力量在幼儿期便开始产生。幼儿与父母、成人相比感到软弱无能,便以父母和成人为榜样建立一种理想的自我;同时,儿童畏惧父母或成人的惩罚,不得不接受他们的规则并自觉遵守它,产生一种本质上是道德的、与父母同型的行为,并把它转变为自己行为的内部规则,于是形成了"良心"。良心是超我的来源,于是,自我就分成两部分:第一部分是执行自我,即自我本身,第二部分是监督自我,就是超我。自我和超我都是人格控制系统,其中自我控制着本我的盲目激情,以保护机体免受伤害,而超我代表着道德标准和人类生活的高级方向,具有是非标准,它可能会延迟本我的满足,也可能不让本我获得满足。

2. 弗洛伊德的人格发展动力说

弗洛伊德提出,存在于潜意识中的性本能是人的心理的基本动力,是决定个人和社会发展的永恒力量。他认为,人的一切活动都是由本能决定的。在早期,弗洛伊德把本能分为自卫本能和生殖本能两种。弗洛伊德的晚期理论,除强调性本能动机外,还强调仇恨和攻击本能的作用。他认为,人有生的本能,也有死的本能。生的本能包括自爱、他爱、自我保存本能、繁衍种族的本能和生长并实现自己潜能的倾向。同时,弗洛伊德也观察到他的患者中有破坏的冲动。有时毁坏自己,有时伤害别人。假如死的本能转向内部,结果便是自杀;假如转向外部,结果便是仇恨或侵犯。弗洛伊德认为,由于生的本能和死的本能并立共存,我们便都由相互冲突的潜意识的力量所驱动。儿童发展时,生死本能的交织决定他同家庭成员的关系,决定儿童对于他诞生于其中的社会环境的反应,决定对于他将来成人时与之发生个人关系的那些人的反应。

(二)人格发展的阶段

口唇期(0~1岁)。婴儿出生后,最大的生理需要是获得食物,维持营养。因此,弗洛伊德说过,如果幼儿能够表白的话,无须怀疑,吮吸母亲乳头行为,肯定是生活中最重要的事情。新生儿吸吮动作是快感的来源,口唇是产生快感最集中的区域。于是,婴儿时时地从吸吮动作中获得快乐,即使并不饥饿,也会把手指头或其他能抓到的东西塞到嘴里去吸吮。这种寻求口唇快感的自然倾向,就是性欲的雏形。寻求口唇快感的性欲倾向一直保留到成人性生活中,接吻就是一种性欲的活动。弗洛伊德将口唇期又细分为前后两期,前期是0~6个月,此时儿童还没有现实的人和物的概念,世界仿佛是"无对象的",只是渴望得到快乐和满足。后期为6~12个月,儿童开始分化人与物,开始认识自己的母亲。母亲到来引起快乐,母亲离去引起焦虑。这个时期儿童长了牙齿,想咬东西,但又感到很麻烦,因而常常会无意识地希望回到早期口唇阶段,那时吸吮是多么简便,容易得到满足。

肛门期(1~3岁)。除吸吮外,儿童最感兴趣的是排泄。排泄时所产生的轻松快感,使儿童进一步注意到自己身体,注意到生殖器官。儿童往往喜欢成人抚摸他们身体,尤其是臀部,生殖器部位的刺激形成更强烈的快感。在弗洛伊德看来,这明显带有性欲色彩。但这个时期尚不属于生殖器期,因为占优势的不是生殖器本能,而是肛门本能;占重要地位的不是两性区别,而是主动性与被动性的区别。肛门期中儿童的冲动大都是被动的,快感来自排泄过程和排泄后肛门口的感觉(包括尿道口产生的感觉)。口唇期和肛门期又被称为性欲的前生殖期。

前生殖器期(3~6岁)。弗洛伊德说,从3岁起,婴儿无疑有了性生活。这里所谓的"性生活",主要指儿童依恋异性父母的俄狄浦斯情结(恋母情结)。有人说,儿童对母亲公然表示性兴趣,或想与母亲同睡,或坚持在室内看母亲更衣等,主要是因为母亲照看儿童,使儿童产生一种特殊情感,也许这并不同于性爱。弗洛伊德对这种说法予以坚决否定,他解释道,母亲照料女孩的需要,与照料男孩并无不同,然而绝不会产生同样的结果,而且父亲对于男孩的照料也经常是无微不至的,并不亚于母亲,但通常父亲得不到男孩对母亲那样同等的重视。女孩也是如此,她们常迷恋自己的父亲,要推翻母亲取而代之。儿童恋母情结最终要受到压抑,因为他们惧怕自己同性父母的惩罚,同时也惧怕社会批评,于是,儿童进入了下一个发展阶段。

潜伏期(6~11岁)。这时期他们深知在婴幼儿时期所具有的许多幼稚嗜好是被社会看不起的,如公开地抚摸、玩弄生殖器是一件不好的事,于是,儿童只好放弃这种获取快乐的游戏,这时,指导儿童行为的不再仅仅是快乐原则了,儿童学会了要兼顾快乐原则和现实原则。这一进步的积极意义是儿童学会了道德观念,培养了羞耻情感。它的消极意义是压抑作用开始启动,早年一些性欲望由于与道德、习俗、宗教、文化等不相容而被压抑到潜意识中。因此,6岁以后儿童很少再有性欲表现。这种状况一直延续到青春期。由于排除了性欲冲动和幻想,出现一种新的镇静和自我控制,于是,儿童的精力可以集中到学习、游戏、运动等社会允许的活动之中。

青春期(11~13岁开始)。儿童力争从父母的控制中解脱出来,开始自己的生活。当然,这绝不是一件轻而易举的事情。安娜·弗洛伊德认为,青少年当恋母情感涌现时,第一次体验就想溜之大吉。青少年在父母面前感到紧张和不安,并只有离开父母才觉得安全。许多青少年在这个时候真的离开了家,另外许多则仍在家中"做客"。他们把自己关在房里,并且只有当他们有同伴时才感觉轻松自在。有时,青少年搞出对父母无中生有的怪事设法摆脱父母,事实上,他们一面极力追求独立,一面又迫切需要接受父母的支配,处于强烈的冲突之中,于是只好攻击和嘲弄他们的父母。有时,青少年会采用夸大的做法来表示对现实的轻蔑,例如禁欲,排斥正当的需求,或通过体育锻炼来消耗体力,宣泄内心的焦虑、不安。另外一种防御冲动的方法就是理智化。青少年试图把性和进攻的问题转移到一种抽象的、智力的高度上。他或她可能费尽心机制造有关爱的本质和家庭的理论,以及有关自由和权力的学说。而这些理论可能是杰出的和新颖的,他们也悄悄隐蔽地尽力抓住纯洁的理智高度的恋母情结问题。安娜·弗洛伊德实际上给我们指出,处于青春期的儿童对家长容易产生的抵触情绪以及经常采用的克制冲动的方法:禁欲和升华。

(三)理论评价

弗洛伊德精神分析学说开拓了心理学的研究范围。弗洛伊德认为,人类的行为受到潜意识欲望或本能的控制。潜意识是意识心理学从未染指的领域,在弗洛伊德看来,意识只是全部心理活动很少的一部分。意识是用以发现潜意识的唯一探照灯,而潜意识心理学的研究填补了意识知觉的空白。尽管弗洛伊德在这里无限夸大了潜意识的作用,但把潜意识列为心理学的研究对象确实是弗洛伊德的一大贡献,由此,推动了心理学对动机、儿童性欲、梦等的一系列研究。时至今日,潜意识在心理学中的地位已经没有任何异议了。由此生发出另外两个相关的贡献:一是使心理学向主体回归,使心理学与人生的关系更加密切。二是使心理学坚持贯彻决定论原则。此外,弗洛伊德的精神分析学说使我们对哲学家们的"自由意志"产生了怀疑,弗洛伊德认为,一切行为都存在其原因,哪怕是口误、遗忘、做梦或发神经症,也都是有原因的,弗洛伊德在心理学研究中极端主张因果原则的决定论,这一原则也为当今各派心理学所接受。

弗洛伊德精神分析学说推动了对早期经验的研究和心理发展理论的建立。弗洛伊德对人类个体的发展提出两个大胆假设:其一是生命的最初几年是形成人格的最重要几年;其二是个体的发展包括在性欲心理的阶段之中。弗洛伊德认为,我们只有了解了一个行为在某人早期生活中的发展历史,才能真正理解这个行为。个体早年是人格基本形成的时期,人格紊乱的起因在于儿童期未解决的创伤性的性经验。遥远的过去并没有从心理中消失,它依然存活在儿童时期被压抑的欲望、儿童期获得的防御机制和成人的梦中。童年是成人顺序模式发展与定型的阶段。因此,从这个意义上讲,"儿童乃是成人之父"。在这一理论和治疗实践的基础上,弗洛伊德提出了儿童心理发展阶段,这是弗洛伊德对发展心理学的重大贡献。因此,弗洛伊德的理论体系比任何其他理论体系更有助于在儿童心理学领域发动更多的研究。弗洛伊德强调早期经验的重要性,它为家长正确认识和全面承担自己肩负的责任指明了方向。所以,有人说,如果没有精神分析,今天儿童的哺育方法就会截然不同。道理即在于此。

弗洛伊德精神分析学说的研究方法极大地丰富了心理学研究方法论。他运用自由联想、精神分析的暗示法和移情的方法给心理治疗的行业和同仁们造成震惊,最终赢得普遍的认可。弗洛伊德的这些研究方法对于研究儿童心理是切实有效的,对改进儿童心理学研究方法产生了重大影响。他的临床法还在当代心理学中得到进一步应用。

毋庸置疑,弗洛伊德的精神分析学说,也是引起争议最大、批判最多的发展理论。其主要缺陷表现为:精神分析太富有主观色彩;弗洛伊德精神分析学说的泛性论倾向;歧视妇女,反对男女平等。

二、埃里克森发展理论

【资料窗口】

埃里克森,美国精神分析医生,祖籍丹麦,1902年出生于德国法兰克福,18岁高中毕业后去中欧漫游一年,回国后攻读一段时间的艺术,再次外出旅游,后来成为一名画家。25岁那年,"仅仅根据他的人格特征——而不是他的训练——他被送到安娜·弗洛伊德那里作为一个有培养前途的心理

埃里克森

分析工作者。很快他便成为弗洛伊德和他女儿的心腹一员。"纳粹统治期间,由于犹太血统,埃里克森被迫于1933年移居美国,1939年加入美国籍。1949年,美国处于反动的麦卡锡时代,埃里克森因拒绝当局要求的忠诚宣誓而愤然离开加利福尼亚大学,直到1960年,他才到哈佛大学任人类发展学和精神病学教授。20世纪60~70年代,他开始研究美国当代资本主义社会的一些棘手问题,把精神分析与生态学、文化人类学、历史、哲学、政治科学和神学结合起来。他的声誉超越了美国国界,成为当代自我心理学最杰出的代表人物。埃里克森的主要著作:《童年与社会》(1950,1963)、《青年路德:一个精神分析与历史的研究》(1958)、《同一性:青少年与危机》(1968)、《新的同一性维度》(1973)、《生命历史与历史时刻》(1975)等。

(一)埃里克森的同一性渐成说

埃里克森将人的发展中的人格结构,即整个心理过程的重心,从弗洛伊德的本能过程转到自我过程,把人的发展动机从潜意识扩展到意识领域,从先天的本能欲望转移到现实关系中。埃里克森认为,在人的心理发展过程中,自我与社会环境是相互作用的。人在发展中逐渐形成的人格,是生物的、心理的和社会的三方面因素组成的统一体。在人格发展过程中,可以按主要冲突的不

同,划分为不同阶段。每一个阶段都包含两个对立的双极相互斗争的特定心理社会任务。个人在发展任务的斗争和解决过程中,按次序向下一个阶段过渡。各阶段的发展任务解决得顺利与否,直接影响个人未来人格和生活的具体方面。如果个体在某一阶段未能很好地解决发展任务,那么,儿童也可以由此获得克服不适应发展的机会,通过教育在下一个阶段得到补偿。

真正同一性不是前二者的总和,而是对自己的本质、信仰和一生中重要方面前后一致的较为完善的意识,也就是个人的内部状态与外部环境的整合、协调一致。说得通俗些,就是将人格发展的不同水平之间不可避免存在着的间断性加以沟通和整合。例如,相对于人与集体的关系,存在着个人同一性与集体同一性;从意识与无意识的角度看,可分为自身同一性(一个人对"我"的身体、人、各种角色的意识)与自我同一性(属于无意识的,能意识得到的工作,却意识不到它的本身和过程)等。埃里克森认为,自我同一性是一个人的自我疆界之一。与自我同一性相对立的概念是同一性混乱,表现为儿童在重新认识自我、认识自己的社会地位和作用的过程中产生自我意识的混乱,突出表现为情感障碍。

(二)埃里克森的人格发展阶段说

基本信任对基本不信任(0~1岁半)。此阶段的发展任务主要是获得信任感和克服不信任感,体验着希望的实现。新生儿出生后,结束了与母亲共生的状态,以嘴吮吸的先天反射在母亲的哺育和照料下,变得更为协调。儿童用嘴去生活,用嘴去获得爱,而母亲则用乳房去喂养,用乳房去表示爱(当然也包括用面容和身体任何部分去表达满足孩子需要的热切心情),这相当于弗洛伊德精神分析学说所谓的口唇期,但埃里克森认为,把口唇期改为口腔-呼吸-感觉-动觉阶段更能反映这一阶段儿童广泛用各种感觉器官接受刺激的事实。婴儿从生理需要满足中体验到身体的舒适、环境的宁静,感受到安全。如果这种满足既不太少,也不太多,儿童就对周围环境产生一种基本信任感。婴儿把母亲的品质和母爱加以内化,同时又把自己的感情投射给母亲。于是,婴儿生命的第一阶段便带有亲子相互调节的社会性情绪和态度。埃里克森称之为相依性。最早儿童期同一性获得的最简短公式可以很好地表达为:"我就是我所希望自己占有的和给予的。"一个自信和慈爱的母亲抱孩子的方式是轻松的、坚定的、舒适的,语音是平和的、宁静的。反之,一个充满不安和缺乏自信的母亲常常表现为身体紧张、动作笨拙、不灵活、不舒适,抱孩子的方式也显得不自在,语音尖锐,语调紧张,表情生硬,情绪消极。在婴儿发展中,并不排除一定程度的基本不信任感,这种基本不信任感的根源是新生儿从母亲的子宫中分娩而出的痛苦。儿童被动地离开母体,进入外界世界,受到大量刺激,必须自己去完成许多的生命机能。以后,每当儿童感受到身体或心理上的不舒适时,就会重新体验到最初的痛苦经验。埃里克森指出,儿童的一些基本不信任感可以通过幻想那些可以引起基本信任感的条件而抵消掉。也就是说,婴儿具有一种自我治疗或自我愈合的能力。这正是一种希望的实现。埃里克森十分重视人生的第一阶段——婴儿期对同一性发展的重要影响,婴儿期的儿童获得信任感是今后发展阶段特别是青年期同一性发展的基础。人生之初的信任感可以使儿童将来在社会上成为易于信赖和满足的人。

自主感对羞耻感(1岁半～3岁)。此阶段的发展任务主要是获得自主感而克服羞怯和疑虑感,体验着意志的实现。生理成熟和活动经验迅速增加,儿童具备更加完善、多样的动作能力,同时,儿童还发展了与父母、其他成人(包括陌生人)、其他儿童(同伴)社会交往的能力和经验。此时超我也开始出现,有助于维持本我与自我之间的平衡。儿童开始体会到要满足自己的需要,不能只依靠他人的帮助,还可以靠自己的能力和自己的活动。于是,这个仍然有着高度依赖性的儿童开始以种种方式体验他自己的自主意志。此阶段儿童的信念是:"我就是我所能自由意欲的。"但是,也正因为儿童一面保留着高度依赖性,一面又在努力表现自主意志,因此,儿童与照料养育者之间的冲突就是不可避免的。儿童的羞怯出现于与疏远感相应的感情,即一种尚未成熟就愚笨地显露自己的感情。羞怯是一种幼稚的情感,它来源于一种不断增长起来的渺小感,即当儿童能够站立起来并意识到大小、强弱的对比时。因此,明智的父母对儿童的态度应把握好一定的分寸,既要给儿童适度的自由,又要对儿童的行为有必要的控制,不要为偶然的排便不当而辱骂或嘲笑儿童,不要伤害儿童的自尊心,让儿童形成宽容和自尊的人格。否则,儿童可能产生永久的羞怯和疑虑,压制自主的冲动。本阶段发展任务的顺利解决,对于个体今后对社会组织和社会理想的态度将产生重要影响,为参加未来的秩序和法制生活做好准备。

主动感对内疚感(3～6岁)。此阶段的发展任务主要是获取主动感,克服内疚感,体验着目的的实现。随着儿童知觉准确性、肌肉活动精确性和语言表达能力的提高,儿童的独立性大大增强。决定心理发展主要方向的自我已开始表现出用同一性来替代以前的自我中心。本我、自我和超我之间开始出现一种彼此平衡、整合的关系。由此,儿童已经在言语和行动上探索和扩充他的环境,同时,社会也向儿童提出新的挑战,要求他们的行为具有主动性和目的性。在这种情况下,儿童感到向外扩展并不是很难达到的,因此主动性大增,但同时又感到闯入别人的范围,与其他人,尤其是自己过去信赖的人的自主性发生冲突,于是产生一种内疚感,埃里克森把本阶段的主要行为方式称为侵入。例如,儿童想方设法侵入未被邀请或不需要他们的地方,闯入父母的寝室,甚至晚上挤在父母的床上以致遭受被驱逐的痛苦。或者儿童用无休无止的高声尖叫、粗暴的游戏破坏家庭的和平与邻里的宁静,因而遭受谴责和拒绝;甚至怀有侵入性的性幻想,幻想两性生殖器相互侵入的情景。这种侵入性正是内疚感的来源。当儿童认识到他们最大胆的计划、最天真的希望注定要失败时,就会产生内疚感。埃里克森认为,超我的形成是人生巨大的悲剧之一,因为超我窒息了大胆的主动性,但超我对于儿童社会化又是必需的。这时父母可以允许儿童以平等的身份参加一些成人的活动,将儿童的野心归到和隶属于成人的社会生活目标。埃里克森把学前期又称为游戏期,表明游戏的作用很重要。游戏在儿童生活中占据重要地位,是自我的重要机能。游戏在解决各种矛盾中体现出自我治疗和自我教育的作用。本阶段游戏表现出两种形式:一是角色游戏或白日梦,二是共同游戏。儿童在游戏中表现出幼儿的矛盾,使危机得以缓和,并使先前遗留下的问题借机得到解决。埃里克森认为,主动性阶段对于其后的同一性发展具有重要贡献,儿童树立的信念是"我就是我所想象的、我所能成为的我"。

勤奋感对自卑感(6~12岁)。此阶段的发展任务主要是获得勤奋感而克服自卑感,体验着能力的实现。进入学龄期后,面临着具有明确要求和系统内容的学习。他们一方面学习文化知识,一方面学习工艺技能,因此,对以前游戏的兴趣逐渐发生了变化,儿童更加注重和投入社会性更强的游戏,埃里克森把这种感觉称为勤奋感。正是这种勤奋感推动儿童在成熟之前力求使自己成为一个初具模型的成人。因此,年龄稍大的学龄儿童逐渐将梦想和游戏的驱动力升华,用之于具体的追求和赞同的目标。这一阶段对于同一性的直接贡献可以说"我就是我所能学会进行工作的我"。埃里克森指出,许多人将来对学习和工作的态度、习惯都可溯源于本阶段的勤奋感。与勤奋感相对立的是自卑感。它是一种对自己和自己任务的疏远。自卑感可能产生于儿童对母亲的依恋超过对知识的需求;或者是儿童宁肯在家当宝贝而不肯到学校当学生;或者是与父亲相比,引起过于强烈的内疚感和自卑感;或者是家庭生活没有为孩子的学校生活做好准备;或者是学校生活对儿童先前几个阶段的发展成果缺乏允诺和支持,使儿童感到自己毫无可取之处;或者是儿童本身的潜力还没有得到及时、有效地开发。此外,儿童还会在学校中很快地发现,种族、肤色、父母的背景,甚至出生地等也是能否做好学生的因素,凡此种种,对于学龄期儿童发展任务的完成都具有很大影响。正因为学龄儿童在学校中的学习对人格的发展具有不可低估的影响,埃里克森十分强调和重视教师对儿童发展的作用。教师要成为孩子值得信赖的人,成为儿童自居的榜样。影响本阶段心理发展任务的另一个因素是同伴关系。许多儿童对于同伴的态度是充满矛盾的,他们一方面希望得到同伴的认可和接纳,另一方面也感到与同伴之间的竞争;一方面在比较中确定自我价值,另一方面又十分关心同伴对自己的评价。总之,儿童学业成绩的成功,以及教师和同伴的认可、赞赏和接纳使儿童产生勤奋感。反之,如果儿童缺乏主动性又没有努力掌握知识技能,成绩落后,不符合父母和教师的期望,就会感到失望,体验到不胜任感和自卑感。

同一感对同一性混乱(12~18岁)。此阶段的发展任务主要是建立自我同一性(或称同一感)和防止同一性混乱,体验着忠诚的实现。自我同一性不是儿童期各方面自居作用的总和,而是整合成一个结构(埃里克森称之为"完形"),它包含着意识和潜意识两个方面,其目标是既为先前各阶段遗留下来的同一性危机寻求最终的解决途径,又使青少年在心理上做好准备,形成同一感,与成人处于相同地位,去应付即将面临的人生重大问题,如职业、婚姻等。实际上,儿童进入青年期,个体的意识分化为理想自我和现实自我,这两种自我之间的统一,就是自我同一性的形成,自我同一性的形成包括两个双向的过程:其一是努力改变现实自我,使之与理想自我一致;其二是修正、改变理想自我,使之符合现实自我。自我同一性的形成与先前各阶段中建立起来的信任感、自主感、主动感、勤奋感有直接关系。如果先前各阶段的发展任务完成得比较顺利,自我同一性的建立也就比较容易。同一性形成的工作,大部分是一种潜意识的过程,对于青年人来说,绝不是一件轻松的事,他们需要一个合法延缓期。青年期既是童年期的延续,又是成人期的准备。在他们需要作出最后决断之前,合法延缓期起了一个"暂停"的作用,以使用各种办法延续承担的义务。与自我同一性相对立的是同一性混乱。如果说同一感是指个人内部和外部的整合、适应之感,同一性混乱则是指内部和外部之间的不平衡、不稳定之感,典型的同一性混乱表现为"我掌握不了某些生活",结果是退学、离开工作。整夜在外逗留或孤独、陷入古怪而难以接近的心境之中。

成人早期(18~25岁)。此阶段的发展任务是获得亲密感,克服孤独感,体验着爱情的实现。青年男女需要在自我同一性巩固的基础上获得共享的同一性,才能产生美满的婚姻而感受到亲密感。如果一个青年人未能确保自己的自我同一性,他或她就无法与他人体会到真正的共享。例如,一个青年人过于注重自己的男子汉气魄,过于注意自己的一举手一投足,他就不可能专注而温柔地对待自己的情人,难以达到真正的情感共鸣。自我专注的结果是导致孤独感。埃里克森注意到,有些青年人在建立自我同一性之前就结了婚,本意是想在婚姻生活中发现自己,但事实上,他们很少能达到目的。

成人中期(25~50岁)。此阶段的发展任务主要是获得繁殖感而避免停滞感,体验着关怀的实现。这里的繁殖感是一个广义的名词。它不仅指养儿育女,而且指通过工作以创造事物和思想。当然,主要是指前者。有些人虽然自己并不生孩子,甚至放弃了生孩子的权利,但他们在自己的专业领域发挥自己的才智,指导和关心着下一代,为下一代创造更美好的社会生活。这些人同样也能获得繁殖感。没有繁殖,其人格就会出现停滞。这时,人们往往会倒退到一种"假亲密"状态中,或者开始沉溺于自身。处于"假亲密"状态中的夫妇无休止地分析彼此的关系。终日想的是自己为对方提供了多少好处,以及自己从对方身上究竟得到了多少好处。而沉溺于自身的人,处于极度的自恋状态中,只关心自己的需要。造成本阶段不能顺利发展的原因可能是由于父母本人童年期充满了空虚和挫折,不知道怎样去关心下一代,也可能与文化价值观有关,一个只强调个人取向而排斥或忽视集体取向的社会,会严重削弱人的责任心。

成人后期(50岁以后直至死亡)。此阶段的发展任务主要是获得完善感,避免失望和厌恶感,体验着智慧的实现。老人的身体机能下降,特别是退休后,工作结束、收入下降、社会活动减少,社会地位丧失,随着时间的流逝,出现丧偶、失去亲友等,一系列的失落和挫折接踵而至。老年人应适应这一身心和社会的挫折,一方面把重点从外界适应转移到内心来保证潜能,另一方面环视人生,从自己的生命周期中产生完善感。老年人面临着人生的终结,往往会回首往事,对自己的一生作出一个价值判断,看看自己活得是否有价值、有贡献。老人已无法寻求另一种生活的机会,因而经常为琐事而厌恶,对别人的奋斗和失败也失去耐心。所有这一切都是失望的表现。失望意味着对自己的鄙视。老年人面临失望时,就努力去发现一种自我整合感,承认历史,承认现实,承认自己干过的好事和失误,甚至会超越文化的疆界去总结人生。

(三)理论评价

首先,同一性渐成说最核心的进步是把整个心理过程的重心从弗洛伊德的本我过程转移到自我,也就是把人的发展动机从潜意识领域扩展到意识领域,从先天本能欲望转移到现实关系之中。

其次,埃里克森突破了弗洛伊德对发展阶段的划定,把人格发展看成终生的任务,并为各发展阶段提出特定的心理任务,把解决发展任务作为一种两极分化的对立面的斗争过程。同一性在发展任务的斗争和解决过程中,依次向下一个不同质的阶段过渡。这种发展过程并不是单维的纵向发展,而是双维的,即在每一个阶段中都有两个不同的发展方向:成功或失败。儿童总是处在每一发展阶段两端之间的某一点上。如果在前一阶段发展得好,则能顺利过渡到下一阶段;如果前一阶段发展得不好,在下一阶段还可以得到补偿。儿童每一阶段发展任务解决的成败,影响到个人未来人格的整体面貌,而这些任务的解决,又与社会、教育有关。因此,埃里克森的发展阶段理论比其他发展阶段理论更加全面和深刻,也更富有乐观主义精神。也正是这一点,埃里克森的理论为精神分析学说注入了新的活力,提供了新的解释,埃里克森理所当然地成为当代精神分析学派的新一代代表人物。也正是这样,我们可以从埃里克森对于发展任务的对立引申中清晰地看到弗洛伊德理论框架的影子。从根本上讲,他的变革是不彻底的。同一性渐成说从本质上讲只是一个精心乔装的反理性主义的理论,仍植根于弗洛伊德理论体系的土壤之中。

第二节 儿童个性发展的因素分析

一、生物学因素与个性形成

(一)先天气质

幼儿的四种气质类型:容易护理的 40%,困难的 10%,慢慢活跃起来的 15%,中间型的 35%。儿童最初表现出来的这些气质特点是儿童个性发展的基础,是个性塑造的起跑线。正是这种差异或特点制约了父母或其他教养者与儿童相互作用的方式,也制约了父母和教养者对儿童作用的效果。气质并不直接决定幼儿个性的发展,婴儿的气质类型与他的社会环境之间的拟合性(goodness of it),才是真正决定儿童个性发展的因素。当父母以敏感的抚养方式去适应婴儿的气质特征,儿童可实现最佳的发展。

(二)体貌与体格

体貌与体格是指一个人的面部特征、身高、体重及身体的比例。体貌与体格会影响他人对自己的反应,具有社会价值与意义,成为影响个性发展的因素之一。在儿童心目中有权威的人,如父母、老师对儿童外貌的看法将很大程度上决定体貌与体格对个性的影响程度和方向。青少年对自己体貌的感知会强烈地影响他们对自己身体的满意程度,并最终影响他们的自尊和心理幸福感。体貌与同伴相符重要性的研究表明,青少年在与和他们生理发展水平相当的同伴相处时感觉最舒适。

(三)成熟速率

身体成熟程度的差异会使同年龄的儿童形成不同的社会心理,从而影响一个人的情绪、兴趣、能力和社会交往。研究表明,身体成熟的早晚对于青少年的影响是不相同的,甚至是完全相反的。一般来说,早熟的男孩和晚熟的女孩在情感和社会适应上处于一个相对有利的位置。

二、个性发展的社会化动因——家庭

(一)家庭系统论

家庭是一个复杂的互动社会系统,各系统之间发生双向调节作用,任一子系统的变化都会对其他子系统发生影响。家庭系统成员之间交互影响,人不是被动的受影响者,抚养行为与个体行为之间的关系是相互的。任何两个家庭成员之间的交往都会受到第三个成员态度与行为的影响。家庭是一个复杂的系统,儿童的个性不是由单一的因素决定的。(1)直接因素:父母的教养方式;(2)间接因素:家庭关系、家庭结构、家庭经济状况、父母的受教育程度等。

(二)父母的教养方式

教养方式的两个维度:命令/控制:父母对孩子限制和控制的程度;接纳/反应:父母对孩子提供支持、对孩子需要敏感的程度。

专制型:许多的规则和命令;对孩子的需要、要求极少解释和不敏感。

民主型:合理的要求;一致的强化;敏感对待、接纳孩子。

冷漠型:很少的规则和要求;父母不管孩子且对孩子的要求不敏感。

放任型：较少的规则和要求；父母给予孩子很多的自由。

民主型教养方式总是和积极的社会性、情感及智力发展相联系。原因：民主型父母对孩子是关爱和接纳的；以一种合理的方式实行控制，他们会在考虑孩子观点的同时谨慎解释自己的观点；民主型父母会根据孩子控制自身行为的能力调整要求；不同的控制方式带来不同的结果。最理想的教养方式是民主型，但即使是民主型教养方式，也需要随儿童的成长，在具体的教养策略和方式上进行调整，这样才能满足儿童成长的需要。

总体来看，适应性的变化趋势：在对儿童关心和爱护的基础上，父母赋予孩子更多的自主权利，而对孩子的直接控制日趋减少。

(三)家庭结构

主要包括核心家庭、大家庭、破裂家庭。

隔代教育。一项在全国范围内的调查显示，北京70％左右的孩子接受着隔代教育；上海目前0～6岁孩子中有50％～60％由祖辈教育；广州接受隔代教育的孩子则占到总数的一半。隔代教育的优势：祖父母们具有抚养和教育孩子的实践经验；比较有耐心去陪伴和教育孙辈；老人有一种"儿童心理"，喜欢与孩子玩乐，易与孙辈建立融洽的感情；隔代教育不仅可以缓解老人的孤寂，从孙辈们的成长中获得生命力，与孙辈玩耍的天伦之乐对老人保持健康的身体和心态也大有裨益。隔代教育的误区：溺爱；造成亲子间的隔阂；父母与祖辈观念不一致；活动范围封闭，易重静轻动；易重物质轻精神。

离异家庭对子女心理的影响。短期效应：父母离异对不同年龄儿童的影响；不同性别儿童对父母离异作出不同的反应。长期效应：离异家庭中的儿童在整个青少年期以至成人早期都表现出学业困难和心理抑郁。来自离异家庭的青少年害怕自己的婚姻也会不幸福。

如何帮助儿童适应单亲生活，减少父母离异给孩子带来的影响？第一，加强与孩子的沟通；第二，避免在儿童面前公开矛盾，指责对方；第三，理解孩子的情绪反应，给予支持；第四，尽量不要改变孩子习惯的生活环境和生活节奏；第五，离异双方要协调对孩子的教育方式和要求；第六，与学校老师取得联系，提供必要的帮助和情感上的支持。

三、个性发展的社会化动因——学校教育与社会环境

学校教育。学校传统与校风，教师性格、态度与行为，师生关系，学生所在

班集体,同学之间的关系,学校组织的团队活动、体育活动、课外活动等。

社会环境。社会的风尚、大众传媒等。

第三节 儿童个性发展的年龄特征

一、婴儿期个性的萌芽

儿童出生后立即表现出个别差异。没有两个新生儿在行为上完全相同。新生儿的个别差异表现在许多方面:睡眠形式、啼哭行为、吃奶时的表现、动嘴和吸吮手指,以及对各种刺激反应的灵敏性和情绪性等。3岁以前儿童表现出来的心理特点还极不稳定,没有确定倾向,因此被称为个性的萌芽状态。

(一)自我意识的萌芽

所谓自我意识是人对自己以及自己与客观世界关系的一种意识。自我意识是个性形成和发展的前提,是个性发展和成熟的重要标志,它在个体社会性发展中处于中心地位。关于3岁前儿童自我意识的发展,国外有婴儿镜像反应角度的研究,也有依据婴儿对母亲的情绪反应进行的研究。我国心理学界对3岁前儿童自我意识的发展过程比较一致的看法:1岁前儿童没有自我意识,不能把自己作为一个主体同周围的客体区别开来,甚至不知道手、脚是自己身体的一部分,因而常常可以看到7、8个月的孩子咬自己的手指、脚趾,有时会自己把自己咬疼而哭叫起来。逐渐地,儿童知道了手、脚等是自己身体的一部分,这就是自我意识的最初级形式(自我感觉)或准备阶段。自我意识的发展是以儿童动作的发展为前提的。通过动作,1岁左右的儿童开始把自己的动作和动作对象区分开来,开始知道自己和物体的关系,认识到自己的存在和自己的力量,产生自信心。如常见到1岁左右的孩子不小心将手里的玩具弄掉,成人马上捡起来递给他,之后他会有意地把玩具反复扔到地上,看见成人去捡时,他会非常高兴,似乎从中获得极大的乐趣。自我意识真正出现是和儿童语言的发展相联系的,在掌握了有关的词后,儿童开始知道自己身体的各部分,然后会像其他人那样叫自己的名字。这时儿童只是把名字理解为自己的信号,遇到别人也叫相同的名字时就会感到困惑。儿童在2~3岁的时候,掌握代名词"我",是儿童自我意识萌芽的最重要标志。但掌握代名词的过程相对较困难,因为代名词具有明显的相对性。

(二)独立性的发展

在婴儿个性发展中,有一个重要方面就是儿童独立性的发展。它对婴儿心理的发展产生重要影响,直接关系儿童是否能够健康成长。儿童心理学中"第一反抗期"的出现,其主要原因就在于家长忽视了对儿童独立性的培养。因此,加强独立性的培养是婴儿教育的主要任务。

1~3岁是儿童独立性发展的关键期。独立性的主要标志是有主见、有自信,相信自己的能力,遇事总想依靠自己的能力。它是性格意志特征——自觉能动性的最初表现,也是意志行为开始发展的主要标志。表现在幼小儿童身上就是一种强烈的独立行动愿望及活动能力。在日常生活中,独立性和任性往往容易被混淆,甚至有人认为,任性是独立性的表现,这是完全错误的理解。独立性和任性之间确实存在密切联系。然而这种关系是互反的。独立性表现为合理的要求,任性表现为不合理的要求,它是独立性的一种畸形表现,是意志行动的目的、方向错误的表现,是一种不良的意志品质。如果不克服任性,就不能形成真正的独立性。通过理论分析,我们提出1~3岁是独立性发展的关键期的假设,认为1~3岁是儿童独立需要最强烈的时期,也是儿童任性行为最初开始表现且非常强烈的时期。1岁左右,儿童手的动作和躯体移动动作的发展,为儿童独立活动提供了可能。儿童从自身动作中开始感到自我的存在,意识到自身的力量,产生强烈的独立需要,什么事情都想尝试一下。如尝试着自己吃饭、独立行走,进一步表现为想做一些力所能及的事情。但是,儿童的这种独立需要并不是自然增长的,而主要是受到外界的影响和自身活动水平的影响。换言之,如果儿童受到成人的鼓励,并从独立活动中体会到自身的力量和活动的兴趣,无疑会提高自信心,进一步刺激儿童独立活动的愿望,循环往复,儿童的独立性就逐渐增强。反之,如果成人未满足或抑制儿童的独立需要,儿童独立活动的机会少,受到的锻炼少,独立活动的能力降低,行动的乐趣少,相应的独立活动的愿望就降低,长此以往,儿童的独立性就相对减弱。因此,1~3岁是儿童独立性发展的关键时期。此外,由于儿童认知及社会经验的贫乏,在婴儿阶段还未掌握正确的行为规范,不能区分是与非。特别是在1岁半以后,由于对自我的认识,逐渐掌握"我的"概念,初步"私有"观念开始出现,表现为强烈的自我中心。如什么好东西都想归为己有,什么事都想自己说了算。如果家长不对儿童加以适当限制,势必助长儿童的任性行为,对儿童道德观念及道德判断的发展会产生不良影响,且任性也逐渐成为儿童的个性品质。因此,在婴儿期,对儿童进行初步的行为规范教育,帮助儿童克服任性行为,培养其自我控制能力是非常必要的。吴华丰的研究也发现,3～6岁时期儿童对母亲的依赖和自身的独立性是基本稳定的,也从侧面证明1～3岁是儿童独立性发展的关键时期,到3岁左右,儿童的独立性基本显现个人特点。

独立性培养的关键是处理好自由与限制的关系。从独立性与任性的关系不难看出,二者属于一对矛盾的两个方面。培养儿童独立性就是要给儿童充分活动的自由,如对儿童游戏、儿童自理活动及儿童伙伴间交往给予支持。而帮助儿童克服任性行为,掌握正确的行为规范就是要严格限制孩子不合理的要求,不能因儿童哭闹而妥协。简言之,就是要处理好自由与限制这对矛盾,了解什么情况下应该给儿童自由,什么情况下应该给予适当限制。独生子女教育中的失误也从反面证明了这个问题。目前,独生子女教育中,由于家长不正确的教养方式,导致部分独生子女的个性问题,主要有任性、依赖性强、怯懦、自私、孤僻等。其主要原因就在于家长的溺爱(无原则地满足孩子的不合理要求)和过分保护(一切包办代替,限制孩子活动的自由),即忽视了儿童独立性的培养。因此,培养儿童的独立性,处理好自由与限制的矛盾,也是独生子女家庭教育的关键所在。总而言之,婴儿期是儿童独立性发展的关键时期,应该重视对婴儿独立性的培养,为儿童个性的发展奠定良好的基础。

(三)个性特征的差异

合群性。在儿童与伙伴的关系方面,可以看出明显区别。如有的孩子比较随和,富于同情心。看到小伙伴哭了会主动上前安慰,当发生争执时,较容易让步,而另一些孩子存在明显的攻击行为,如在托儿所,一般每个班里都有几个爱咬人、打人掐人的孩子。

独立性。独立性是婴儿期发展较快的一种个性特征,独立性的表现大约在2～3岁变得明显。有的孩子可以做很多事情,如有些孩子在2岁时就可以用筷子吃饭、自己洗手等。而有些孩子吃饭得大人追着喂,有些孩子可以独睡,而有些则离不开妈妈等,表现出很强的依赖性。

自制力。到3岁左右,在正确的教育下,有些儿童已经掌握了初步的行为规范,并学会了自我控制,如不随便要东西,不抢别人的玩具,当要求得不到满足时也不会无休止地哭闹。而另一些儿童则不能自我控制,当要求得不到满足时,就以哭闹为手段要挟父母。

活动性。有的儿童活泼好动,手脚不停,对任何活动都表现出很大的兴趣,且精力充沛,而有的儿童则好静,喜欢做安静的游戏,一个人看书或看电视等。婴儿的个性特征差异在坚持性、好奇心及情绪方面已有初步表现。关于差异产生的原因,气质因素是重要原因之一。同时,我们还应高度重视环境和教育对家庭教育的影响。父母的教养态度和教养方式是儿童个别差异形成的根本原因。家庭教育对儿童个性形成有着重要影响,此时儿童个性特征差异将成为日后儿童个性发展的直接基础,关系着儿童一生的发展。

现实中,人们对此时期家庭教育在婴儿个性、儿童一生人格发展方面的作用认识并不充分。而婴儿个性的培养也是目前心理学研究中较薄弱的环节。因此,加强婴儿个性研究,是发展心理学研究的重要课题。经过三年的发展,到婴儿期末,儿童的动作已比较灵活,并出现了初步的模仿性游戏。在语言方面,初步掌握了本民族的基本语言,可以与人进行简单的言语交流。婴儿已开始具备人类心理的特点,各种心理现象趋于齐全,特别是以掌握代名词"我"为标志的自我意识在此阶段正式萌芽,并对儿童心理发展产生了极大的影响。因此,此阶段加强对儿童独立性及自控能力的培养,是婴儿期教育的主要任务。如果教育不当,则可能导致儿童心理发展的危机。

二、幼儿期个性的初步形成

(一)幼儿自我意识的发展

幼儿自我意识发展的总趋势。相关研究显示,幼儿自我意识是随年龄增长而逐渐发展的,呈现由低到高发展的趋势,各年龄组之间在自我意识发展水平上存在显著差异。其中4岁组与5岁组均数差异最大,发展速度最快。冉乃彦研究发现,4~5岁是儿童自我意识发展的加速期。两项研究结果的吻合可以说明幼儿期儿童自我意识的发展是非常迅速的,特别是4~5岁是儿童自我意识发展的加速期。

幼儿自我意识各因素的发展趋势。幼儿自我意识的各因素,也是随年龄的增长而发展的。自我意识各因素开始发生的时间很接近,但是不同步。首先是自我评价的发展,其次是自我体验的发展,最后是自我控制的发展。自我评价开始发生的年龄转变期在3~4岁;自我体验开始发生的年龄转变期在4岁左右,自我控制开始发生的年龄转变期为4~5岁。

幼儿自我评价的发展特点。(1)幼儿自我评价表现为从依从性的评价发展到对自己个别方面的评价,再到对多方面的评价。调查材料显示,3岁组儿童基本上还不能进行自我评价,3岁组儿童中有40%的人只能以他人的评价为自己的评价,即依从性自我评价;4岁组儿童中有63.33%的人可以进行自我评价,但主要是个别方面或局部地评价自己;而5岁组儿童能从个别方面评价自己的已达到80%,多数还能用几个实例来说明;6岁组儿童不但能从个别方面进行自我评价,还能从几个方面进行自我评价,表现了自我评价的多面性。(2)幼儿自我评价的发展明显表现为对自己外部行为的评价,同时表现出有从外部行为向内在品质转化的倾向。幼儿自我评价基本上表现为对自己外部行为的评价,还不能深入到对自己的内在品质进行评价。6岁组儿童中有极少数孩子在自我评价上涉及内在品质,但仍居于过渡的中间状态,还不是真正对自己内在品质的自我评价。如小朋友在回答他是好孩子的原因时说:"我不撒谎,上课坐得好,我不欺负小朋友。"(3)幼儿评价与自我评价的道德性。幼儿已具有一定的道德性评价能力,4岁组儿童开始能够运用一定的道德行为规则来评价自己和他人行为的好坏。同时能够尊敬长者,但评价带有一定的情绪性,只有到了5、6岁,儿童才能够自觉模仿成人从社会意义上来评价道德行为的好坏,但还不能很好地理解道德的概念。

幼儿自我体验的发展特点。(1)幼儿自我体验的发展水平不断深化。幼儿的各种自我体验都随年龄的增长而发展,其发展水平不断深化。如对愤怒感的情绪体验,3~6岁儿童的体验会有程度的不同,从"会哭""不高兴""会生气"到"很生气""很恨他"的变化,可以看出幼儿体验的深刻性在逐渐加强。(2)幼儿自我体验的社会性。幼儿不仅能对生理的需要产生自我体验,而且能对社会性的需要产生自我体验,即开始发展社会情感的自我体验。他们往往会因成人的表扬、批评而产生不同的自我体验,自我体验的社会性也随年龄的发展而不断增加,而社会性较强的自我体验,如委屈感、自尊感与羞愧感的自我体验从4岁以后明显发展。(3)幼儿自我体验的受暗示性。在幼儿自我体验的产生中,成人的暗示起着重要作用,年龄越小,表现越明显。如问小朋友,如果你做捂眼睛游戏时,你私自拉下毛巾,被老师看见,你会觉得怎样?3岁组儿童只有3.33%的人有自我体验,而在有暗示时(你做错了事,觉得难为情吗?),就有26.67%的人有自我体验。此研究结果对幼儿教育具有重要意义。教师和家长要充分注意幼儿受暗示性强的特点,多采用积极的暗示促进幼儿良好道德情感的发展。同时,要注意避免消极的暗示对幼儿行为的不良影响。

幼儿自我控制的发展特点。幼儿自我控制能力的发展主要表现在坚持性和自制力的发展方面。总的说来,幼儿自我控制能力还较差,3~4岁幼儿的坚持性和自制力都很差,到5~6岁才有了一定发展。

(二)幼儿期需要倾向性的发展

需要是个体在一定生活条件下,即在一定社会和教育的要求或自身的要求下产生的对于一定客观现实的反映,是个体对其存在与发展条件的欲求的心理倾向,是个体活动的内在动力。需要在人的个性发展中起着主导作用,优势需要的形成与定型将会决定个性的倾向性,构成人的主体的个性特征,健康的需要才能形成良好的个性。杨丽珠、袁茵研究幼儿需要时发现,幼儿需要的发展具有如下特征:

幼儿需要结构具有一定的系统性。它是由彼此联系的7个等级需要,包含14种层次需要构成的一个多维度、多层次水平的整体结构。

幼儿优势需要具有发展性。幼儿各年龄的优势需要是由几种强度较大的需要组成的,是一个不断发展变化的动态结构。研究结果表明,不同年龄的幼儿优势需要存在差异。维持生存所必需的水、空气、阳光、吃饭、穿衣、睡眠等的需要是幼儿的基本需要。而3岁和4岁幼儿前五种需要基本相同,只是次序上略有变化。而5、6岁幼儿的优势需要则在不断发生较大的变化,需要的层次在不断提高。

幼儿需要的发展具有不同步性。研究结果发现,除安全需要外,其他各种需要的发展速度具有不同步性。其中,同化需要、人身安全需要、母爱需要随年龄增长而呈下降趋势;智力玩具需要、躲避羞辱需要、文娱活动需要、信任自尊需要、求成需要、劳动需要、助人需要随年龄增长而呈上升趋势;游戏需要与听讲故事需要则呈上升下降趋势,即在幼儿中期(4岁左右)出现高峰期,以后逐渐下降。总的来说,随着年龄的增长,幼儿需要的社会性逐渐加强,需要层次逐渐由低向高发展。

幼儿需要的发展具有集约性和扩散性的特点。需要发展的集约性是指需要在质上的发展呈越来越高的趋势,而需要发展的扩散性是指需要在量上的发展呈越来越多、范围越来越广的趋势。幼儿期儿童需要的层次在不断提高,需要的范围也越来越广泛,先形成水平层次较低的需要系统,逐渐丰富、扩大,螺旋式上升,形成水平层次较高、复杂的需要系统。

5岁为幼儿需要发展的关键期:从幼儿各种需要的发展中可以看出,5岁是幼儿生物需要、物质需要向社会性需要、精神需要转化的关键期。

(三)幼儿期气质的发展

关于幼儿气质的研究,波兰心理学家简·斯特里劳曾从反应性角度,制订了幼儿园儿童反应评定量表(RRS)。杨丽珠、刘雯根据简·斯特里劳的这一量表对3~6岁幼儿的气质进行了研究,结果表明:

幼儿期儿童的气质随年龄增长而发展。研究发现,幼儿气质反应性特质随年龄增长而发展,但幼儿气质反应性水平存在明显的个体差异(离差较大)。例如,6岁幼儿平均分为3.45分,而有的幼儿只得1.61分,有的幼儿却得4.89分。

幼儿气质具有稳定性。幼儿各种气质特征虽然随年龄增长而发展,但发展的速率渐趋缓慢,逐渐平稳(各年龄组均数差异随年龄增长而递减)。5岁与6岁幼儿气质的发展已相当稳定。

3~4岁为幼儿气质发展的关键期。3岁与4岁幼儿气质均数差异最大,发展变化最快。同时,在行为特质等级发展方面,4岁已达到三级水平(中等程度)以上。因此,可以认为3~4岁为幼儿气质发展的关键期。近年来,人们越来越重视儿童社会化过程中的个体能动作用,认为在儿童社会化过程中成人和儿童之间的影响往往是双向的。近年来出现的"母子相互作用"这个概念强调的就是孩子的个性或行为对母亲育儿心理、态度和方式的影响。而气质类型是儿童影响母亲育儿态度和方式的主要因素。最近的实验研究也证明儿童的气质是影响母亲教养方式的重要因素,研究又进一步探讨了3~5岁儿童气质的不同在影响母亲教养方式方面所起的作用。结果表明,儿童气质的不同在影响母亲教养方式方面所起作用是不同的,有的是影响母亲教养方式的积极气质因素,有的是影响母亲教养方式的消极气质因素,有的则为没有显著影响作用的中间型气质因素。影响母亲教养方式的积极气质因素包括较高的适应性、积极乐观的心境和较高的注意持久性。这三者的得分越高,母亲教养方式的民主性表现越突出。此研究结果与托马斯的研究结果基本一致。影响母亲教养方式的消极气质因素包括较高的反应强度、高活动水平、较低的适应性、高趋向性及较高的注意力分散度等,较高的反应强度易于引发母亲的溺爱性、放任性或专制性;高活动水平和较低的适应性都容易引发母亲的放任性;高趋向性儿童的大胆、无规矩易导致母亲的专制性;较高的注意力分散度会导致母亲教养方式的混乱,缺乏始终如一的要求和态度。反应阈限则属中间型气质特征,似乎对母亲的教养方式不产生直接影响。由于幼儿自身的气质对母亲的教养方式有直接影响。因此母亲应正视这个问题,并在日常生活中注意避免儿童气质对母亲教养方式的消极影响,自觉调节自身的情绪及教养态度,促进幼儿气质的发展。

(四)幼儿期性格的发展

幼儿期是儿童性格初步形成期,主要表现在三个方面:首先,幼儿性格已经表现出明显的个别差异,这种差异表现在幼儿行为的各方面,使幼儿在不同场合、不同方面的行为显示出较强的一致性。如对幼儿日常行为的观察就可以发现每个幼儿的典型特点。其次,性格是个多层次的结构,幼儿性格的初步形成是针对那些较低级的性格因素而言,而对于人的性格受情境制约的特点,儿童的行为直接反映外界的环境影响。苏联心理学家科瓦列夫将性格的形成分为三个阶段:第一阶段是学前期,认为此时儿童的性格受情境制约,儿童的行为直接依从于具体的生活情景,直接反映外界的影响。儿童尚未形成稳定的态度,行为较容易得到改造。第二阶段是学龄初期和中期阶段,此时期儿童稳定的行为习惯正在形成,性格已较难改造。第三阶段行为受内心制约,且习惯已形成,在这个阶段,性格改造就更加困难。因此,教师和家长要特别注意幼儿期性格可塑性大的特点,加强对此时期儿童良好性格的培养。

幼儿性格的年龄特点包括:(1)活泼好动。活泼好动是幼儿的天性,也是幼儿期儿童性格最明显的特征之一。不论是何种类型的幼儿都有此共性。即使那些非常内向、羞怯的幼儿,在家里或与非常熟悉的小伙伴一起玩耍时,也会自然而然、暴露无遗地表现出活泼好动的天性。幼儿活泼好动可以达到让成人无法理解的程度,似乎玩对他们来说永远不会厌倦。幼儿并不因为自己的不断活动而感到疲劳,而往往由于活动过于单调和枯燥感到厌倦。活动对形成幼儿良好、愉快的情绪状态具有积极的意义。(2)喜欢交往。儿童进入幼儿期后,在行为方面最明显的特征之一是喜欢和同龄或相近年龄的小伙伴交往,在任何地方,对于大多数孩子来说,可以不经过他人的特别介绍,孩子之间会很快、自然而然地熟悉起来,并一起做游戏。这一点从幼儿游戏的发展中可以看出,3岁以后,儿童游戏的社会性成分逐渐加强,个体游戏减少,而平行、联系及合作游戏增多。可见,与同龄人的交往是幼儿期一个明显的需要。对那些被拒绝儿童的研究也发现,虽然他们表面上很少和小伙伴交往,但他们对没有小伙伴玩耍,会感到更加孤独。换言之,对于所有的幼儿来说,他们都希望有小伙伴共同游戏并被别人接纳。(3)好奇好问。幼儿有着强烈的求知欲和好奇心,主要表现在探索行为和提出问题两方面。幼儿对客观事物,特别是未见过的新鲜事物非常感兴趣。什么都想看看、摸摸,甚至拆开来看看。同时,幼儿期又是儿童提出问题最多的时期,如王瑜元对她的孩子4岁半～5岁半一年中所提出问题的统计,就有4043个。一般说来,小班年龄的幼儿往往问"是什么?"中班儿童易问"为什么?"大班幼儿则问"怎么样?"(4)模仿性强。这是幼儿期的典型特点,小班儿童表现尤为突出。幼儿模仿的对象既可以是成人也可以是儿童。对成人的模仿更多的是对教师或父母行为的模仿,这是由于这些人是幼儿心目中的"偶像"。他们希望通过对成人行为的模仿而尽快长大,进入成人的世界。儿童之间的相互模仿更多。伙伴关系对幼儿的影响可分为两方面:一是模仿的对象,二是强化物。其中模仿更为重要。幼儿模仿的内容更多的是社会性行为,还有部分是学习知识方面的模仿,如一个儿童看到或听到另一个幼儿在做一件事或背诵一首儿歌,他会有意无意地模仿。幼儿的模仿方式可以有即时模仿,也可以有延迟模仿。(5)易受暗示。幼儿期儿童由于认识水平较低,具有明显的易受暗示的特点。主要可以从两方面来分析:第一,幼儿的自我评价是从依从性的评价逐渐发展到独立的评价,也可以说,在幼儿自我评价形成方面,成人的评价具有重要作用。第二,从对儿童自我体验发展特点的研究可以看出,幼儿的自我体验具有暗示性强的特点,暗示对幼儿的自我体验具有激发、唤醒的作用。也可以说,幼儿期,特别是幼儿早期、中期,幼儿很容易接受他人的暗示。因此,在幼儿教育中,要正确运用皮格马利翁效应,多给幼儿以鼓励、支持,让他们充分认识到自身的优点及发展前途,使他们树立自信心,从而激发他们进步的动力。同时,教师和家长都要高度注意对幼儿的消极暗示,即不要轻易给孩子下不好的定论,使孩子感到自己没有希望,从而丧失进步的信心。

幼儿期常见的不良性格特点及成因。有研究者曾于1992年至1993年初对大连市322名3～6岁的独生子女家长进行了关于独生子女家庭教育难题的开放性问卷调查,结果发现,不论哪个年龄的父母提出的问题中,都有54%以上是幼儿的性格问题。主要的性格问题有:任性、坚持性差、依赖性强、胆小及自私,个别3岁的幼儿表现出不合群的特点,由统计结果发现,幼儿年龄与所提出的性格问题之间无显著差异,从而可以初步认定这些性格问题是幼儿期具有的共性问题。关于幼儿不良性格特点的形成原因,目前的研究普遍支持这一结论:即家长不正确的教养态度与教养方式是形成幼儿不良性格特点的根本原因。而目前部分独生子女家长的教养方式是溺爱和过分保护,无原则地满足孩子的不合理要求,同时又限制孩子的自由活动、包办代替,从而造成幼儿性格方面的缺陷。总之,幼儿期是儿童性格形成的初级阶段,幼儿性格的可塑性很大,教师和家长要充分注意幼儿性格的年龄特点,有的放矢地进行教育,同时要注意采取正确的教育方式,促进幼儿良好性格的形成。

三、童年期个性的发展

小学时期是个性发展的重要时期。这一时期儿童个性发展中具有代表性的心理特征表现为以下几方面:

(一)童年期自我意识的发展

自我评价能力的发展。进入小学后,小学生能进行评价的对象、内容和范围都进一步扩大,这也使小学生的自我评价能力进一步发展起来,主要表现为:从顺从别人的评价发展到有一定独立见解的评价,自我评价的独立性随年级升高而增强。韩进之等人在研究中对小学儿童提出这样一些问题:你的爸爸、妈妈说的话都对吗?同学们对你的批评都对吗?你认为班主任老师对你的看法都对吗?你常和同学争论问题吗?你做事拿不定主意吗?你对自己班级的看法跟大家一样吗?等等。小学生在这些问题上表现出的独立性水平明显随年龄增加而提高,这表明小学生对他人评价的依赖性正逐步减弱,独立地进行自我评价的能力在不断发展。从比较笼统的评价发展到对自己个别方面或多方面行为的优缺点进行评价,并表现出对内在品质进行评价的初步倾向。小学低年级儿童的自我评价还很具体,如"我认为上课认真听讲、不讲话、不骂人、不打架,才能算是一个好孩子"。他们更多的是直接对其外显行为进行评价(如不打人、不骂人、完成作业)等。整个小学阶段,儿童的自我评价处于由具体性向抽象性,由外显行为向内心世界的发展过程之中,这表明小学儿童的抽象概念性评价和对内心世界的评价能力都在迅速发展。但直到小学高年级,进行抽象性评价(如我认为一个好学生应该有爱国主义和集体主义精神,有远大的理想和抱负,能分清真善美与假恶丑)和内心世界的评价(表里一致、谦虚、热情、诚实等)仍然不多。自我评价的稳定性逐渐加强。研究表明,小学低年级儿童自我评价能力还比较低,前后两次评价不够一致。到小学高年级,随着自我评价能力的逐步发展,前后两次评价的一致性逐步提高。这表明小学儿童自我评价的稳定性随自我评价能力的提高而增强。

自我控制能力的发展。自我控制能力在幼儿期已有发展,入学后在学校一定组织纪律的要求下,儿童的自我控制能力进一步发展起来。在三年级末期,逐渐养成学习时自我控制的习惯,同时,儿童的自我控制能力范围不断扩大,质量也日益提高,这表现在儿童不仅能发现自己的学习缺点,而且能利用自己的力量去改正这些缺点。研究发现,小学儿童在集体生活的影响下,逐步学会有意识地控制和调节自己的行动,特别是四年级以后,初步形成的责任感开始对行为起支配作用,促使其自制力有较快的发展,小学高年级儿童已能迫使自己去完成有意义但不感兴趣的任务。

自我体验的发展。幼儿已具有人类所特有的各种重要的情感体验。韩进之等的研究指出,自我体验发展与自我意识发展的总趋势比较一致。在小学阶段,自我体验的发展与自我评价的发展具有很高的一致性($r=0.996$),可见在这个时期,自我情绪的发展与自我认识、自我评价的发展密切相关。随着儿童理性认识水平的提高,他们的情绪体验也逐渐深刻。

自我意识的发展。韩进之等的研究表明,小学生自我意识的发展趋势是随年龄增长从低水平向高水平发展,但不是直线的、匀速的,既有上升时期,又有平稳时期。(1)小学一年级到三年级处于上升时期。小学一年级到二年级上升幅度最大,是主要发展时期。小学二年级到三年级的差异也达到显著水平,在上升期中处于次要地位。这是因为学校的学习活动进一步加强了儿童对自己的认识,如考试成绩好坏、教师对自己的评定、同伴对自己的接纳性等,都使儿童从不同角度对自己有了新的认识,而学习活动对儿童的自我监督、自我调节和自我控制能力有了更进一步的要求,从而促使儿童的自我意识有了很大的发展。(2)小学三年级到五年级处于平稳阶段,其年级间无显著差异。(3)小学五年级到六年级处于第二个上升期。在小学中年级,儿童的抽象逻辑思维逐渐发展起来,其辩证思维也初步发展起来,这就促使儿童形成更加深刻的自我意识。他们不仅摆脱对外部控制的依赖,逐渐发展了内化的行为准则来监督、调节、控制自己的行为,而且开始从对自己表面行为的认识、评价转向对自己内部品质的更深入评价,这就使小学生自我意识的发展达到一个新的水平。

(二)童年期需要倾向性的发展

儿童各年龄阶段是由多种需要组成的,其需要强度是不均衡的,有主次之分。这些在众多需要中起主导作用的需要被称为优势需要,而这些优势需要具有一定的倾向性。杨丽珠研究表明:小学生各类需要是不断发展变化的,其总趋势是由低到高发展的。如生理和物质需要:小二和小四年级学生把维持生存的最基本的第一层次需要放在第一位,而小六年级以上学生则把具有精神因素的安静的学习环境的第四层次需要放在第一位。安全与保障需要:小二、小四年级学生把自身的身体健康、体魄健壮的第一层次需要放在第一位,小六年级学生就扩展到把生活安定、和平幸福的第六层次需要放在第一位。交往与友谊的需要：小学生把父母和老师的爱放在第一位，中学生则将同学友谊放在第一位。尊重与自尊的需要：小二、小四年级学生把平等与公正的第一层次需要放在第一位，小六年级以上学生则进一步要求老师、周围人们给予理解和信任，把信任和理解的第二层次需要放在第一位。总之，儿童的需要是在不断发展的，其发展速度不同，发展趋势由低到高，各年级的需要结构是一个不断发展变化的动态结构。小六年级学生比小二、小四年级学生的需要在层次上高一些。需要的变化发展既受生物因素制约，又受社会因素制约，儿童所处环境在变化，教育向他们提出的要求在提高，他们的身心逐渐成熟，因此他们的需要也不断发展。

(三)童年期性格的发展

在性格心理学研究中，不同的心理学家对性格有着不同的理解。我国心理学界大多按照性格的结构来区分类型，即根据性格的表现形式，认为性格由下述各种特点组成：(1)反映在对现实的态度上的特点，也可称性格的道德特点，主要是在处理各种社会关系方面的性格特征，如对人、对事、对己的态度等；(2)性格的意志特点，即人对自己行为的自觉调节方式和调节水平方面的个人特点；(3)性格的情绪特点，表现为情绪活动的强度、稳定性、持久性和主导心境等；(4)性格的理智特点，即反映感知、记忆、想象、思维存在等一系列差异，据此又可将其分为许多类型。

性格发展的总优势。刘明、王顺兴对中国儿童青少年的性格发展进行了研究，结果发现，小学生的性格发展水平是随年龄的增长而逐渐提高的。但其发展速度表现出不平衡、不等速的特点。小学二年级至四年级发展较慢，表现为发展的稳定时期，四年级至六年级发展较快，表现为快速发展时期。

性格特征因素的发展特点。虽然小学儿童的性格在总趋势上是随年龄增长而呈上升趋势，但具体特征的发展却有其各自独特的规律：(1)情绪特征诸因素的发展。小学生的情绪特征是不断发展的，并在六年级出现高峰。这主要是由于在这个时期，情绪的强度和持久性发展很快，小学六年级正是刚刚进入少年期的时候，其行为特别容易受情绪的影响，小学二年级学生的主导心境分数并不是很高，因为小学低年级儿童正处在适应学校生活的过程时期，繁重的课程和作业压力使得他们焦虑、紧张，感到力不从心，由此造成其主导心境不太好。但在整个小学阶段，儿童的情绪特征是稳定的，在各年级之间，小学生情绪的稳定性无显著差异。(2)意志特征诸因素的发展。研究发现,在整个小学时期,性格意志特征的发展曲线是平直的,差异均不显著,在此时期,性格的意志特征尚未真正发展起来,但具体考察意志特征各因素的发展情况又有不同的发现,从独立性、自制力、坚持性和果断性四个方面来考察,小学生独立性的发展在低年级并不显著,直到小学四年级至六年级才有一个较快的发展,六年级出现高峰。因为这时期的儿童刚进入少年期,有要求独立和摆脱成人控制的强烈欲望,因而其性格特征中表现出明显的独立性。而小学生的自制力和坚持性却呈逐渐下降趋势。低年级儿童主要受外部因素,如教师、家长等的控制。随着年龄增长,小学生对外在控制因素的依赖性逐渐减少,但其内部控制能力还未发展起来,还不足以调节、控制自己的行为,因而在自制力和坚持性两方面呈现下降趋势。此外,小学生的果断性发展比较缓慢,没有显著的年级间差异。他们基本上还缺乏适时地、果断地作出决定的能力。(3)理智特征诸因素的发展。小学生性格理智特征总的发展趋势是二年级到四年级呈稳定发展,四年级到六年级呈迅速发展。各因素的发展有几方面不同:思维水平和权衡性的发展特点是从小学二年级到四年级处于稳步发展状态,从四年级至六年级呈现迅速发展的趋势,这与儿童思维能力发展的趋势相同。儿童的求知欲在整个小学时期都在不断发展,至小学六年级达到一个高峰,这表明小学生的探究欲望、好奇心是十分强烈的。这种强烈的求知欲是小学生努力学习的动力因素。小学生灵活性的发展在整个小学阶段的水平比较低,发展比较缓慢。各年级间没有显著差异。

  总之,小学生性格的发展既有稳定期,又有骤变期。在小学二年级到四年级主要处于稳定期。从小学四年级到六年级则主要处于骤变期,这是因为小学中高年级儿童已经完全适应学校里以学习活动为主的生活,集体生活范围逐步扩大,同伴交往日益增加,教师、集体、同伴对儿童的性格越来越产生直接影响,使儿童的性格特点日益丰富起来。到小学六年级,儿童开始步向青春期,青春期的身心变化又将对儿童的性格发展产生深刻影响。因此,在小学儿童的性格发展中,小学六年级是性格发展的关键期,如果这个时期的教育得法,就能促进儿童的性格健康发展。

四、青少年期个性的发展

  青少年期是个性迅速发展且趋于稳定时期。特别是个性倾向性及自我意识的迅速发展,使青少年心理发生了质的变化,产生了与童年期儿童截然不同的特点。青少年期由此被称为"第二次诞生期"。

(一)青少年期自我意识的发展

自我意识的发展是青少年个性发展的核心。德国的斯普兰格将青少年期叫作"自我发现期"。青少年把探索的视线转向自己内部,开始以各种形式来分析、研究自己。精神分析心理学家埃里克森认为,在人格发展中,自我逐渐形成的过程在个人与其周围环境的交互作用中起着主导和整合的作用。他认为:青少年期面临的主要发展任务是自我同一性对角色混乱。自我同一性是指个人对自身的本质、信仰和一生前后一致的比较完善的意识,反之则导致角色混乱,不知自己是什么样的人。埃里克森的理论对青少年心理研究一直具有持续的巨大的影响,其主要原因在于他关于青少年期主要发展任务的论述抓住了青少年心理发展中的关键问题。青少年自我意识的研究也是我国青少年心理研究的重点,且已取得初步成果。

青少年自我意识的发展主要表现在以下几个方面:

自我意识发展的趋势。韩进之等于1983年至1985年对儿童自我意识发展特征的研究表明,我国中小学生自我意识的发展存在三个上升期和三个平稳期。三个上升期为:小一~小三、小五~小六、初三~高一。三个平稳期为:小三~小五、小六~初三、高一~高三,由此可见,青少年期是儿童自我意识发展迅速的时期。

自我分化的发展。在进入青少年期以前,对儿童来说,主体还未成为意识和认识对象。进入青春期后,主体成为青少年的认识对象,他们把探索的视线转向自己内部,开始了自我的第二次分化,把自己分化为主体我和客观我(观察者的自我和被观察者的自我),作为观察者的自我往往是"理想的自我",作为被观察者的自我往往是"现实的自我"。理想的自我是一个人按照道德标准和社会要求形成的关于他想成为一个什么样人的总观点,它与现实的自我往往有一定的距离。现实的自我是关于他们确实像什么样的人的思想和态度。由于自我分化,导致自我意识的矛盾性。因为理想的自我毕竟不同于现实的自我。青少年的自我通过矛盾冲突便在新的水平和方向上达到协调一致,即自我的统一。自我的统一有利于形成稳定的形象。但可能产生两种极端的情况:一是对现实的自我夸大,而形成盲目优越、自大的心理特点;一是将现实的自我缩小,而出现自卑、退缩的心理特点。积极、稳定的自我形象的形成,对青少年心理健康发展乃至未来的工作、生活各个方面都有着极其深远的影响。因此,教师和家长要帮助青少年将理想的自我与现实的自我进行统一,使青少年正确认识自己,树立正确的自我观念,让他们充分认识自身的长处与优势,欣然接受自己,同时又不盲目乐观,能够正视自身的不足,并努力按照社会要求不断完善自己,使自己的知识、能力及个性品质得到充分发展,以达到在新的水平上的自我统一。

自我评价的发展。青少年自我评价的发展水平逐渐提高,主要表现在自我评价逐渐由具体向抽象发展,由重视外部评价发展到重视内心世界的评价,同时,自我评价的独立性、稳定性也逐渐发展。

1. 少年期自我评价发展的特点

儿童进入少年期,即标志其自我意识的发展有了质的变化,他们同周围现实发生了新的关系,开始意识到自己的个性,产生了解自己特点的需要,产生对自己的兴趣以及关于自己的思考。研究表明,少年期学生的评价与自我评价主要有下列几个特点:(1)少年对人的评价开始指向人的内心世界和个性品质方面,不再像小学生那样只从一个人的外部行为和具体表现来评价。(2)少年在对待别人给他的评价时的态度有新的转变。小学儿童非常信赖成人(尤其是老师)对他的评价,不太重视同龄人对他的评价。少年开始把成人和同龄人对他的评价看得同等重要,继而越来越信赖同龄人的评价。(3)少年对周围人的评价非常敏感,常常会引起很大的情绪波动,甚至改变对自我的评价。常常因为某个细小过失,被周围人否定,而感到伤心;也会因为偶然的成功受到表扬而沾沾自喜,表现出很自负。(4)少年在对人、对己的评价中,往往带有主观片面性,有时是评价别人比评价自己清楚,在批评别人的缺点时,却没有觉察自己也具有同样的缺点。有时可能因为小小的缺点而全盘否定别人的优点。所以与青年或成人相比较,少年对别人和自己品质的评价仍是不客观、不全面、不稳定的。(5)少年对自己品质的评价只能在同他人对照、比较的条件下才能办到,而这一对照、比较正是他进行自我评价的一般标准。所以要学生认识自身的品质,并对之作出正确评价,首先必须引导他们认识他人的品质,引导他们掌握评价他人的道德标准,使之成为自我评价的基础。

2. 青年初期学生自我评价持续发展

青年初期学生自我意识的发展已接近成熟水平。其特点:(1)青年能够独立自主地按照一定的目标和准则来评价自己的品质和能力,较少年要深刻得多。表现在:①他们不仅从学习成绩方面来评价自己的智力,而且能从解决问题的能力方面来评价自己的智力水平。②他们能将之提高到具有概括性的个性品质上来分析自己。③他们还能够对自己的思想政治品质进行分析。(2)青年要深入了解和关心自己的发展。他们能够进行长时间的独思、反思,对未来的生活进行考虑、设想。青年不但迫切希望了解自己,而且懂得借助于外物的作用更好地认识自己,更加强烈地关心自己的才能和品德的发展,以期达到自我实现的目的。(3)青年对自己的分析、评价比少年更加全面、客观、主动。他们不仅会分析自己在做一件事时的思想矛盾和心理状态,还常常对自己的整个心理状态进行估量;不仅分析自己的意志、性格特点,而且会从政治上分析自己。他们进行自我分析、自我评价,不都是由外力的推动和偶然做的,而常常也是为了使自己成为一个理想的人或者由于遇到挫折而想吸取教训,自觉主动来做的。他们已经广泛运用自我教育的手段了。

自尊心的发展。自尊心是指个体要求人们尊重自己的言行,维护一定荣誉和社会地位的一种自我意识倾向,是一个人的尊重需要的反映,与自信心、进取心、责任感等密切相关,是一个人前进的动力和最敏锐的情感。由于青少年成人感的产生,自尊心在此阶段表现非常明显。进入青春期后,自尊心有了十分强烈的表现,有研究发现,初中生的自尊心颇具特色,如"有了缺点,不希望老师公开批评,而是希望个别指出,您是这样的吗?"一题,72％的学生回答"总是这样的",说明初中生的自尊心是强烈的。而对另一题"如果受到老师的严厉批评,您是(1)心理不感觉痛苦,(2)有些痛苦,(3)很痛苦或暗自流泪",回答(1)的仅占3％,回答(2)的占61％,说明初中生的自尊心十分稚嫩,经不起损伤。另一项研究发现,青少年的自尊心随年级升高而迅速发展,年级因素对自尊心的发展有着非常明显的影响,特别是初二、初三年级差异非常显著。强度大而敏感成为青少年自尊心发展的明显特点。青少年自尊心发展的另一个特点是矛盾和不稳定性。如他们希望获得别人的尊重却又常常不尊重别人;希望成功却又经受不住挫折;爱面子,在别人面前展现自己的长处而掩盖自己的短处。因此,要帮助青少年正确认识自我,正确对待自身的优缺点及他人的评价,使自尊心在适当的水平得到良好的发展。

自我控制能力的发展。国内有关初中生自我控制能力发展的研究得出相同的结论,即少年自我控制水平随年级升高而呈下降趋势,年级因素对自我控制能力发展有显著影响。刘明、王顺兴的研究也证实自我控制能力在少年期出现深谷,而进入高一后呈现显著发展趋势。但总的来说,青少年自我控制能力尚处在发展中,水平还不高。

(二)青少年期需要倾向性的发展

需要是人的各种活动的动力,是个性积极性的源泉。中学阶段,随着生活环境的扩大,知识水平和心理水平的提高,需要水平有了新的发展。杨丽珠1988年以小学二、四、六年级和普通中学初二、高二年级学生为研究对象,以问卷的方式考查了我国中小学生需要倾向性发展的情况:发现与小学生相比,中学生的优势需要层次有所上升,优势需要也有所变化。具体内容如下:

物质需要:中学生对物质需要较小学生更多些,开始对服饰、学习用品有了更高的要求。对此,家长要正确对待,给予适当的满足。同时又不能无原则地迁就,应教育青少年艰苦朴素,养成节俭的作风。

安全需要:中学生面临升学的压力,使得许多青少年对前途充满忧虑。他们更需要学校、家庭给予他们温暖和安全感。

交往需要:交往需要在青少年期得到迅速发展。这由于青少年独立意识增强,自治要求强烈,需要摆脱父母,与同龄人的交往扩大。青少年交往的特点:希望在集体中有合适的地位,并受到尊重,同时有受到集体中的人爱的需要。青少年交往情绪色彩浓厚,希望有一两个知心朋友,有的开始产生初恋情感。

尊重需要:青少年期独立性增强,"成人感"的出现使他们获得他人尊重的需要。尊重的需要是青少年的优势需要。其满足与否对青少年心理发展与教育具有至关重要的影响。青少年发展中危机的产生及教育困难,在很大程度上是由于未能满足青少年尊重的需要,这一点必须引起家长和教师的足够重视。

创造需要:到了青少年期,创造需要逐渐增强。许多中学生开始热衷于尝试一些小发明、小创作,利用一切机会发展、展示自己的才能。青少年需要的发展存在个别差异。良好的需要对青少年人格的发展具有积极意义,而低级、不正当的需要则会阻碍青少年心理的正常发展。因此,教师和家长要创造良好的客观环境,培养和满足青少年合理的需要,克服不合理的需要,使他们的个性得到良好的发展。

(三)青少年期性格的发展

性格是个性心理特征的核心,是一种多侧面、十分复杂的心理构成物。我国心理学界将性格的结构划分为四个方面:(1)态度特征(道德特征)。反映在现实态度上的特点,主要是在处理各种社会关系方面的性格特征,如对人、对己的态度等。(2)意志特征。反映在对自己行为的自觉调节方式方面的个人特征。(3)情绪特征。表现为情绪活动的强度、稳定性、持久性和主导心境等。(4)理智特征。反映在人的智力上的特点,如在认识活动中,人的感知、记忆、想象、思维的差异。我国儿童青少年性格发展研究协作组从性格的情绪特征、意志特征和理智特征三方面考查了小学二年级、四年级、六年级、初二年级和高一年级学生性格的发展状况,并得出了规律性的结论。

我国儿童青少年性格的一般趋势。我国儿童青少年的性格是逐渐发展、日趋成熟的,但发展不是匀速的,呈现出阶段性特点。结果表明,由童年期转入少年期,由少年期转入青年期的两个转折阶段,是性格发展的骤变期,每进入一个新的年龄分期,儿童性格会出现一个较迅速的发展。

性格诸因素的发展具有差异性。有些因素较少受年龄影响,出现相对的稳定性,如情绪的稳定性、主导心境、果断性、灵活性等;另一些因素则与年龄的相关性较高,随年龄增长而呈上升趋势,如情绪强度、持久性、独立性、自制力、坚持性、思维水平、求知欲和权衡性等。还有一些因素的发展呈波浪式运动状态。虽然我国儿童性格发展随年龄增加呈上升趋势,但性格的三方面特征发展具有各自独特的规律。情绪特征在刚进入少年期时出现一个高峰,其原因在于少年期生理的变化,导致其行为特别易受情绪的影响,某些情绪一经产生则不易消除。这就要求教师注意避免使学生产生对抗情绪。意志特征的发展从高中一年级出现较快的发展。独立性在小学六年级,即刚进入少年期时出现高峰期,在此时期,自制力的发展出现深谷,到高中一年级,呈现显著发展的趋势;坚持性的发展大致与自制力相同;果断性在初中二年级以前发展缓慢,自初中二年级至高中一年级呈现快速发展趋势。理智特征的发展曲线大致和整个性格的发展曲线相似,即存在两个稳定期(二年级至四年级及六年级至初中二年级)和两个骤变期(四年级至六年级及初中二年级至高中一年级)。其他因素发展也表现出明显的差异,思维水平从小学四年级至六年级至初中二年级发展较快,而从小学二年级至四年级、初中一年级至高中一年级是发展相对稳定期;求知欲从小学四年级至六年级发展较快、进入初中后呈下降趋势;灵活性从初中二年级至高中一年级开始迅速发展;权衡性从初中二年级到高中一年级发展最快。

少年期是性格发展的关键期。小学六年级,即进入少年期的创始阶段,这一时期也是性格因素急剧发展的时期,某些性格因素的得分会呈现明显下降的趋势,这种上升和下降都非常显著。因此,研究认为,少年初期是诸多性格因素发展的骤变期。此阶段学生的情绪强度和持久性迅速增长,求知欲发展快,而自制力却显著下降,导致少年性格发展的特殊困难。思维的灵活性在此阶段发展缓慢,因其思维具有固定性。他们既有强烈的情绪体验,对人、对事非常敏感,却又不能自我宽慰,所以其性格发展处于一种非常矛盾和严重不平衡状态之中。因此,少年期成为一个容易发生问题的时期,教育是否得当,极大地影响青少年个性的发展,教师和家长要针对他们的特点,采取适当的方式进行教育,保障其性格的健康发展。

社会因素对性格发展的影响。性格是环境的产物,社会因素对儿童性格发展具有重要影响,但各种性格因素受社会变量影响发生变异的程度是不同的。研究发现,性格的情绪特征相对较稳定,理智特征较多地受社会教育环境影响,易变,不稳定。意志特征则介于其中。儿童良好性格的形成,是家庭、学校、社会共同作用的结果。父母的文化程度,尤其是母亲的文化程度和教养态度直接影响儿童性格的发展。学校教育,是促进学生性格发展最直接、最重要的因素,学校的奖惩对学生性格的影响尤为重要,因此,学校实施的一切教育措施和方法,都要考虑全体学生的性格发展,改变传统不良的教育措施。

第四节 儿童个性的辅导

【案例】

"我家孩子已经3岁了,经常扔东西,打人,你越是不让她动的东西她偏要动,你不让吃的东西她偏要吃,真是气死人!"

"我儿子刚满4岁,到商店要这要那的,看到别人有的东西,他就要,不给买就躺在地上撒泼、打滚,真拿他没办法!"

"我家孩子6岁了,刚上小学,可是老师总是和我反映,孩子在学校好像放不开,老师提问题,他从不主动回答,喊他起来回答问题,他也显得很胆怯、紧张,甚至不敢大声说话。"

"我家宝宝很小的时候就知道护东西,先是护自己的玩具,然后看到妈妈抱小宝宝,他也会哭闹,现在上小学了,每天都会做作业,我问他为什么这么认真,他说不希望别的同学表现比自己优秀。"

一、儿童任性行为的分析与辅导

任性,就是由着自己主观性情和喜好去做事,或对个人的需求和愿望毫不克制,全然不理会他人的感受。儿童任性行为在儿童心理病理学中被称为"儿童行为失调综合征",常发生在1～4岁儿童身上,是一种儿童心理偏异的行为。如任其发展,任性的幼儿难以与别人合作,难以与别人友好相处,难以适应集体和社会生活。任性可以说是独生子女的通病,将会严重影响其个人健康成长。任性的孩子以自我为中心,以为自己是一切的主宰,周围所有的人和事都是为满足自己的需要而存在,都要听任自己支配。想获得什么东西,不管客观条件是否允许,非得到不可;想做什么事情,不管是否合理、正确、有益、可行,非做不行,越是劝阻,他们就越坚持。

任性作为一种不良的性格,除孩子自身的问题外,多半是由于父母抚育心态上的偏颇,如家长的教养方式不当、同伴之间的交往缺乏等造成的,因此,任性在独生子女身上较为常见。那么,针对任性的儿童应该怎样进行预防和矫正呢?

(1)及早进行正面行为教育。当儿童能够理解"不"的含义时,家长就要对孩子的行为举止反复用言语或表情明确表示"对"或"不对",使孩子对客观事物有一个正确的判断标准。随着年龄的增长,成人对幼儿的行为要有明确的要求,如制订一些简单、明确的规则。规则一旦制订,就要坚决执行,以此来规范孩子的行为,如待人接物的礼貌要求、作息时间的安排等。这些规则可以使孩子明白自己的行为并不是随心所欲的,而应该受到一定的约束。对孩子正确的言语、行为应及时鼓励和表扬,对不正确的言语和行为不姑息、不迁就,以抑制孩子任性的"苗头"。

(2)成人教育孩子的要求、观点应保持一致。尤其在孩子任性时,成人应统一要求。如果一个严,一个宠,那么孩子的任性会愈演愈烈,很难得到改正。

(3)在阻止孩子破坏性行为的同时,也要满足其好奇心。有的孩子好奇心很强,撕报纸、扔东西表面上看是破坏性行为,实际上是受好奇心驱使,属儿童探索行为。就拿孩子爱撕东西来说,不该撕坏的书给孩子阅读前一定要反复叮嘱,书是看的,不能撕坏,书里面有好多动听的故事,撕坏就不能讲故事了等。一旦孩子撕坏了有用的书或报纸,可以与孩子一起把撕坏的书或报纸粘好,并告诉孩子,妈妈不喜欢撕书的孩子,妈妈很生气等。让孩子懂得他的这种行为是令人讨厌的。随后,可拿起没用的废纸交给孩子随意撕,这样既满足了孩子的好奇心,也让孩子懂得要爱护书籍的道理。

(4)合理运用正性和负性的行为强化技术。行为治疗是对个体行为进行反复训练,以达到矫正不良行为的一种心理治疗方法。其中,正性强化(奖励积极行为)和负性强化(惩罚不良行为)是两种最常用的行为治疗手段,对矫治儿童任性行为非常有效。比如,当儿童在一起玩耍出现抢玩具行为时,可以让抢玩具的儿童暂停游戏,坐在一边看其他小朋友玩耍,直到他向老师或家长表示不抢玩具了,再让他继续和大家一起玩耍。又如,当孩子任性时,采取冷处理:孩子吵着要买玩具,甚至在地上打滚,成人可采取不劝说、不解释、不争吵的方法,让孩子感到成人并不在意他的这些行为。当孩子闹够了,从地上爬起来时,成人可以说:"我们知道你不开心,但你现在不闹了,真是一个好孩子。"并表示出高兴、满意和关心,跟他讲道理,分析他刚才的行为对不对。这种"负强化"的方法往往比较有效。若孩子的任性行为较严重,可采取"关禁闭"的方式。必须让孩子明白,他是因任性、不听话而被隔离的。"关禁闭"时间宜在5～20分钟内(注意:此法不宜经常采用,更不要当着外人的面关孩子的禁闭,这样容易伤害孩子的自尊心;年幼或偶有任性行为的儿童,也不宜用关禁闭的方法)。

(5)在处罚任性行为的同时,家长应强化孩子的积极行为。例如,对孩子解除禁闭后,令孩子去洗脸、洗手,孩子若能遵嘱执行,应对这一行为及时作出鼓励和表扬,消除孩子的负面心理。

(6)转移注意。孩子注意力易分散,为新鲜事物所吸引,要善于把孩子的注意力从他坚持的事情上转移到其他新奇、有趣的物品或事情上。孩子注意力转移后,很快会忘记刚才的要求和不愉快。如在玩具商场,孩子一定要买一个上百元的变形金刚,而家里已有不少类似的玩具,这时家长不要直接回答买还是不买,可以引导孩子:"前面还有更好玩的东西,我们赶紧去看看。"孩子一般会相信商店里还有更好玩的东西,这样家长可以带着孩子边走边看边讲解,孩子很容易会将刚才的事情忘掉。

总的来说,孩子的任性行为一旦出现,不必太紧张,重要的是疏导。切不可时而抓紧教育,时而放松教导,凭大人的情绪决定教育态度。对孩子的任性行为切勿姑息,不允许的行为、不合理的要求一次也不能放松。家长给孩子提出的要求应让孩子有信心可以达到,这样的要求易于为孩子所接受。这种明确的是非观念,会使孩子确切感到大人的教育态度坚决。孩子那种"我独占""我为主""服从我"的不良心理和任性行为,将在良好环境与教育的熏陶下逐渐消失。

二、儿童怯懦行为的分析与辅导

怯懦作为一种性格障碍,其基本特征就是胆怯与懦弱,主要表现为:(1)胆小、怕事,遇事喜欢退缩,很少有主见,屈从他人,常逆来顺受,无反抗精神;(2)进取心差,意志薄弱,害怕困难,在困难面前惊慌失措;(3)感情脆弱,经不起挫折与失败;(4)怯懦性格一旦形成,往往会从怀疑自己的能力发展到不能表现自己的能力,从害怕与人交往发展到孤僻、自我封闭,从而形成恶性循环;(5)有些儿童长期为成绩所困扰,不及格的分数像梦魇一样折磨他们幼小的心灵,他们一看到评分就恐惧,还有些儿童害怕老师,一看到老师责备的目光,就吓得不知所措;(6)严重者对本人的能力和品质作出偏低的评价,表现出害羞、不安、内疚、失望,陷入深深的自卑之中。

针对儿童的怯懦个性,多从以下几方面进行防治与矫正:

(1)气势的激励。一个人在气势旺盛时,可产生一股勃勃豪气,它还可使一个原本怯懦的人产生一种坚强的意志。因此,对性格怯懦的儿童,教会他们进行自我鼓励、积极的自我暗示,以激励气势,是非常重要的。

(2)勇于行动,不怕失败。矫治怯懦最有效的方法就是马上行动。因为许多孩子不愿意采取行动,其原因就在于害怕失败。这种害怕失败一不敢行动的恶性循环只会导致怯懦的加重。因此让孩子明白,越感觉怯懦之事越是要大胆去做,只有去做了才能战胜怯懦心理。没做好,老师、家长也不责备,相反多加鼓励,这样,随着锻炼机会的增多,孩子的勇气就会自然累积起来,胆量也会逐步增大。

(3)正确评价自我。人贵有自知之明,就是说一个人既要看到自己的短处,也要看到自己的长处,对有怯懦性格的孩子来说,我们要教育他们学会正确看待自己的优缺点,不过分求全责备,对于自己一些难以克服的缺陷,尽力通过其他方面去加以弥补,这些都可使怯懦者克服性格障碍,逐渐消除怯懦。

三、儿童嫉妒行为的分析与辅导

嫉妒是一种原始的情感,是人类心理中动物本能的表现,它具有一定的普遍性。儿童的嫉妒是儿童将自己与别的小朋友作比较而产生的消极情感体验,是指当儿童看到他人某些东西比自己强,自己当时却无法拥有或胜过时,所产生的一种不安、烦恼、痛苦、怨恨,并企图破坏他人优越感的复杂情感。儿童嫉妒的成因较为复杂,包括儿童先天气质类型、外部教养环境、个人能力强弱等诸多因素。大约从1岁半~2岁起,幼儿的嫉妒心理开始有了明显而具体的表现。起初,孩子的嫉妒大多与母亲有关。如果自己的母亲将注意力转移到别的孩子身上,孩子就会以攻击的形式向别的孩子发泄嫉妒。例如,当母亲去抱别人家的孩子时,孩子就会很快跑过去,叩叩他的头,或抓他的脚,想把那个孩子支开,甚至骑在他的身上等。这是幼儿在家里常出现的嫉妒。在幼儿园,幼儿之间相互比较的机会相对增多,嫉妒的形式也会随之发生变化。如,她(他)常常偷偷地把老师喜欢的那些孩子的东西藏起来或搞坏。又如,上课时,老师夸奖别的孩子,他(她)会大声喊叫:"我也会啊!"这样的例子在幼儿园可真不少。

可以说,嫉妒是一种破坏性因素,它对孩子各方面的健康成长都会产生消极影响。如果儿童长期处于嫉妒这种消极不良的心理体验之中,情绪上便会产生压抑感,久而久之,就会导致器官功能减弱,机体协调出现障碍。而这种障碍又会加剧不良的心理体验,使儿童产生诸如忧愁、怀疑、自卑等不良情绪,从而形成恶性循环,造成不同程度的身心损伤。此外,嫉妒还会影响孩子对事物进行正确客观的认识,容易使孩子出现偏见,产生怨天尤人的思想,影响孩子与他人的正常交往,最终抑制孩子社会性的发展。

孩子有了嫉妒心理,成人可在了解其产生原因的基础上,采取以下几种方法:

(1)建立良好的环境。嫉妒心理和行为的产生,虽有多种原因,但从根本上讲,是孩子内部的消极因素和外部环境的消极因素相互影响、相互作用而产生的。父母应当在家庭中为孩子建立一种团结友爱、互相尊重、谦逊礼让的环境氛围,教师也应在班级建立一种大人与大人之间、大人与孩子之间、孩子与孩子之间友爱相处、互相帮助的氛围。这是预防和纠正孩子嫉妒心理的重要基础。

(2)注意教育方式,正确评价孩子。孩子都喜欢受到表扬和鼓励。表扬得当,可以巩固其优点,增加他的自信,促进他不断进步;表扬不当或表扬过度,就会使孩子骄傲,进而看不起别人,认为只有自己好,别人都不如自己,甚至当有人说别人好,没说他好时,他就难以接受。这是因为孩子年龄小,自我意识刚萌芽,他还不会全面地看问题,不能正确地评价自己和别人。他对自己的评价是以成人对他的评价为标准的,所以父母要正确评价自己的孩子,不能因疼爱和喜欢,就对孩子的品德、能力的评价随意拔高,过分赞赏,以免孩子对自己产生不正确的印象。教师和家长还要适当指出孩子的长处和短处,使孩子明白人人都有长处和短处,小朋友之间要互相学习,帮助孩子正确评价自己。

(3)倾听孩子的心理感受。孩子的嫉妒是直观、真实甚至自然的,它完全不似成人嫉妒心理那样掺杂着诸多的社会因素,它只是孩子对自己的愿望不能实现而产生的一种本能心理反应。因此,父母切勿盲目对孩子的嫉妒行为进行批评,要耐心倾听孩子的苦恼,理解他们无法实现自己的愿望所产生的痛苦情绪,以使孩子因嫉妒产生的不良情感能够得到宣泄。

(4)帮助孩子正确分析与他人产生差距的原因。儿童的思维方式主要以具体形象思维为主,他们一般不具备对事物进行全面分析的能力。他们往往会将自己的嫉妒简单归责于自己或所嫉妒的对象,而不去考虑其他因素。因此,父母应帮助孩子全面分析造成孩子和嫉妒对象之间差距产生的原因,这些差距能否缩短,以及缩短差距的途径和方法,以使孩子能正确与他人进行比较,以积极的方式缩短实际存在的差距,最终化解内心的不平衡。

(5)帮助孩子提高能力。父母和教师如果发现孩子在某些方面不如别的孩子,不要当面指责孩子不如别人,而应具体帮助他提高这方面能力。如果条件允许的话,父母或教师可以请一位能力强的孩子来帮助他做好一件事情,这样不仅可以提高孩子的能力,而且孩子之间真诚友好的帮助也是克服嫉妒心理的良方。

(6)对孩子进行谦逊美德的教育。嫉妒通常较多地产生在有一定能力的孩子身上,孩子往往因为自己有能力,但没有受到注意和表扬,因而对那些受到注意和表扬的小朋友产生嫉妒。所以在纠正嫉妒心理的同时还必须对孩子进行谦逊美德的教育,让孩子懂得"谦虚使人进步,骄傲使人落后"的道理。让孩子明白即使别人没有称赞自己,自己的优点仍然存在,如果继续保持自己的长处,又虚心学习别人的长处,自己的才能就会更强,就会真正、长久地得到大多数人的喜爱。

(7)引导孩子树立正确的竞争意识。有嫉妒心理的孩子一般都有争强好胜的性格。家长和教师要引导、教育孩子用自己的努力和实际能力去同别人相比,竞争是为了找出差距,更快地进步和取长补短,不能用不正当、不光彩的手段去赢得竞争的胜利,把孩子的好胜心引向积极的方向。

(8)培养孩子形成豁达乐观的性格。应教育孩子理解人与人之间客观存在的差异,让孩子懂得各人有各人的优势和长处,各人也都有各人的不足和短处,任何方面都比别人强是不可能也没有必要的道理。引导孩子充分发挥自己的长处,扬长避短,在生活和学习中学会正视别人的优势和长处,欣赏别人的优势和长处,从而学习、借鉴别人的优势和长处,以弥补自己的不足。

第八章

儿童社会性的发展与辅导

【本章相关问题】

※亲子依恋的发展与依恋类型
※儿童人际关系的分类
※儿童性别角色发展阶段
※儿童道德发展理论与儿童道德发展阶段

人类发展可以分为三个方面：生理发展、认知发展和社会性发展。儿童社会性通常是指儿童在自己生物特性的基础上，通过与社会的交互作用，在由自然人变成社会人的过程中，逐渐形成并在社会生活中表现出来的需要、态度、价值观念以及行为等心理特征的总和。目前关于儿童社会性发展的研究主要集中在同伴关系研究、亲子关系研究、性别社会化、道德及其行为发展、自我认知、文化对社会发展的影响等方面。本章主要对儿童的依恋、同伴交往、性别角色、道德等社会性方面加以阐述。

第一节 儿童依恋的发展

一、依恋概述及其发展理论

(一) 依恋的内涵

依恋,一般是指个体的人对某一特定个体长久持续的亲密情感联结,以相互关爱和希望保持亲近为特征。在儿童发展心理学中,依恋特指婴儿与成人(父母或其他看护人)所形成的情感联结,它主要表现为分离时的寻找、相聚时的喜悦与对陌生人的警惕倾向。

亲子依恋

与其他社会关系相比,依恋具有一系列重要特征。

在对象上,依恋具有选择性。儿童倾向于依恋那些能够激起特定情感与行为、满足自身需要的个体,如婴儿易对能满足自身需要的具有较高反应性与敏感性的父母形成依恋,而稍大的儿童(如入托后)则会对那些能共同玩耍、游戏的同伴形成依恋。

在行为表现上,依恋者寻求与依恋对象身体的亲近。依恋母亲的婴儿倾向于依偎在母亲身旁活动。

在对个体的心理意义或直接后果上,依恋双方特别是依恋者可从中获得安全感。依恋是巩固和加强相互关系的情感基础与内在动力。

在其所具有的强烈情感意义上,依恋遭到破坏后会造成依恋双方尤其是依恋者的分离焦虑和痛苦。

在其赖以形成的基础上,依恋双方具有某种和谐性。他们能保持行为与情感的呼应和协调。对儿童来说,寻求亲近是依恋的核心与基本的外在行为表现,而强烈的相互依存的情感则是依恋基本的内在心理表征。依恋在本质上是一个融情绪、情感、态度及信念于一体的复杂系统,其生物意义在于个体可以从中获得关爱、安全感等赖以生存的"必需品",也影响着个体未来的生活质量与幸福感。

依恋是儿童早期生活中最重要的社会关系,是个体社会性发展的开端和组成部分。儿童在与主要抚养者之间的积极互动中,逐渐意识到他们能够满足自己的各种愿望和需要,因而产生高度的信赖和安全感,建立起最初的人际关系。尤其是母婴依恋,其对儿童的影响远超过其他人际交往。早期母婴依恋的形成,有助于儿童自我概念的形成、积极情绪情感的发展和良好社会性行为的产生,为儿童社会化发展奠定良好的基础。

(二)依恋的发展理论

依恋现象的普遍存在及其在儿童发展中的意义引起了研究者们的关注,但在依恋产生的根源、影响依恋发展的因素以及依恋发展的内在机制等问题上却存在较多争议。发展心理学家对于上述问题提出了各种理论解释,其中较著名的有精神分析理论、行为主义学习理论与生态生物学理论。

1. 精神分析理论

弗洛伊德认为婴儿对人的依恋主要源于要获得口头上的满足。弗洛伊德认为,婴儿处于口唇期,这一时期的儿童力比多能量相对集中于口唇上,因而饮食、吸吮等口唇需要成为支配儿童行为的主导性动力,口腔的经验成为儿童最基本的快乐源泉。他们通过用嘴吸吮和咀嚼物体获得满足。由于婴儿的母亲能够满足这种需要,这就使母亲成为婴儿依恋的对象。

埃里克森强调,婴幼儿依恋发展的关键期在出生后的第一年。0~1岁半的孩子处在基本信任对基本不信任阶段,基本信任感要求生理上的舒适与恐惧不安的最小化,埃里克森认为,敏感的教养方式有助于婴幼儿安全型依恋的形成。

【资料窗口】

喂养真的如此重要吗?

美国比较心理学家哈洛所做的恒河猴实验研究发现了否定的答案。哈洛让一些幼猴在出生后就与其母亲分离,由"代理母亲"养育6个月。其中一个"代理母亲"是由铁丝做的,另一个是由绒布做的。一半幼猴是由"铁丝妈妈"喂养,另一半是由"绒布妈妈"喂养。用计算机计算幼猴与"铁丝妈妈""绒布妈妈"在一起的时间,研究结果表明,不管幼猴由哪个妈妈喂养,幼猴与"绒布妈妈"在一起的时间显著多于与"铁丝妈妈"在一起的时间。这一研究结果证明,喂养不是最为关键的依恋因素,接触的舒适感更为重要。

恒河猴实验

(资料来源:[美]劳拉·E.贝克著,吴颖等译:《儿童发展》,南京:江苏教育出版社,2002年。)

2. 行为主义学习理论

行为主义认为学习的本质是形成刺激与反应之间的联结,学习行为的发生发展受到强化的影响。行为主义学习理论虽接受了精神分析学派的某些观念,也把喂养看作依恋确立的主要决定因素,但它摈弃了本能在儿童早期亲子关系中的绝对支配地位,而注重在观察实验的基础上突出亲子双方社会经验的相互作用,依恋的实质是婴儿获得的来自母亲的一种二级强化行为。当母亲反复与儿童的生理需要(喂养、换尿布)相联系时,母亲的在场、微笑和爱就获得一种二级强化的性质,从而建立了婴儿与母亲的依恋。虽然现在的学习理论家修正了早期观点,但仍然认为强化是依恋产生的机制,婴儿会喜欢那些对他们迅速作出反应并提供各种快乐和益处的人,认为母婴依恋的形成来自于强化的结果。

3. 生态生物学理论

生态学取向的一个基本假设:包括人类在内的所有生物,出生后都会表现出一些天生的有利于物种生存的行为倾向,对情感依恋的解释也采用了这个假设。依恋的生态学理论受康拉德·劳伦兹幼鹅印刻学说的影响而形成。1937

年,劳伦兹描述了鸟类动物的"印刻"现象,即处于关键期的动物能形成对移动物体的依恋并产生跟随行为的现象。据此,劳伦兹认为,印刻是一种适应性行为,跟随母亲会使幼鸟获得食物并得到保护,从而获得生存。

受劳伦兹等人研究的影响,鲍尔贝指出依恋的形成有着深刻的生物根源,依恋具有物种进化的重要意义。婴儿对于抚养者的依恋是长期生物进化的结果,是基因所保留下来的人类进化和生存方式的信息,或者说是人类在面对可能的威胁和意识到危险时所采取的必然、本能的反应方式。

广义上说,依恋不仅包括儿童对照料者的依恋,还包括照料者对于孩子的依恋。社会生物学认为依恋是母亲对儿童亲情投资的结果,这种理论假定,女性为生殖作出牺牲是巨大的,她每次生育孩子数量极其有限,当分娩后其付出的代价已相当高了(如长时间怀孕、分娩不适等)。为不致使自己的心血付诸东流,她便在婴儿抚养上投入更多的精力和时间,结果形成了对儿童的依恋。"亲情投资"理论,虽然注意到母亲对"亲情投资"意义的认知在依恋建立中的作用,但其理论的社会生物学基础与依恋的"单向性"倾向,对亲子相互作用在依恋形成中贡献的忽视等都使其理论的科学性受到极大损害。

总之,婴儿与照料者在进化过程中获得了相互喜爱并建立亲密情感联系的本能,这使婴儿乃至整个种族得以生存。值得注意的是,尽管人类在生理上对依恋的建立有所准备,但其并不是自动产生的,亲密情感联系的建立需要依恋的双方学习如何对对方的行为作出适当的反应。

4. 认知发展理论

认知发展理论认为,依恋的形成在某种程度上有赖于婴儿的认知发展水平。婴儿必须具备一定的感知觉能力,能将熟人和陌生人分开,才可能产生依恋。他还必须能够意识到熟悉的陪伴者存在的客体永久性,因为要和一个从视野中消失就不再出现的人建立稳定的关系并不容易(Schaffer,1971)。皮亚杰认为,8个月的儿童出现了客体永久性的概念,这个阶段的儿童开始能够寻找被别人藏起来的玩具。

巴利·莱斯特等人(1974)对此研究结果加以验证,他们让9个月大的婴儿接受客体永久性测验,然后让他们和母亲、父亲以及陌生人短暂分离。结果发现,那些在客体永久性测验中得分较高的9个月大的婴儿在与母亲分离时会产生抗拒行为,而得分较低的婴儿在与任何人分离时都没有表现出任何抗拒行为。这说明认知能力较好的婴儿才能形成对母亲的依恋,可见,依恋情感的发展至少一定程度上依赖于婴儿对客体永久性的认知水平。

二、儿童依恋的发展

儿童依恋心理的发展同其他心理现象一样,是阶段性与连续性的统一。许多研究者依据对早期儿童依恋的研究,各自从不同角度出发,提出了依恋发展的阶段理论。其中较有影响的是鲍尔贝的依恋阶段论和谢弗等人提出的阶段模型。

鲍尔贝

鲍尔贝依据儿童行为的组织性、变通性与目的性发展的情况,把儿童依恋的产生与发展过程分为前依恋期、依恋关系建立期、依恋关系明确期、目标调整伙伴关系期四个阶段,具体如下:

(一)前依恋期(0~2个月)

婴儿最初表现出一系列不同的机能性反应,即哭泣、微笑、咿咿呀呀等信号行为与依附、要求拥抱等趋近行为。该年龄段的婴儿能嗅出母亲的味道,辨别母亲的声音。但是此时期的儿童还未实现对人际关系客体的分化,因而对任何人都表现出相似的行为反应,可以接受来自陌生人的关注与爱护。

(二)依恋关系建立期(2~7个月)

这一时期的儿童对熟人和陌生人的反应发生了变化。相对于陌生人,熟人更易引起他们强烈的依恋反应,如孩子和母亲交流时会笑,会咿呀学语,他们期望照料者对自己的信号作出积极反应。但此时的儿童除能够从人群中找出母亲外,仍旧不会介意和父母分开。

(三)依恋关系明确期(7~24个月)

儿童对特定个体的依恋真正确立。这一时期儿童出现了分离焦虑与对陌生人的谨慎或恐惧,当他们所依恋的成人离开时孩子会感到不安,出现对熟人持久的依恋情感,并能与之进行有目的的人际交往,从而形成对特定个体一致的依恋反应系统。离别焦虑通常在6个月后表现出来,并逐渐发展到15个月大。这与儿童的认知发展相关,此阶段儿童已经掌握皮亚杰提出的客体永久性概念,已经明白成人不在视野范围内后还会继续出现。除焦虑之外,稍大的学步儿童会努力把成人留下来,他们会接近他、爬到他身上或者哭喊等。

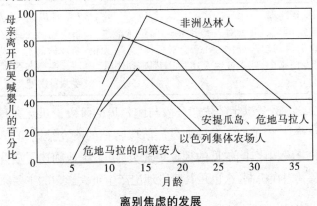

离别焦虑的发展

(四)目标调整伙伴关系期(24个月以后)

2岁以后,随着语言和表达的迅速发展,儿童已能理解父母离开的原因,也知道他们什么时候回来,分离焦虑降低,逐渐与父母建立起双边的人际关系。

他们学会为了达到特定目的而有意地行动,并注意考虑他人的情感与目标。这时儿童会同父母协商,向他们提出要求,要求他们解释离开的原因,而不是拉住他们。

鲍尔贝认为,在四个阶段中孩子的经历使他们和照料者之间建立了一种长期的不受时间和空间限制的情绪关系,照料者(多为母亲)成为他们心目中充满安全感的依恋对象。这种亲子关系内化成为人格中极其重要的一部分,依恋对象成为未来建立亲密关系的标准或向导。3岁以后,大多数儿童进入幼儿园,他们逐渐将依恋对象由父母转为老师和同伴。由此,儿童的依恋行为发展到高级阶段,即寻求老师和同伴的注意、赞许的反应阶段(3~6岁),尤其是对教师的依恋情感逐渐产生。

此外,谢弗和爱默生也对儿童依恋的发展进行了研究。他们对一组刚出生的苏格兰婴儿进行了18个月的追踪研究。婴儿的母亲每个月接受一次访谈,访谈的目的是为了确定:一是7种情境中婴儿同亲密伴侣分离时的反应(如被留在婴儿床上,被留下来与陌生人在一起);二是婴儿的分离反应指向哪个个体。通过对儿童反应的观察,可将儿童早期依恋的发生发展划分为非社会性阶段、无分化的依恋阶段、具体依恋阶段三个阶段。具体见表8-1。

表8-1 儿童早期依恋的发生发展

非社会性阶段(0~6周)	无分化的依恋阶段(6周~7个月)	具体依恋阶段(7~11个月)
婴儿处于非社会性阶段。婴儿只能发出哭、笑等无定向的信号,这些信号不一定专门指向具体的个人。	儿童对人类更为偏好,但未能进一步分化。儿童会对任何"人"(无论熟人或生人)的关注都感到快乐。	7个月以后,儿童的依恋集中指向特定的个体(一般是母亲),依恋行为也更具有选择性。谢弗与爱默生认为,这是婴儿首次建立了真正的依恋。

不难看出,谢弗、爱默生的依恋分段与鲍尔贝的阶段论虽然在具体划分标准与时间上有所差异,但他们关于依恋发展阶段特征的研究结论却是基本一致的。与谢弗等人的分段相比,鲍尔贝的理论更充分、更系统地阐述了婴儿期依恋发展的一般规律及其内在机制,这也是其阶段理论产生重大影响的主要原因。

三、依恋的测量和类型

(一)依恋的测量

目前,最为著名、应用最广的依恋测量技术是艾斯沃斯等人的陌生情境测验(Ainsworth等,1978)。陌生情境测验设计的基本假设是,儿童被置于由于亲子分离和陌生人出现所导致的压力情境中。该测验由8种情境组成,每种情境持续时间为3分钟。陌生情境测验包括3个主体(婴幼儿、母亲、陌生人);2种人际关系(幼儿与母亲、幼儿与陌生人);4种主要情境(亲子分离、团聚、陌生人在场、陌生人退场);对儿童来说,压力是逐渐升级的。

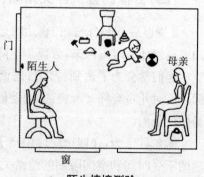

陌生情境测验

重点是观察在压力逐渐增强的情况下,母亲在场与否时儿童的行为表现,尤其是对待分离之后团聚的方式。具体见表8－2。

表8－2 陌生情境测验

场景	事件	注意观察潜在依恋行为
1	主试带领家长和婴儿进入游戏室,然后离开。	
2	家长坐在一旁看儿童玩。	家长作为安全基地
3	陌生人进入,坐下,和家长交流。	陌生人焦虑
4	家长离开,如果婴儿感到不安,陌生人给予安慰。	分离焦虑
5	家长返回,和婴儿打招呼,如果婴儿感到不安,给予安慰;陌生人离开。	重聚行为
6	家长离开。	分离焦虑
7	陌生人进入给予安慰。	接受陌生人抚慰的能力
8	家长返回,和婴儿打招呼,如果婴儿感到不安,给予安慰;用玩具吸引婴儿。	重聚行为

注:除第1个场景外,每个场景的时间为3分钟。如果婴儿极端不安,分离场景与重聚场景的时间会相应缩短和延长。

(二)依恋的类型

1. 安全型依恋

这类儿童与母亲在一起时,并不只是依偎在母亲身边。他们能愉快地游戏,自信地探索环境,能与母亲进行远距离交流,不总是注意母亲是否在场,在紧张状态下迅速回到母亲身旁,寻求保护和安慰,会把母亲视为"安全基地"。对陌生人的反应也比较积极,在母亲的鼓励下能顺利与陌生人交流。母亲离开时,这类儿童会表现出明显的分离焦虑,会影响游戏和探索性行为。母亲回来时,会立即寻求与母亲亲近,但很快平静下来,继续做游戏。

2. 回避型依恋

这类儿童与母亲在一起时,很少去关注母亲,母亲在场与不在场对其影响不大,即便在遇到不同程度的压力时,与母亲的身体接触也比较少,不会主动与母亲进行交流。对陌生人与事物比较大胆,不退缩,能够自主地进行探索性活动。当母亲离开时,这类儿童不哭泣,悲伤程度较轻,没有表现出分离焦虑;当母亲回来时,也不积极欢迎,没有明显的喜悦,常常是不理会。这类儿童接受陌生人的安慰与接受母亲的安慰是一样的表现。从某种意义上说,这类儿童并没有形成真正的依恋,也称"无依恋儿童"。这类儿童是我们应该关注的,他容易成为社会的问题儿童。

3. 矛盾型依恋

这类儿童与母亲在一起时,表现得比较粘母亲,似乎离不开母亲,和母亲有频繁的身体接触,探索性活动不积极。对陌生人有高度的警惕性。母亲离开时,显得极端痛苦,常常表现出哭闹等情绪,而且不容易安抚。母亲回来时,表现出矛盾的心理,既想要和母亲亲近,又有退缩的行为。

4. 混乱型依恋

梅因等人通过研究提出了第四种类型,即混乱型依恋。这种类型的儿童缺乏对待陌生情境的一致策略,行为组织性很差,过于任性。同时也表现出寻求亲近与回避的矛盾行为,而且行为缺乏完整性。有时表现出对父母而非陌生人的谨慎。只有少数儿童属于这种类型。

研究表明,婴幼儿依恋以安全型为主,占 68.2%。与各国跨文化研究的结果一致,具有文化普遍性。不安全型依恋类型中,矛盾型依恋占绝对优势,与西方国家不同,但与日本、韩国的分布特点较为一致,同时又各有特点。具体见表 8—3。

表 8—3　依恋类型的跨文化研究结果

不同文化	安全型依恋(%)	回避型依恋(%)	矛盾型依恋(%)
美国	67.4	28.3	4.3
德国	61.7	32.0	6.3
日本	68.3		32.0
中国上海	68.2	7.5	21.8

四、儿童依恋的教育辅导

早期健康的亲子依恋关系将会带来爱和安全感,有助于儿童其他方面的发展。安全依恋有助于儿童在后期的发展中更快地适应环境,促进其顺利发展。入园之后,儿童的依恋对象逐渐从父母转为教师和同伴,师幼依恋关系对儿童的社会交往能力产生重要影响。

(一)父母提高抚养质量,增强儿童的信任感和安全感

研究认为,敏感的抚养有助于增强依恋安全,父母对孩子照顾温柔而细致,孩子的依恋安全就比较强。相反依恋不安全的孩子,一般其母亲很少和他有身体上的接触,或在交往中表现出消极的、拒绝的行为。同步行为的特殊交流方

式是形成依恋安全性高低的重要因素。同步行为是一种敏感的"情绪舞蹈",即父母与幼儿之间的交往是互惠的,父母对幼儿情绪信号作出恰当的反应。对于年龄较长的学前儿童,父母需要花时间与他们进行玩耍、沟通和交流,以增进亲子间的理解,建立更融洽的关系。

(二)创造良好的家庭环境,处理好孩子之间的关系

失业、婚姻的破裂、经济困难等不利处境在一定程度上会降低父母对于孩子的抚养敏感度,间接影响亲子关系的质量。此外,家庭中一个新生儿的诞生也会对儿童的依恋安全性产生影响,如第一个孩子会因第二个孩子的出生而有较低的依恋安全性。所以家长需要为孩子创造一个良好的家庭环境,对孩子的反应保持敏感性,处理好家庭与儿童以及儿童与兄弟姐妹之间的关系。

(三)教师注意公平评价儿童行为,满足儿童交往的需要

随着年龄的增长,教师在儿童心目中的地位越来越重要。研究表明,不同师幼依恋类型的儿童对教师评价的反应存在很大差异。安全型依恋儿童倾向于将老师的表扬认定为对自己的喜爱和关心,将老师的批评归因于自己的错误,并感到内疚,积极改正。不安全型依恋儿童通常认为教师不喜欢自己,表现出高度的紧张和焦虑现象。于是,当他们受到批评时会责怪教师,当受到表扬时又对自己后期是否能保持良好的行为而产生焦虑。因此,教师要进行公正、客观的评价,切勿让儿童产生误解。此外,教师也需要根据儿童的性格特征,调整自身行为,从而满足其交往的需要。如对于热情主动的儿童,可适当提供一些个人信息,满足他们了解教师的需要;而对于胆小逃避的儿童,教师应在尊重其行为的前提下,通过委婉的方式表达对他们的爱和关注。

第二节 儿童同伴交往的发展

一、同伴交往概述及其发展理论

(一)同伴交往的概述

同伴交往的发展是儿童社会化过程中的一个重要途径。儿童的人际关系

可以划分为两类,垂直关系和水平关系。前者是指儿童与比自己更有知识和权力的人之间的关系,如与父母、教师的关系;后者是指儿童与其知识、权力和自己相当的个体之间的关系,即同伴之间的关系。随着年龄的增长,儿童社交活动的重心逐渐从家庭转移到同伴之间,同伴对其发展的影响增大。同伴关系是指年龄相同或相近的儿童之间或心理发展水平相当的个体之间在交往过程中建立和发展起来的一种人际关系。与同伴关系相关的一个概念是同伴交往,但二者之间有着本质的区别。

同伴交往是指同伴之间通过接触而产生相互影响的过程。同伴关系是静态的,是同伴交往的结果;而同伴交往是动态的、过程性的,它影响同伴关系的质量。

同伴交往在儿童适应学校和社会过程中起着重要作用。良好的同伴交往有利于儿童社会价值的获得、社会能力的培养、学业的顺利完成以及认知和人格的健康发展;而同伴交往不良有可能导致学校适应困难,甚至会对成人以后的社会适应造成消极影响。

(二)同伴交往的发展理论

同伴交往的研究由来已久,很多理论从不同的角度对其进行研究。

1. 认知发展理论

皮亚杰指出,儿童认为自己与成人之间存在着巨大的差异,自己与成人之间的不一致是合情合理的,因此与成人交往中所产生的差异不会造成儿童的认知不平衡。但是儿童意识到同伴和自己是属于同一类别,以相同的方式感知世界,因而,与同伴之间的分歧会给儿童带来一定的困扰,导致儿童认知的冲突与不平衡。皮亚杰还指出,儿童与同伴交往中的冲突会导致其社会观点采择能力的发展,帮助其去自我中心,并促进其获得社会交流所需要的技能。

维果斯基基于社会文化历史理论的观点,认为儿童的社会性发展是在儿童与他人的社会交往过程中逐渐由外而内发展来的。尤其是年长的同伴,他们的能力更强,能够推动儿童超越当前的水平,顺利达到最近发展区。

2. 个体交往发生论

苏联著名心理学家 M. N. 利西娜以维果斯基的高级心理机能理论为基础,对 0~7 岁儿童的同伴交往进行了系统研究,并提出了个体交往发生论。利西娜将儿童交往动机分为认识性动机、活动性动机和个性交往动机三个方面。认识性动机在儿童对各种新事物产生认识需要的时候出现,活动性动机产生于儿童积极活动需求的满足过程中,个性交往动机的目的在于得到他人的承认与支持。交往手段包括三种:表情性交往手段、实物－动作手段和语言。表情性交往手段可以是儿童的目光、笑容、姿势、表情等;实物－动作手段是指因交往而采用的身体动作与操作物体的动作,如递给同伴玩具;语言是人与人交往的最高级、最完善的手段,能够准确地交流信息和表达情感,也是幼儿使用最多的手段。此外,利西娜还将儿童同伴交往划分为三个阶段:

情绪－实际性交往(2~4岁):2岁之前,儿童通常将同伴作为玩具,是其与成人交往的中介物。2岁之后,在与同伴的相互作用中,同伴才逐渐作为主体出现。

情境－活动性交往(4~6岁):该种交往主要发生在儿童的角色游戏中。通过典型的游戏,儿童一方面体验到角色扮演者之间的交往,如妈妈与孩子之间的交往情境;另一方面体验到实际伙伴之间的交往。

非情境－活动性交往(6~7岁):在该阶段,角色游戏逐渐为规则游戏所代替。相比之下,角色游戏中表现出来的"规则"是相对的,以不违反现实生活原则为特点,而规则游戏中的"规则"具有较高的抽象性,即非情境性,更多以普遍法则形式表现出来。

3. 人格发展理论

人格发展相关理论认为,同伴作为个体生活中的重要他人,对个体的自我形成和社会化发展有着重要作用。米德提出的符号互动理论是儿童同伴关系研究中的重要理论。该理论认为,儿童并非天生具有自我意识,而是在对语言符号的学习中理解和掌握他人扮演的角色,并获得社会反馈,从而产生自我意识。童年期的儿童开始模仿同伴的行为、态度和价值,并通过调整自己的行为来取得同伴的认可。

詹姆斯在关于自我的论述中也提出,人类具有被同伴赞赏的本能倾向,儿童的行为、观念都受到同伴评价的影响。凯根也从自我发展的角度指出同伴的重要意义。他认为,5岁之前,儿童的心理发展主要以父母的影响为主,但5岁之后,同伴和兄弟姐妹之间的交往则对儿童的个性形成起着决定作用。

沙利文的精神病学理论认为,个体的人格是由个体的社会关系塑造的。良好的同伴交往是形成健康的自我概念所必需的。沙利文还指出,儿童在同伴群体中无法建立自己的地位会导致其产生自卑感,青少年被群体孤立同样会导致心理健康不良。

4. 社会学习理论

班杜拉提出了观察学习概念,认为儿童的个性是在观察过程中形成的。儿童首先观察榜样的活动,在头脑中形成印象之后,在处于类似的情境中,作出与榜样相同的外部反应,这种反应在被外部强化之后效果更加明显。同伴的兴趣爱好、言谈举止、情绪态度等,都对儿童有巨大的影响。尤其是受人喜欢和尊敬、与儿童自身有类似特征的同伴最容易成为儿童观察和模仿的对象。

二、儿童同伴交往的发展

整个儿童期间,同伴相互作用的趋势:从最初简单、零零散散的相互动作逐步发展到各种复杂的、互惠性的相互作用。这是一个从简单到复杂、从低级到高级、从不熟练到熟练的过程。而且在不同年龄阶段,儿童的同伴关系表现出不同的发展特征。

1. 婴儿期

虽然对于婴儿来说,同伴交往不及亲子交往那样密切,但是婴儿很早就能够对同伴的出现和行为作出反应。范德尔等人回顾了几项有关婴儿对同伴兴趣的研究,指出:约2个月时,能注视同伴。3~4个月时,能够互相触摸和观望。6个月时,能彼此微笑和发出"牙牙"声音。随着婴儿行走能力的提高,他们会爬向同伴或跟随在同伴身后。1岁时,同伴相互作用中出现了许多社交行为,如微笑、打手势和模仿等。但是,6个月以前,婴儿的反应并不具有真正的社会性质。因为这时期婴儿可能把同伴当作物体或活的玩具来看待,如抓对方头发、鼻子,6个月的婴儿还不能主动追寻或期待从另一个婴儿那里得到相应的社会反应。这时的行为往往是单向的,而且缺乏互惠性。直到出生后的下半年,真正具有社会性的相互作用才开始出现。最初,这种相互作用的发生形式很简单,例如,儿童A拿了一个玩具给儿童B,儿童B只是用手触摸或抓过这个玩具而并不用眼睛看着对方,这个过程就结束了。后来,随着认知能力的提高和社会技能的增强,他们开始能协调同伴与自己的行为,如注视、微笑、出声或向同伴打手势,而且能把注意力集中到共同感兴趣的物体上。到2岁左右,婴幼儿开始使用言语来影响和谈论同伴的行为。

2. 幼儿期

学前儿童的同伴交往在数量与质量上都有很大的变化。他们表现得更喜欢与人交往,而且交往范围也越来越广。研究表明,2~3岁的儿童比年长的儿童更喜欢留在成人身边寻求身体亲近,而4~5岁儿童更多的是寻求同伴的注意或认同,不再依附于成人。

20世纪早期,米尔德里德·帕腾曾对幼儿园2～2岁半儿童的自由游戏进行了观察研究,旨在揭示学前儿童在同伴社会交往方面的发展变化。帕腾指出,幼儿期游戏经历三个发展步骤,又称为三种阶段的游戏类型。

第一阶段:非社会活动阶段,表现为独自游戏。

第二阶段:有限的社会参与阶段,表现为平行阶段,儿童在一起玩但彼此之间没有互动与交流。

第三阶段:真正意义上的社会交往阶段,包括联合游戏和合作游戏。

在幼儿阶段,社会游戏、假装游戏居多。在几种形式的游戏中,研究者尤其强调假装游戏对于儿童发展的重要意义。卡洛莉·豪斯认为,假装游戏主要有三种功能:第一,帮助儿童掌握与同伴交往的方式;第二,在协商扮演角色和遵守扮演规则的过程中,为儿童提供学习商讨和妥协的机会;第三,在假装游戏中,儿童可以表达那些困扰自己的情绪、理解自己或他人的情绪并对自己的情绪进行调控,同时接受或提供社会支持,这些都非常有助于建立亲密的同伴关系。因此,假装游戏是儿童提高社会交往技能、情绪表达和理解、观点采择能力的主要渠道。

3. 童年期

童年期儿童的同伴交往越来越复杂,不仅假装游戏更普遍,而且他们对正式规则游戏的参与热情也不断提高。此外,这个阶段儿童的同伴交往更多出现在真正的同伴群体中。同伴群体有以下几个特点:基于规则的互动;归属感;形成群体规范等,小学儿童已有明显的群体认同,他们常常会因为自己是某一群体的一员而感到自豪。

一项对10～11岁儿童的研究发现,男孩和女孩所喜欢的活动形式和友谊是截然不同的。大部分男孩喜欢由不同年龄的个体组成的规模较大的群体活动,而女孩更愿意在较小的群体中与同龄伙伴玩。男孩喜欢规则和角色结构较复杂的竞争性游戏,这些游戏更强调社会关系中的合作、竞争及领导技巧,女孩则喜欢把重点放在友谊的亲密和专一方面。

金德曼对9岁和10岁儿童的研究发现,一方面,在学期开始,这些儿童倾向于与那些和他们具有相似学习成绩和学习动机的同伴结成伙伴;另一方面,在学期结束,这些儿童又把那些与他们保持相同学习动机水平的个体重新组织为一个群体,将那些动机水平发生变化甚至相反的儿童则排斥出群体之外。总之,学龄儿童在同伴交往方面变得比以前更复杂、更有选择性。对儿童来说,同伴关系也变得愈来愈重要。

4. 青少年时期

青少年与同伴的相处已经超越了家庭以及别的一切社会关系。这一阶段最为重要的一个变化是,作为同伴互动的社会背景,集体的重要性日益增加。集体是由经常发生相互作用的人组成,成员之间以一致的、结构化的方式相互影响,并且分享共同的价值观,对本集体具有归属感。集体的出现,使得同伴对青少年行为和价值观的影响有可能超过父母的影响,同伴成为青少年价值观的重要来源。这一阶段同伴的影响有以下几个特点:

第一,随着年龄的变化而变化。同伴的影响在青少年早期达到顶峰,之后开始下降。

第二,同伴影响的大小存在很大的个体差异。造成这种个体差异的原因在于父母的教养方式。民主型教养方式的孩子会更多地与父母交流,受父母影响较大。而父母对孩子缺乏明确要求的家庭,孩子更容易受到同伴群体的影响。

第三,同伴的影响及同伴与父母的相对重要性,随着生活领域的变化而不同。如在音乐、朋友、衣服款式的选择方面,同伴的影响较大,而在职业选择、学业方向的制订方面,父母仍具有支配作用。

总之,在发展过程中,同伴之间的相互作用变得越来越频繁,越来越持久,越来越复杂,也越来越亲密和富有内聚力。这是儿童同伴交往发展的一般趋势。

三、儿童同伴交往的类型

(一)同伴交往类型的评定方法

关于儿童同伴交往类型,研究者通常采用社会测量技术来予以评定。社会测量技术是一种自我报告式的同伴交往评价技术,要求儿童自己来评价对他人(同伴)的喜欢程度。主要涉及两种方法:

1. 同伴提名

在一个社会群体(如一个班)中,让每个儿童根据所给定名单中的同学照片或者找一个既能让儿童看到全班孩子又不会受到他人干扰的地方进行限定提名,即让每个孩子说出自己最喜欢与最不喜欢的同伴,如"你最喜欢和谁玩""你最不喜欢和谁玩",然后根据每个孩子所获得正向提名、负向提名的多少,对儿童的同伴关系特点进行分类。

2. 同伴评定

同伴评定与同伴提名法不同的是,它要求儿童根据具体化的量表对同伴群体内其他全部成员逐一进行评定,如问儿童"你喜欢不喜欢和某某小朋友玩",可让儿童选择很喜欢、喜欢、一般、不喜欢等几个级别。

这种方法相对准确,而且采用此方法获得的结果与实际的同伴交往情况,以及同伴观察获得的数据之间有较高的相关性。但这种方法涉及小朋友的隐私违反了研究的道德问题。

(二)儿童同伴交往的类型

在儿童的社会生活中,同伴接纳受到很多关注。研究者通常采用自我报告法的社会测量来测量同伴接纳。在社会测量技术中,要求儿童提名最喜欢与最不喜欢的几个同伴,或者要求根据其愿意将班级中的每位同学作为社交同伴的程度进行评定(Terry&Coie,1991)。通过分析社会测量数据,可以把儿童分为以下几种:

一是受欢迎儿童。这类儿童会受到很多关注,在同伴中具有较高的地位和声望。受欢迎儿童具有更多的社会技巧,更为合作、谦让友好、助人为乐。此外,受欢迎儿童还表现出如下特点:长相好、卫生干净;行为表现积极友好;能力强、性格外向、活泼开朗;对自己的社交地位能进行正确评价,对于没有朋友感到难过。

二是被拒绝儿童。这类儿童很少有人喜欢。被拒绝儿童通常具有攻击性、退缩、胆怯和欺骗等行为特点。一般攻击性强的儿童占被拒儿童的40%~50%。此外,被拒绝儿童一般还表现出如下特点:体质强、力气大;行为表现不友好;能力较强、聪明、会玩,但是性格外向,脾气急,易冲动;不善于与人交往;对自己的社交地位缺乏正确的评价,过高估计,对没有朋友不太在乎。

三是被忽视儿童。这类儿童被提名喜欢或不喜欢的次数都很少,似乎被其他儿童视而不见。被忽视儿童一般表现出如下特点:体质弱、力气小、能力较差;积极行为与消极行为均较少;性格内向,好静,缺乏交往的积极主动性;有较强的孤独感,对于没有朋友感到比较不安。研究表明,被忽视儿童较不稳定,常出现很大的变化。

四是矛盾性儿童,又称有争议儿童。这类儿童有许多儿童喜欢,也有许多儿童不喜欢。这些儿童在社会测量的接纳和拒绝上得分都较高。他们既具有乐于助人的一面,又常表现出攻击性。

被忽视儿童和被拒绝儿童的同伴接纳性都很低,但是被拒绝儿童比被忽视儿童的情况更糟糕。被忽视儿童并不像被拒绝儿童那样感到孤独,如果进入新的班级或同伴群体,最终他们会比被拒绝儿童更有可能获得较好的社会地位。而且被拒绝儿童在后来的社会生活中更有可能越轨、反社会和出现其他严重适应不良的行为(邹泓,2005)。

四、儿童同伴交往的辅导

同伴交往对于儿童的社会化发展、道德品质发展以及身心健康都会造成一定影响。良好的同伴交往有助于幼儿更好地适应环境,促进其社交能力的发展以及满足其交往的需要。此外,同伴交往也会对儿童的认知发展产生积极影响。因此,必须帮助儿童建立良好的同伴交往。

(一)为儿童同伴交往创造机会

交往能力是在交往实践过程中不断发展与提高的。教师应注意多为儿童创设同伴交往的机会,如充分利用日常生活、教育活动以及游戏活动等机会,让儿童在实践中得到锻炼。

儿童的社会交往范围有限,加上现在大多数儿童是独生子女,缺少玩伴的现象非常普遍。因此,家长的辅助显得尤为重要。父母要经常为孩子组织社会活动,让孩子在各种活动中学会与人交往的正确态度和能力。家长可以带儿童前去同伴家里做客,也可以邀请小朋友来自己家里做客,这既可以让儿童学会待客之道,又可以帮助儿童建立良好的同伴关系。

(二)交给儿童同伴交往的技能技巧,促进其良好社会行为的发展

掌握交往的技能技巧对儿童同伴交往有着重要的促进作用。儿童日常生活中出现的交往退缩行为并不是因为他们不需要或是不愿意与同伴进行互动,而是因为缺乏相应的技能技巧,导致他们在准备交往时手足无措。此时,成人不应该责备或者训斥儿童,而应该有针对性地进行辅导,如交友技能、情绪应对技能、入园前准备等。通过这些训练促进儿童与同伴之间关系的建立和保持。

(三)开展有效的幼儿园教育教学活动

入园后,儿童的社会交际范围逐渐扩大,同伴交往需求也在不断发展。教师以及系统性的教育对其影响越来越大,教师应创设目的性的教学任务情境,

使儿童在解决交往冲突中学会一定的交际技能。除了专门性的教育教学,教师也要注意日常生活中的渗透性教育。教师应从以下几个方面入手:首先,培养儿童良好的语言理解和表达能力,教会幼儿在交往中使用正确的语言形式,学会使用礼貌用语。其次,创设有趣的教学活动和游戏活动,为儿童提供同伴交往的机会。再次,发展幼儿的情绪理解能力。情绪理解是儿童良好同伴交往形成的基础,但是学前儿童尚处于自我中心阶段,很难理解同伴的情绪。教师可以借助于故事、图片以及生活中的情景,引导儿童认识同伴的表情、动作和眼神等。

第三节 儿童性别角色的社会化

个体一出生就被纳入由社会划分好的"男"或"女"两种不同的性别范畴。在心理学研究中,性别有生理性别和社会性别两个方面内容。前者是指男性和女性在生理结构和生理机能上的差异;后者是指由社会文化形成的男女差异。儿童在成长过程中逐渐获得他(她)所在社会赋予的男女两性不同的动机、价值观、性格特征与情绪、态度等。作为个体人格发展的重要组成部分,儿童性别角色的定型化是其适应社会,顺利实现社会化的重要内容。

一、性别角色社会化概述及其发展理论

(一)性别角色社会化概述

在特定的历史条件、社会结构、社会组织水平以及社会心理背景下,性别角色无论是其内容还是其形式都被打上某一社会文明发展水平的烙印。要理解性别角色社会化的内涵,首先必须要弄清楚什么是性别角色。所谓性别角色,是指属于特定性别的个体在一定的社会和群体中占有适当位置,以及该社会和群体为之规定有行为模式。换言之,性别角色就是指特定社会对男性和女性社会成员所期待的行为的总和。

性别角色社会化往往又被称为性别角色化,是指在特定文化中,儿童获得适合于某一性别的价值观、动机和行为的过程。儿童在社会化过程中,一旦能够将性别角色规范内化,就会自动地按照适合自己性别的行为方式来进行认识、思考以及行动,从而形成性别角色的差异心理。

(二)性别角色的发展理论

性别角色是社会规范和他人期望对男女两性行为模式的要求。性别角色发展是儿童社会化发展中的一个重要方面,也是发展心理学家十分关注的一个问题。长期以来,关于儿童性别角色的发展及其成因这一问题,不同研究者提出了不同的理论解释,主要有精神分析理论、社会学习理论、认知发展理论、性别图式理论、生物社会学理论等。

1. 精神分析理论

精神分析理论是弗洛伊德提出的最早的性别理论之一。弗洛伊德认为,儿童的性别认同与对某种性别角色的偏好开始于性器期阶段。在这个阶段,儿童开始模仿并认同与自己同性别的父母。具体而言,弗洛伊德认为,进入幼儿期,即3~6岁、7岁的男孩开始被迫认同自己的父母,在解决俄狄浦斯情结时,会内化男性化的特质与行为。对于女孩性别角色的发展,弗洛伊德认为,女孩会被逼迫认同自己的母亲,以解决伊莱克特情结。此时,女孩以母亲为自己的女性楷模,为取悦父母或为与其他男性发展关系做准备,女孩会热衷于内化母亲的女性特征,完成性别角色特征的形成(Freud,1961)。

乔德鲁(Chodorow,1978)对经典的精神分析理论进行了修正,他指出性别认同开始于婴儿期,并认为男女婴儿起初都认同自己的母亲,随着个体的发展和社会化,女孩继续以母亲为参照方式发展,而男孩开始与母亲分离,并确定自己的身份,建立自己的独立性。

2. 社会学习理论

关于儿童性别角色发展的社会学习理论是在行为主义基础上发展起来的,其更为注重环境的作用。按照班杜拉等学习论者的观点,儿童通过两种途径获得性别认同,形成性别角色偏好。首先,通过教导(分化强化),儿童的那些与性别相一致的行为将得到奖赏,而那些与其性别特征不一致的行为则被忽略或受到惩罚。其次,通过观察学习,儿童获得同性榜样的态度和行为特点。

社会学习理论的性别角色发展虽然得到一定实验的支持,但是却存在一些无法克服的局限。如果像社会学习理论所强调的那样,观察学习在儿童性别角色获得中有着如此重要的作用,那么大多数儿童就会在发展早期形成对女性角色的认同,因为不论在家庭中还是在幼儿园中,儿童的照顾者大多为女性,因此他们所观察到的榜样行为绝大多数是女性行为。但事实并非如此。由此来看,儿童的性别角色绝非单纯地由环境影响和模仿学习所决定,儿童对自己性别的认知在其性别角色的社会学习中有着重要影响。

3. 认知发展理论

柯尔伯格提出了一种关于性别特征形成的认知理论,该理论强调性别认知在性别角色发展中的重要作用,并认为儿童首先必须形成关于性别的认知结构,才会有与其性别相适宜的行为,该理论有助于解释为什么一些男孩与女孩在父母不赞许的情况下,仍然选择了传统的性别角色,其主要观点如下:(1)性别角色的发展有赖于认知的发展。儿童必须对性别特征的形成有一定程度的了解之后,才能够为社会经验所影响。(2)儿童是积极参与社会化过程的,他们并非只是社会影响的被动承受者。

柯尔伯格认为,儿童首先是建立起一种性别认同,然后再积极寻找同性榜样或信息,从而学会使自己像一个男孩或女孩。柯尔伯格认为,事情并不是"人们像对待一个男孩一样对待我,所以我必须做我能做的一切事情来学习成为一个男孩"(社会学习立场);而更可能是"嗨,我是个男孩,所以我必须做我能做的一切事情来学习成为一个男孩"(认知-自我-社会化立场)。

柯尔伯格认为,儿童要充分理解成为一个男性或一个女性的内涵,必须经过三个阶段:(1)基本性别认同。3岁时,儿童已经能够肯定地将自己标签为男孩或是女孩。(2)获得对性别稳定性的理解后,儿童能认识到随时间的推移,性别是稳定不变的。男孩长大后必定是男人,女孩长大后必定是女人。(3)对性别恒常性的理解。当儿童认识到一个人的性别具有跨情境的稳定性时,他们对性别概念的理解是完整的。如他知道一个人的性别不会因为穿异性的衣服而改变。

毫无疑问,儿童的性别认知在其性别角色的建构和发展中起着重要的解释、组织、调节作用。但是柯尔伯格的观点存在一个根本性的缺陷,那就是,儿童的性别恒常性一般要到6岁左右才会出现,而在此之前,儿童已表现出性别化行为。因此,柯尔伯格认为,对性别的充分理解是性别特征形成发展先决条件的观点是站不住脚的。

4. 性别图式理论

卡洛儿·马丁和查尔斯·沃尔沃森提出了一种新的关于性别特征形成的认知理论。与柯尔伯格一样,马丁和沃尔沃森认为,儿童总是非常积极主动地获得与他们性别的自我形象相一致的兴趣、价值观念和行为方式。按照这种理论,基本性别认同的建立推动了儿童学习有关性别的知识,并将这些知识信息整合到性别图式(有关男性、女性的信念与期望)之中,这种性别图式将影响儿童选择何种信息进行关注、加工与记忆。随着图式的不断分化和复杂化,儿童与性别相联系的行为和态度日益分化。

马丁和沃尔沃森的性别图式理论是看待性别特征形成过程的一个新视角。它融合了认知发展理论和社会学习理论中那些被人们接受的内容来解释儿童性别角色发展,强调社会因素对儿童性别定型化的作用,也十分重视儿童自身在构成性别图式方面的积极能动作用。

5. 生物社会学理论

先前的研究者认为,性别的差异在很大程度上归因于两性之间的生理差异。近期的生物社会模型理论则融合了生物和社会环境两方面的因素来解释性别差异问题。该理论承认社会文化模型对性别差异的解释是合理的,但又主张生物及与进化有关的因素仍然可以直接导致性别差异。在当今的技术时代,性别差异更多的是社会文化因素的产物。生物社会模型认为生物和社会文化因素都是造成性别差异的原因,可能放大了由内在的生物因素造成的性别差异。

莫尼和艾哈德特(1972)指出,一系列关键性的经历或事件会影响个体最终形成的性别角色偏好。首先是母亲受孕时儿童来自父亲基因的 X 或者 Y 染色体。其次是怀孕 6 周的性腺发育。怀孕 3~4 个月,睾丸分泌的睾丸酮将导致男女性生殖器的生长。婴儿一旦出生,社会因素开始在其性别角色的形成过程

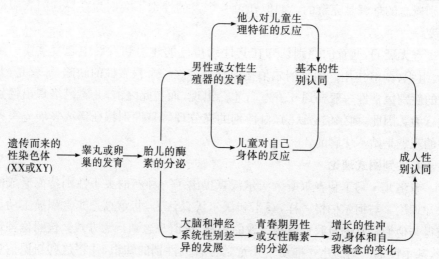

莫尼和艾哈德特关于性别特征形成的生物社会理论中的关键性事件

中发挥作用。遗传因素将导致人格、认知能力和社会行为的性别差异。如男女两性在言语、空间能力上表现出的差异。同时,莫尼和艾哈德特也强调社会标签效应的影响。其研究指出,如果男性化女孩被标签为男孩,被当作男孩抚养,在1岁半之前是比较容易更正的,且不会产生适应问题,若在3岁之后再更正就比较困难了。莫尼和艾哈德特认为,1岁半~3岁是婴幼儿性别认同的关键期。个体出生后的社会事件与个体在早期环境中形成的性别认同一起,成为影响个体性别认同与性别角色偏好的基础。

二、儿童性别角色社会化的发展

从出生到两三岁时,儿童开始有了自己的性别认同,并表现出初步的性别行为。幼儿期,儿童的性别角色心理进入明显的分化阶段,儿童的心理和行为开始逐渐向自己的性别角色定型和性别行为靠拢。婴幼儿时期,儿童的性别角色形成大致经历了以下四个阶段:

(一)基本的性别意识(0~18个月)

从出生起,婴儿就经常听到具有性别标签的话题。8个月时,正常的婴儿开始能区分自己和他人,初步辨别性别的差异。11~14个月的婴幼儿可以理解图片和嗓音之间的关联,如根据男性的图片可以判断出他们说话时的嗓音应该是低沉的。14个月以后,婴儿表现出初步的性别行为,如14~22个月大的婴儿中,通常男孩更喜欢玩具车,而女孩则更喜欢玩具娃娃。18个月大的婴儿会拒绝与自己性别不符的玩具。这些研究表明婴儿时期儿童已经表现出一定的性别认知和相应的行为表现。

(二)初步掌握性别认同知识和刻板印象(18个月~3岁)

性别认同是指儿童对自己和他人生理特征上属于某一种性别的理解和接受,又被称为性别理解。2岁左右的儿童开始能够理解男性和女性的含义,3岁儿童已经能够识别自己的性别,但是仍有一半左右的儿童不能够识别他人的性别。此阶段儿童对于性别的认识带有很强的表面性,如认为短头发的都是男生,穿裙子的都是女生。

研究表明,儿童是在明确自己性别的同时就开始习得性别角色的刻板印象。性别刻板印象是指社会上对某一群体的特征所作的归纳、概括的总和,这些特征包括男性、女性适当的态度、兴趣、行为、心理特质、社会关系、职业和外貌等。研究发现,五六个月大的婴儿对于玩具已有性别偏好,几乎所有2岁半的儿童都具有一些性别刻板印象的知识,如认为女孩子喜欢帮妈妈做一些家务活;男孩子喜欢卡丁车,喜欢制作东西等。该阶段儿童的社会刻板印象主要表现在身体外貌和角色行为两个方面。

研究者(Kuhn,1978)向2岁半~3岁半儿童呈现一个名叫迈克的男孩布娃娃与一个名叫丽莎的女孩布娃娃,然后问被试这两个布娃娃中的哪一个会进行烹饪、缝纫、玩洋娃娃、玩卡丁车、打架、爬树等活动。几乎所有2岁半的孩子都具有一些性别刻板印象的知识。

有关研究认为,从婴儿期到青少年这一阶段,儿童性别角色成见的发展呈"U"趋势,即年龄较小的儿童,由于其认知能力发展的限制,通常把规则看作必须绝对服从的要求,因而不能容忍不适宜的性别角色行为的出现,而年长的儿童由于认识到规则只是一种社会习俗。因而在性别角色认知上其态度相对灵活,性别角色成见反而少于年龄较小的儿童,而认为在某些情境中,出现不适合性别刻板印象的行为是可以理解的。但需要指出的是,在青春期,由于性意识的觉醒,青少年会产生相当强烈的与性别相联系的期望,他们的性别角色态度会重新恢复到早期曾有的性别角色刻板状态。

(三)性别认同开始具有稳定性(4~6岁)

儿童对自己的性别不随其年龄、情境等的变化而发生改变这一特征的认知,一般在3~4岁开始出现。这一年龄的儿童能够认识一个人的性别在一生中是稳定不变的。研究者斯莱比和弗雷曾向被试提出以下问题来考察儿童性别认同的稳定性:"当你是个婴儿时,你是男孩还是女孩?""当你长大后是当妈妈还是当爸爸?"研究发现,直到4岁,儿童才能对以上问题作出正确回答。

(四)获得性别角色恒常性认知(5~7岁)

儿童对性别角色的认识不因其外表(如发型、衣着)与活动的改变而改变,被称为性别恒常性。如达到性别恒常性的儿童能够知道无论自己穿什么衣服、留什么发型,自己的性别都保持不变。柯尔伯格认为,性别恒常性是儿童性别认知发展中的一个重要里程碑。儿童一般要到6岁左右才能获得性别恒常性的认知。

伊顿(Eaton,1989)等人研究发现,儿童的性别恒常性沿着先认识自己的性别恒常性,然后认识同性儿童的性别恒常性,再是认识异性儿童的性别恒常性的线路发展。

方建移(1992)对幼儿园大班、小学一二年级儿童的性别恒常性与性别角色偏爱的发展进行了研究。结果表明,性别恒常性因年龄不同而有显著的性别差异;性别角色偏爱在各年级儿童中均无显著的性别差异。此外,有研究者认为,儿童达到性别恒常性的年龄晚于其性别行为的出现,这与儿童特别是男孩开始关注性别图式的时间有关。总之,儿童性别概念与性别稳定性、性别恒常性之间的关系具有以下特征:性别认同的产生早于性别稳定性,性别恒常性出现最晚。儿童所处的生活情境对其性别恒常性的发展影响不大。

三、儿童性别差异

(一)身体发育方面的性别差异

从母亲受孕开始,男孩对各种危险以及疾病的不良影响就更为敏感(Raz等,1995)。怀孕时男女比例为120∶100,到分娩时,已下降到106∶100,所以一般自然流产的都是男孩,有些疾病对男性的影响高于女性,还有一些与性别有关的隐性异常,如血友病或色盲对男性的影响远比女性严重,所以,从这个意义上来说,女性并不是一个脆弱的性别。出生时,在身体和神经系统方面的发展女孩比男孩快些,主要表现在说话、走路、长牙齿、青春期的到来,女孩都早于男孩。男孩在发展过程中也比女孩更容易出现各类发展问题,主要包括阅读障碍、言语缺陷、多动、情绪障碍和智力落后等(Halpen,1997)。

(二)认知方面的性别差异

1. 言语能力的差异

女孩的语言能力优于男孩。女孩获得语言,发展言语技能的年龄早于男孩(Bornstein&Haynes,1998;Garai,Scheinfeld,1968)。在整个童年期和青少年期,女孩在阅读理解测验上都比男孩有持续的优势,言语的流畅性优于男孩(Halpern,1997),这个研究结论得到了较为广泛的支持。表8-4是能力倾向测验中言语推理、语言运用Ⅰ拼写以及语言运用Ⅱ句子三个分测验的常模,从此常模表中,可以看到女性在语言运用方面的优势。

表8—4 两个年龄组男女儿童能力倾向测验常模

年龄	性别	言语推理	语言运用Ⅰ拼写	语言运用Ⅱ句子
13	男	15.8	25.9	20.2
13	女	14.6	37.9	28.6
17	男	29.3	59.1	40.9
17	女	25.2	72.1	45.8

对女性言语优势较为合理的解释是研究者选择了更适合于她们性别的环境,如女生阅读能力优于男孩,可能是小学低年级的女性化环境使男孩不能作出较好的表现。日本的一项实证研究表明,学校在低年级更多地使用男性教师来使学校"去女性化",就能够降低男孩阅读困难的发生。美国的一项研究也得出了支持该观点的结论,由男教师教授的男孩比由女教师教授的男孩阅读成绩好。因此,正如同智力的发展与身高关系不密切一样,生理的发展与儿童阅读能力的发展关系也不密切。男女儿童确实存在言语能力的差异,但这并不意味着女孩在言语发展方面都优于男孩。女孩可能在言语表达的清晰性、流畅性、情感性等方面优于男孩,而在言语表达的逻辑性上可能比男孩差。

2. 数学与空间能力的差异

儿童期男女儿童的数学能力尚未表现出差异。从青春期开始,相对于女孩,男孩在算术推理测验上表现出持续的优势。男孩掌握着更多的数学问题的解决策略,在复杂的几何题与数学部分学业评估测验的成绩方面均高于女孩(Byrnes & Takahira,1993)。男孩在数学问题上的优势在高中阶段最为显著(Stumpf & Stanley,1996)。

男孩在视觉、空间能力测验上的表现优于女孩。男孩在空间能力上的优势,在4岁时就已经有所体现,这种优势贯穿生命全程(Linn & Petersen,1985)。

生物学上的传统解释认为,男女儿童大脑左右半球发达程度不同,决定了男女数学与空间能力的差异,但近期研究对这种解释提出了质疑。如杰克伯斯和艾克里斯的研究发现,母亲的性别刻板观念与孩子的数学能力之间有密切联系。研究表明,除生物因素之外,成人的性别角色观念也可能是导致儿童数学与空间能力差异的重要原因。美国1960年和1975年进行的一项关于高中学生认知技能的全国性比较研究表明,当代女孩的机械或空间操作成绩有很大提高,且男女差异在持续缩小。有研究者认为,当代美国父母性别角色标准的变化可能对女孩的认知兴趣和能力发展产生影响。

3. 分析能力的差异

从幼儿时期开始,男女儿童思维活动的特点就表现出差异,特别是在分析能力发展方面,如在拆装玩具、探索环境等方面女孩逊于男孩。以往的研究者通常采用打破思维定势和结构重建方法来研究儿童分析能力的差异。如"水坛子"问题就是测试被试打破思维定势的较好例子。在实验前,被试必须解决几个类似于以下情境的问题:"被试必须到河边去取6升的水,然而手头只有容量为4升和9升的坛子可以利用。"然后在实验中再呈现一个实际上可用一种简单而直接方法解决的问题,目的在于看被试能否不受前面问题解决办法的影响,从而很快地发现更为简便的解决问题的方法。结果发现,男孩成绩明显好于女孩。据此,研究者认为男孩分析问题的能力好于女孩。但是也有研究者对此结论持不同观点。如在"变位字游戏"(变换字母顺序组成不同单词如 are 和 ear)中,同样要求被试具备同样的结构重组能力,而在这方面,女孩较男孩占优势。布鲁克认为,在"水坛子"任务中如果被试具有敏锐的观察与洞悉能力,就会立即发现有利于问题解决的新方法,而在"变位字游戏"中被试则不必具备这种能力,因此男孩具有更高的打破思维定势的分析能力。

4. 成就动机的差异

成就动机是指人们希望从事对他们有重要意义的活动,并在活动中取得成功的内部动力。男女间的成就动机存在显著的性别差异。无论在艺术领域,还是在科学领域,最高成就者往往是男性,而与男性相比,女性成就更接近于平均值。研究者认为,这种现象产生的原因在于两性具有不同的动机模式。女孩常将失败归因于自己的能力低,而男孩常将失败归因于外部因素,所以在遭遇失败或任务更困难的条件下,女孩比男孩表现出较少的坚持性或较差的成绩。人们通常认为女孩较少对成就感兴趣,成就动机水平也较男孩低。近期研究表明,在成就动机取向的性别差异方面,我国各民族男性自我取向的成就动机普遍高于女性,而女性社会取向的成就动机则普遍高于男性。众所周知,我国传统文化向来主张男女有别,社会文化对不同性别具有不同的角色期待,要求男子"不能哭、靠自己",女子"善良、有同情心"等。这种性别角色偏见影响着儿童的社会化过程和父母对儿童的教养方式,如对男性更加注重独立性的训练,对女性更加注重依赖性的训练。而独立性训练有助于自我取向成就动机的发展,依赖性训练有助于社会取向成就动机的发展。

(三)个性与社会性方面的性别差异

1. 表现在玩具偏好的差异上

儿童对玩具有着不同的偏好,这是性别行为发展的早期表现之一。男孩通常喜欢变形金刚、汽车、建筑积木等玩具,而女孩则偏好洋娃娃和其他软体动物玩具。英国心理学家史密斯等人对家庭情景中儿童游戏的观察研究发现,14个月大的婴儿即表现出上述不同的性别偏好。当为他们提供各种不同的玩具时,他们不仅更喜欢选择与自己性别适宜的玩具,而且玩这类玩具的时间较长。到幼儿阶段,儿童对玩具的性别偏好更趋明显和稳定。心理学家把儿童选择玩具方面的差异作为其性别行为的早期表现,并认为导致这种差异的原因主要是父母对儿童社会化的行为方式不同,如父母依据儿童的性别来为其选择玩具,对儿童选择适合其性别的玩具给予强化等。

2. 表现在游戏与游戏伙伴、数量的差异上

儿童的游戏活动很早就表现出性别差异。麦考比和杰克琳的研究发现,不同性别的游戏伙伴在游戏方式上也存在差异。与由女孩和女孩组成的游戏伙伴相比,由男孩和男孩组成的游戏伙伴更容易因为争夺玩具而发生冲突。在社会性游戏中,儿童在绝大多数情况下选择同性别的儿童作为游戏伙伴,同时,在游戏中儿童对同性别伙伴作出的社会性行为也显著多于异性伙伴。学龄前阶段的男孩更喜欢结成两人以上的群体一起玩,女孩则更喜欢在两个人之间交往。小学阶段以后,男孩游戏伙伴群体中的人数更多,而女孩更喜欢发展两人间的亲密关系。

我国学者张文新等人采用录像观察法考察在自然情境中我国幼儿园大班儿童游戏活动同伴交往的性别差异,发现在儿童的社会性游戏中,男孩游戏伙伴的平均人数多于女孩游戏伙伴的平均人数。然而,无论男孩还是女孩,其同性别的游戏伙伴都显著多于异性别的游戏伙伴。

3. 表现在攻击行为的差异上

吉恩认为,男女两性在攻击性方面的差异可以概括为以下两个方面:一是攻击倾向的差异。男性比女性具有更强的攻击倾向。埃莱诺·麦克比认为,两性攻击倾向的差异来源于生物学方面的差异,主要表现为几方面:几乎在所有文化中男性比女性更具有攻击性;在生命的早期,男孩的攻击性就高于女孩;在灵长类动物中,雄性的攻击性高于雌性。二是反应性的差异。与女性相比,男性在接触有暴力倾向的影视片后更容易产生攻击性。

四、儿童性别角色社会化发展的辅导

虽然生物学因素决定了儿童的性别,但是儿童关于性别角色的理解和发展在很大程度上取决于社会文化环境,尤其是成人的教育和引导。

(一)改变传统的性别刻板观念,倡导双性化人格教育

在日常教育中,成人总是有意无意地给儿童灌输一定的性别刻板观念,如女孩子应该温柔细心,男孩子应该果断勇敢。但是很多心理学家曾指出,传统的性别角色概念已经过于狭窄。因为个人兴趣、态度和行为将其定义为"男性化"或者"女性化"的意义并不大,事实上大多数人都表现为男性特质和女性特质的组合。1978年,心理学家本姆(Bem)提出了"心理双性化"学说。从心理学角度来看,双性化是一种性别角色倾向,即在一个人身上同时存在男性和女性的特质,尤其是心理气质方面具备男性的优点和女性的长处。具备双性化人格特征的儿童在社会敏感、公开表达情绪、决策果断等方面更具优势。

在正规和日常的性别教育中,教师和家长应该注意帮助儿童摆脱性别刻板印象的束缚,淡化成人世界固有的性别框架。儿童除保持男女性特质以外,还应该相互吸收对方的优点,取长补短,完善自我人格。如鼓励女孩耐心细致又坚强勇敢,教育男生果敢机智又细心体贴。日常生活中,成人应适当避免用性别刻板观念来评价儿童,不要嘲笑男孩哭鼻子,更不应该反对女孩顽皮。家长也要在抚养孩子过程中渗透双性化教育,如选择不可以强调性别差异的服饰、玩具。总体说来,提倡双性化教育就是在"因性施教"的基础上,促进性别之间取长补短。

【资料窗口】

心理双性人真的存在吗?双性人有优势吗?

多年来,心理学家们把男性化与女性化问题看作性别特征的两极,即如果一个人要么具有高度的男性化特征,要么具有高度的女性化特点。20世纪70年代,以本姆为代表的一些心理学家呼吁,要把个体从文化所强加给个体的男性化、女性化特征的性别刻板印象中解放出来。

研究发现,既有男子气又有女子气的双性化个体是存在的,而且其心理更健康,更具有社会适应性。在本姆的双性化模型中,男性和女性是人格特征两个独立的维度。心理双性化是指同时具有传统意义上男性化和

女性化两种性别的个性特征,而一个心理未分化的个体这两种类型的特征都比较缺乏。

本姆编制了同时包含男性特征量表和女性特征量表的自我知觉问卷,本姆(1975、1978)通过研究证实,具有双性化特征的男性和女性比那些具有传统性别特征的个体更能够灵活地行事。如双性化的个体会和典型的男性化个体一样,具有独立这一男性化的工具性特征,也会像典型的女性化个体一样,表现出照料孩子这一女性化的表达性特征。双性化的个体具有更强的适应性,能够依据当前情境的要求调整自己的行为。此外,具有双性化个体的青少年儿童具有更高的自尊,也比具有传统性别特征的同伴更受欢迎(Allgood—Merten&Stockard,1991)。

双性化人格理论是一个具有开拓意义的理论,众多研究表明,双性化的个体是存在的,双性化的个体也存在一定的优势,能更好地适应社会。

中国于2005、2006年相继举行了"超级女声"的比赛。比赛结果令人意外:李宇春这种假小子类型的女性受到追捧,脱颖而出。媒体对"亦男亦女"的李宇春的评价是"帅"和"酷",而不是"美"和"柔"。《南方人物周刊》认为:李宇春,中性之魅。她满不在乎的个性,以及挑战中国传统标准的中性气质,使得她成为当之无愧的新偶像。其实像李宇春似的"超女现象",亦或称为"类超女现象"早已有之,例如,深受青少年喜爱的卡通动漫形象中,性别特征的外在差异在逐渐缩小。男主角被塑造成具有"大眼睛""尖下巴"和"长头发"等属于女性的形象特征,较之传统的硬汉形象有了很大改变。在娱乐圈内,这种倾向也很明显。"小燕子"调皮、贪玩的男性化的"格格"形象让人印象深刻,目前红遍了大江南北的"小沈阳"开始展现了男性柔美的一面。

传媒和大众所指的"中性化",从社会学和心理学意义的范畴来看,应该是"双性化"。传统的性别角色模式随着社会发展的进步而改变,原来的那种把女性局限在女性化角色上,男性局限在男性化角色上,无疑是限制了个性的发展,双性化已逐渐成为性别角色发展的新方向,为研究社会性别角色提供了新视角。那么,什么是双性化呢?

"双性化"是希腊语Androgyny的词根aIlaro(男)和gyny(女)的结合,意思是指男性化和女性化的混合与平衡。双性化的心理学概念分为两种:一种概念是从发展心理学角度反映两性由生理差异造成的心理特征兼具或统一的状态,如"同时具有男性气质和女性气质的心理特征"(珍妮特·希伯雷·海登,B·G·罗森伯格,1980)、"男女两性正性特征在个体身上的混合"(EIle

PileCook,1985);另一种概念是从社会心理学角度强调两性心理气质社会功能的协调,具有动力性和系统性,如 J. H. Blovk(1973)就将"双性化"理解为协调能动性(agency)与合群性(communion)方面需求的最佳平衡过程。

在西方,关于双性化人格的研究有着悠久历史。精神分析大师弗洛伊德首先提出"潜意识双性化"的概念。荣格在集体潜意识的基础上提出了阿尼玛(Anima)和阿尼姆斯(Animua)原型,阿尼玛是男性人格中的女性意象,阿尼姆斯是女性人格中的男性意象。正是男女人格中含有的异性意象才使得男女人格得以联系、沟通,为男女双性化奠定了基础。1964 年,罗西首次提出"双性化"这一概念,即个体同时具有传统的男性和女性应该具有的人格特质,并认为双性化是最合适的性别角色模式。

1974 年,美国康奈尔大学妇女心理学家桑德拉•本姆根据双性化人格这一概念,以社会赞许性为基础,制订了本姆性别角色调查表,成为这一领域研究最早、获得成果最为突出的心理学家。多年来,有关这一领域的研究取得了丰硕的成果。

1974 年,本姆利用自己的量表在对大学生的研究中发现,大约有1/3的人具有男女双性化气质。任何一个人都可列入男性气质、女性气质、男女双性化气质以及非男非女气质中的一种。她在著名的关于"压力与遵从的研究""善听者研究"和"自尊感研究"中证实了她的有关假设,得出如下结论:(1)具有男性气质和男女双性化气质的两组被试都比具有女性气质的被试更具独立性。(2)具有男女双性化气质的人表现得体、有修养。(3)具有男女双性化气质的人和具有男性气质的人往往比具有女性气质和非男非女气质的人自尊心更强。

我国研究者李少梅对大学生的双性化性别特质和人格特质的关系进行探讨,发现具有双性化性别特质的大学生思维敏捷、适应能力强,自信心、恒心明显高于其他群体,具有广泛的兴趣和健康的心理。马锦华研究了双性化人格模式与心理健康的关系,结果显示,双性化人格模式的个体在自信心、安全感方面明显优于女性化、未分化者气质类型的个体,具有较高的心理健康水平。

(资料来源:洪艳萍、易振凤:《关于双性化人格研究的述评》,《湖北广播电视大学学报》,2012 年第 11 期。)

(二)充分利用成人的榜样作用,并提供适当的性教育知识

教师、父母以及兄弟姐妹的言行举止都是儿童模仿的对象,都会对其性别角色发展产生影响。我国目前的幼儿园教师大多为清一色女教师,这对男孩的性别角色行为发展非常不利,幼儿园应该优化教师性别比例。同时,女性教师应该适当吸收男性特质,如果断、坚定、刚毅,为儿童树立良好的榜样形象。家庭中,尤其要注意增加父亲在孩子抚养过程中的参与性。研究表明,在父亲缺失的家庭,年幼男孩的性别角色发展会遭遇问题,表现得更像女生,而父亲缺失对于女孩的影响更多在青少年期后表现出来,如早期性行为和怀孕的风险增加。因此,成人应该为儿童性别发展创造适宜的环境,树立正确的榜样。此外,还应该注意家园沟通合作,保持幼儿园教育与家庭教育的一致性。

面对儿童关于性别方面的提问,如我是从哪里来的、女孩和男孩有什么不同等,成人应该及时采取正确的教育方式。研究表明,适宜的性教育有利于儿童性别角色的发展,如本姆提出认识性器官有助于儿童性别稳定性的发展。因此,在面对儿童的疑问时,成人应该满足儿童的好奇心,切勿避而不谈或者严厉斥责。

(三)发挥大众传播媒介的交互作用

在儿童性别角色社会化过程中,除父母、教师以及同伴的影响因素之外,大众传媒等社会教育的影响也不容忽视。电视节目中男女的性别行为,通常渗透和反映了社会的性别角色价值观,儿童在接触大众传媒的过程中,就会不自觉地模仿这些行为,并将其内化为自己的行为模式。因此,成人尤其是家长应该为孩子选择适合他们的电视节目。

第四节 儿童道德的发展

儿童在道德是一定社会调整人们相互关系的行为准则和规范的总和。道德发展指儿童在是非、对错判断标准的认知、情感和行为方面发生的改变。道德发展是研究儿童社会化的核心内容之一。本节中,我们首先介绍发展心理学家对道德发展相关理论的探讨,随后主要就积极的道德行为——亲社会行为与消极的道德行为——攻击行为进行分析。

一、道德概述与儿童道德发展理论

(一)道德的内涵

关于道德的研究由来已久,教育学、心理学和社会学等多个领域都对其进行了广泛而深入的探讨。研究者普遍认为,道德是一种社会现象,属于社会层次范畴,是一定社会调整人们相互关系的行为准则和规范的总和。道德是一套规则,它是人们辨别是非、进行行为调节的尺度和标准。道德的发生、发展根植于整个社会发展的客观规律,是社会意识形态的范畴。道德表现在个体层面上便是道德品质,它是个体人格的重要组成部分,是道德在个体头脑中的反映。

(二)儿童道德发展理论

儿童的道德认知主要是指儿童对是非、善恶行为准则及其执行意义的认识。它包括道德概念的掌握、道德判断能力的发展以及道德信念的形成三个方面。

1. 皮亚杰的儿童道德理论

皮亚杰是首先系统研究儿童道德认识,确切地说是研究儿童道德判断的心理学家。1932年皮亚杰的《儿童的道德判断》一书的出版,对儿童道德发展的研究具有里程碑意义。

皮亚杰认为,对儿童道德判断性质的研究,采用直接的提问是不可靠的,把儿童放在实验室里剖析更是不可能的。只有在儿童对特定行为的评价中才能分析出他们对问题的真实认识。因此,皮亚杰与他的合作者创立了"临床法"和"对偶故事法"。

临床法主要用来研究儿童对规则的意识和道德判断的发展问题。皮亚杰与其同事分别观察4~12、13岁的儿童玩弹子游戏,从中记录儿童如何创立和强化游戏规则。在玩的过程中,就事先设计的问题向儿童提问:"这些规则是从哪儿来的?""每个人都必须遵守规则吗?""这些规则可以改变吗?"等等。然后分析儿童的回答,从中归纳出儿童有关规则认识的阶段性特征。阶段1:规则还不是遵循义务的活动规则。儿童常常把自己认定的规则与成人教的规则相混淆。阶段2:以片面的尊重为基础的强制性规则。儿童认为规则是强加的、绝对不能改变的东西。阶段3:规则成为彼此同意的合理的规则。儿童不再把规则看得不可侵犯,只要在游戏中维持双方对等的原则,规则即使变更也无所谓。

对偶故事法主要用来考察儿童道德判断的发展。皮亚杰设计了包含道德价值内容的对偶故事,来研究儿童对过时行为、说谎和社会公正等道德判断的发展。

【资料窗口】

A. 一个叫约翰的小男孩在房间里听到妈妈喊他吃饭,就去开房间的门。他不知道门外有一把椅子,椅子上放着一个盘子,盘内有15只茶杯,结果打破了盘子,打碎了15只杯子。

B. 一天,亨利的妈妈不在家,他想偷偷拿碗橱里的果酱吃,不小心,一只杯子掉地上碎了。

问:哪个孩子更淘气?为什么?

(资料来源:[瑞士]皮亚杰,《儿童的道德判断》,济南:山东教育出版社,1984年。)

皮亚杰的研究发现,5岁以下的儿童无法作出比较,6岁以上的儿童才能作出比较回答。6~7岁的孩子会认为约翰更淘气,因为他打破了较多的杯子;而10~12岁的儿童则认为亨利更淘气,因为他是在妈妈不在家的时候偷吃果酱打碎杯子的。这时的儿童已注意到行为的动机,从行为的主观责任作出判断。

皮亚杰通过上述研究,将儿童道德发展划分为三个阶段:

第1阶段:前道德阶段(2~4岁)。该阶段儿童的行为大多与生理需求相关,并未表现出对规则意识的关注,也很少受到外来规则的制约。此时,儿童还没有真正的道德概念与规则意识,不能对行为作出一定的判断。

第2阶段:道德实在论阶段(5~7岁),也称他律道德阶段。所谓他律是指"在他人的控制之下"。这时的儿童有了很强的规则意识。这一阶段的道德判断有以下几个特征:(1)认为道德规则是由权威(警察、父母等)制订的,不可改变,儿童对成人建立的规则以及对于实施规则的人保有无可怀疑的尊敬。(2)判断行为的好坏依据行为的后果,即客观责任,而不是行为者的意图或动机。(3)非此即彼。判断别人的行为时,不是好就是坏,认为别人也是这么想的。(4)内在的公正性。认知的不成熟,尤其是自我中心主义思维特点,该阶段儿童认为所有的人都以相同的方式看待规则,他们对道德的理解依据现实主义,把规则看作现实的外部特征,而不是能够被随便修改的合作原则。

第3阶段:道德相对论阶段(8~11岁),又称自律道德阶段。此阶段儿童从成人的权威束缚中解脱出来,并在与同伴交往的过程中交流不同意见,逐渐意识到人们对于道德行为可能持有不同意见的道德判断,意图应该被作为判断行为的标准而不是客观结果。该阶段儿童的道德判断有如下几方面特征:(1)认为规则似乎不是绝对的,在某种情况下是可以改变的。(2)判断行为时不只考虑行为的后果,而且开始考虑行为的动机与意图。(3)判断不再绝对化,能够换位思考。(4)惩罚比较温和,带有补偿性,以帮助错误者认识和改正。

皮亚杰的理论为理解儿童道德发展阶段提供了重要的依据,很多研究也都进一步证明了儿童的道德判断随着年龄增长而逐渐发展的特点。但是也有研究表明,皮亚杰的研究低估了儿童的道德发展水平,对其研究方法和研究结果等提出质疑。道德两难法存在的最突出问题是两则故事给儿童展示了两个不对等后果,这样会引诱儿童忽略其中的有意性。同时,这些故事对儿童被试的记忆要求也较高。有研究表明,如果将故事结果改为造成同样的后果,让儿童比较在故意的和偶然的两种条件下哪种更坏,即使是5岁的儿童也会以故意性为基础来进行判断。例如,我国学者莫雷分别用动机错误程度差异增大与后果严重程度差异缩小两个系列改变对偶故事,对5岁至7岁儿童的道德判断依据进行了研究。结果表明,在上述两种情况下,儿童由原来的后果判断转为动机判断的人数均达显著性水平。儿童的年龄越大,转变的人数就越多。据此可以认为,这个时期的儿童在进行道德判断时会受到行为后果和行为动机两个方面的影响,只不过行为后果的影响作用要大大超过行为动机;而随着年龄的增长,两者的相对影响作用会此消彼长。因此,对皮亚杰的有关结论应给予补充与修正。

2. 柯尔伯格的道德发展理论

继皮亚杰之后,美国哈佛大学教授柯尔伯格通过让10岁、13岁和16岁的男孩解决一系列道德两难问题,完善和发展了皮亚杰的道德发展理论。

柯尔伯格选择古代哲学家经常采用的"假设两难情境",编制"道德两难故事"作为引发儿童道德判断的工具。其中较为典型的是"海因茨偷药"的故事。

【资料窗口】

海因茨的妻子患了绝症。医生认为只有一种药能救她,就是一名药剂师发明的镭。这种药非常贵。药剂师开价2000美元,海因茨到处借钱却只借到1000美元。无奈之下,海因茨请求药剂师便宜些卖给他,或者允许他赊账。但药剂师坚决不同意。海因茨绝望之下,不得已撬开药店的门,为妻子偷来了药。

讲完这个故事,主试向被试提出了一系列问题:海因茨应该偷药吗?为什么应该?为什么不应该?法官该不该判他的刑?为什么?

(资料来源:桑标主编:《儿童发展心理学》,北京:高等教育出版社,2009年。)

通过研究不同儿童对两难问题的回答,柯尔伯格认为儿童道德认知的发展遵循三个可预测的水平,分别为前习俗水平、习俗道德水平与后习俗水平。具体见表8—5。

表8—5 柯尔伯格道德认知发展的阶段模型

水平一 前习俗水平	
儿童道德受外部控制,儿童遵循权威制订的规则,其目的是逃避惩罚或获得奖励。	
(1)惩罚与服从定向阶段	儿童出于害怕惩罚而服从规则。如果某行为未受到惩罚,则儿童会把该行为看作适当的行为。在海因茨的例子中,反对偷窃的孩子认为不应该偷药,因为海因茨这样做会成为罪犯,被抓进监狱。而赞成者认为被偷的药只值200美元,而非2000美元。如果他的妻子死去,他就会被调查。
(2)天真的享乐主义阶段	儿童遵守规则是因为想要得到他人的奖赏或者满足个人的需要,遵循"你帮我,我帮你"的互惠原则。在海因茨的例子中,反对偷窃者指出药商没有错,因为他做生意就是为了赚钱。相反,赞成者则认为海因茨不想妻子离世,就应该去偷药。
水平二 习俗道德水平	
儿童开始逐渐内化成人的道德标准,并且使用这些标准进行道德判断。	
(3)"好孩子"定向阶段	儿童为了取悦他人,与他人保持良好的关系。在判断是非对错时主要依据行为者的意图进行评判。
(4)维护社会秩序阶段	儿童认为正确的行为就是遵守权威制订的规则,开始关心社会道德和自身的职责。
水平三 后习俗水平	
儿童的道德水平已经开始成熟,能够使用社会承认的公共原则进行是非判断,开始关注社会需要和价值观中个人的地位和作用。	
(5)社会契约定向阶段	儿童将法律和规则看作社会秩序的体现。当个体需要与法律相冲突时,应该服从法律的要求。
(6)以良心为个人原则的道德阶段	儿童依据符合良心的道德原则进行道德判断,注重内在的道德标准。

柯尔伯格认为儿童道德判断都是按顺序发展的,几个阶段不能超越,只能循序渐进,其研究丰富、发展了皮亚杰关于儿童道德发展的理论,加深了人们对

儿童道德判断这一理论的认识和了解。但是后续也有很多心理学家对其研究方法提出了批评。他们指出,从道德两难问题中获得的儿童对于道德判断的分数是凭直觉的,其内部相关性并不高。正如皮亚杰个别访谈的"临床法"一样,这种方法主观性太强,以至影响儿童真实的判断结果。有人对柯尔伯格道德两难问题的现实性提出质疑,认为在 10~17 岁儿童的生活中是不可能发生海因茨偷药这类问题的。另外,柯尔伯格没有很好地区分习俗规则与适用于公平、真理和是非原则的道德规则。特里尔通过观察 4 岁儿童对于这两个范畴之间差异的理解发现,与习俗相比,4 岁的儿童更多地把道德规则看作具有约束力的。特里尔的研究证明社会习俗和道德是两个不同的领域,儿童的习俗判断和道德判断的发展规律也各不相同。这表明,柯尔伯格的道德发展理论并不适合于儿童的习俗判断。对于柯尔伯格的另一种批评是,他研究中的被试都是男性。这种性别的单一化只是表明男性道德发展的阶段和男性性别偏向。吉利根在她的一本著作《不同的声音:心理学理论与妇女发展》中提出了以上观点。就道德推理而言,吉利根对 29 位 15~33 岁的女性进行了一项短期纵向研究。研究发现,女性的两难问题在某种意义上与柯尔伯格的"公平"取向不同:柯尔伯格主要把注意力集中在"责任"上,而吉利根所关心的则是"关怀"问题。

二、儿童道德行为的发展

(一)儿童攻击性行为的发展

1. 儿童攻击性行为概述及其发展特征

攻击是一种在儿童、青少年群体中常见的反社会行为。近年来,我国校园欺负事件和青少年街头暴力事件日益增多。对攻击性行为及其控制与矫正的研究引起了心理学家的关注。攻击性行为是任何对生物体进行有意伤害的行为,且被伤害者力图避免这种行为。根据攻击性行为指向的目标,攻击性行为可分为两类:敌意性攻击和工具性攻击。如果行为者的主要目的在于伤害对方,其行为就属于敌意性攻击,如一个小男孩殴打其妹妹,看到妹妹哭了还会嘲笑她。与此相对的是,工具性攻击是通过伤害别人而达到其他目的,如一个小男孩在殴打其妹妹的同时,还抢走了她的玩具。

儿童与同伴之间的社会性冲突在儿童出生后的第二年就开始了,婴儿在一岁末的时候,就会表现出抢夺玩具的行为。随着儿童年龄的增长,其攻击性行为的表现形式也会逐渐发生变化,攻击性行为逐渐减少。儿童攻击性行为的发

展大致表现为以下几个特点:

(1)工具性攻击减少,敌意性攻击增多;身体攻击减少,语言攻击增多。幼儿园中攻击性行为发生频率较高的便是争夺玩具、争抢角色游戏、为吸引教师注意而进行的攻击性行为,多为工具性;而小学阶段发生频率较高的攻击性行为多为报复性行为、打抱不平的攻击、嫉妒性攻击等。此外,3岁左右儿童的踢、打、抓等身体攻击性行为逐渐增多,随后语言攻击比例增大。

(2)攻击具有一定的稳定性特征。儿童早期建立的攻击性行为方式对其以后的发展具有持续性影响。研究表明,大多数具有攻击性特征的儿童在学前阶段甚至更小的时候就会有所表现,而且会持续到小学阶段。也就是说,随着时间的推移,攻击性具有一定的稳定性。儿童在8岁左右的攻击性水平一定程度上能够判断其在成人后会表现出的攻击性趋势。

(3)攻击性行为具有一定的性别差异。儿童攻击性行为的性别差异主要表现在以下几个方面:男性普遍比女性更具有攻击性;男孩的攻击形式多为身体攻击,女孩多为言语攻击。言语攻击是一种关系性攻击,即通过散布谣言或社会性排斥等方式来破坏另一个人的同伴关系。女孩更多使用关系性攻击,可能是因为同伴间的亲密关系对于女孩更为重要。

造成儿童攻击性行为性别差异的原因包括生物学因素和社会性因素。认为生物学因素对攻击性行为性别差异有影响的证据:在各种社会条件下的研究表明,男性普遍比女性更具有攻击性。

2. 学前儿童攻击性行为的辅导教育

攻击性行为不仅会影响儿童的生活和学习,还会对其一生的发展造成不利影响。我们必须采取适宜的教育措施,对其攻击性行为进行预防、控制和矫正。

(1)创造良好的生活环境,树立榜样。环境对儿童的学习有潜移默化的作用,儿童会不自觉地对环境中的个体行为加以学习和模仿,良好的生活环境是预防和矫正儿童攻击性行为的重要途径,这需要家长和幼儿园共同努力,为儿童提供适宜的家庭环境和幼儿园环境。首先,家长要树立正确的家庭教育观,以身作则,做孩子的榜样,为孩子创设一个温暖、友好的家庭环境。针对孩子的攻击性行为,家长应该及时处理,进行正面教育和积极引导,切勿只是斥责打骂一番。其次,幼儿园教师应该为儿童创设适宜的活动环境,尤其是游戏环境。研究表明,活动室密度的增加、玩具数量的不足都会增加儿童的攻击性行为。教师需要在一个相对固定的空间和固定的幼儿人数的前提下,通过适当的环境创设和物质准备,调整空间和人数的比例,尽量在有限的空间内保证每个幼儿活动的安全展开。

(2)提高儿童的移情能力。具有攻击性特征的儿童常常不关心或意识不到自己的行为给别人所造成的伤害。研究表明,儿童的移情能力与攻击性行为之间是负相关关系,移情能力越低,就越倾向于对别人采取攻击性行为。提高移情能力有助于帮助儿童理解自己的攻击性行为给对方造成的不良后果,察觉和体验到别人的痛苦,从而有效减少攻击性行为。移情能力的训练方法有听故事、引导理解、续编故事、角色扮演等,成人还可以通过游戏、教学和日常生活等途径来进行移情训练。

(3)引导儿童掌握合理的心理宣泄方法。宣泄的概念是由亚里士多德提出的,他认为,我们可以通过观看悲剧来实现对怜悯和恐惧情感的"净化"。让某种情绪兴奋,就是释放某种情绪(Butcher,1951)。如果一个人怀有强烈的攻击性情感,那么让他去做一件假想的攻击性活动,会降低其攻击性情感的强度。实验证明,暴力发泄确实可以使我们更舒服一些,但并不能减少我们的敌意。就人类而言,攻击性不仅依赖于一个人所感到的紧张状态,还依赖于一个人的思维方式。当一个人伤害另一个人时,动机上产生一种得以贬低对方的认知。一旦有了这种认知,个体对攻击性行为的抑制便减少了,攻击性行为就更容易出现。

社会学家认为暴力宣泄法不是减少攻击性的最好方式。在宣泄实验中,有研究者把激怒的被试分成两组,让他们去击打沙袋。让第一组回想使他们生气的人,让另一组想象在锻炼身体的同时,不断击打沙袋。接下来,让被试对那些惹自己生气的人大声吼叫,结果发现,击打沙袋并回想生气事件的那组被试的行为最具攻击性。相反,有积极的信念和什么都不做能更有效地减少人们的攻击行为。所以,人类应用一种非暴力的方式来表达愤怒、生气,也许能缓和紧张状态,同时也不会使生气的人产生贬低攻击目标来为自己的行为辩护的认知动机。

(4)帮助幼儿掌握解决社会性冲突的技能和技巧。由于儿童社会性发展不够成熟,认知经验不足,自知力较弱,常常缺乏自我控制能力,因此当与同伴之间产生矛盾时,会因缺乏解决人际问题的策略而以攻击性的方式来解决冲突,如打架、骂人、争抢等。以攻击性的方式解决人际交往冲突在小班尤为突出,小班儿童经常会采用拖拽、拉扯、挤推等方法。随着认知的发展和更多技能技巧的掌握,中大班儿童逐渐会采用较为合适的方式来解决问题,如讲道理、据理力争等。当班级儿童出现攻击性行为时,教师应及时进行处理,不可消极对待。

教师还可以通过设置专门的教学情境,如开展讲故事、情景表演、谈话活动等,让幼儿在情境中想办法解决人际冲突问题。

(二)儿童亲社会行为的发展

1. 儿童亲社会行为概述及其发展特征

亲社会行为有时也称利他行为,通常指对他人有益或对社会有积极影响的行为,包括分享、合作、助人、安慰、捐赠等。心理学家认为,引发亲社会行为的动机是多种多样的,如为了期待外部的奖赏,或为了获得社会的赞许,或为了舒缓自己消极的内部状态等。亲社会行为作为一种普遍的社会现象,已成为心理学研究中的一个重要课题。儿童亲社会行为的发展大致有以下几方面特征:

(1)婴儿期的亲社会行为。很多研究者提出,观点采择和移情能力的发展是儿童亲社会行为出现的前提条件。如果确实如此,那么婴儿这两种能力还没有得到较好的发展,几乎是不会表现出亲社会行为的。但大量研究发现,利他行为起源于婴儿时期。也有研究报告,不足2岁的婴儿就会时常表现出分享和安慰他人的行为。

但是对婴儿的利他行为作出解释比较困难。婴幼儿的语言表达能力有限,研究者必须借助于外显的行为。一系列的实验室研究发现,所有婴儿都有分享行为。自然情境下的观察也表明亲社会行为在婴儿期就会出现。有研究者要求母亲记录婴儿看到他人痛苦或烦恼时的行为反应,大部分婴儿对此类情境的反应都是亲社会的。此类反应大致分为两种:年龄较小的婴儿只表现出基本的移情性反应,如"哭泣"。年龄较大的婴儿则会试图帮助"受害者",尽管他们的帮助行为并不总是恰当的,如给苦恼的妈妈饼干吃。

学步期婴儿的分享行为具有一定的交际功能,如发起或维持与同伴或成人的社会交往。在因玩具数量不足引起冲突时,分享也是婴儿间解决冲突的一种途径。

(2)儿童亲社会行为的年龄差异。研究表明,年长儿童比年幼儿童表现出更多的分享和助人行为。此外,年龄较大的儿童较年幼儿童有更多的合作倾向,这种差异也是基于认知能力的发展差异。当参与一个游戏或任务时,年龄较大的儿童更容易提供对其他参与者有益的策略,年幼儿童则更容易选择对自己有益的策略。

我国学者李丹等人(1989)对4~11岁儿童的利他行为进行了研究。研究结果表明,各年龄儿童作出利他选择的人数比例随着年龄的增长而增多,作出利己选择的人数比例随着年龄的增长而减少。随着年龄的增长,儿童的利他观念和实际的利他行为之间的一致性增加,在实际情境中这种一致性程度的增长尤为显著。

(3)儿童亲社会行为的性别差异。研究发现,婴儿期的利他行为不存在性别差异。随着年龄的增长,女孩比男孩更多地表现出亲社会性行为。桑标(2005)的研究发现,从儿童期到青春期,女性一直都表现出更多的亲社会行为。但大多数研究表明,在说出同情经验、安抚他人和分享行为方面没有性别差异。在某些量度上,比如积极的援助行为,男孩更乐意去帮助别人。在有些文化中,男孩会比女孩表现出更多的亲社会行为。

2. 儿童亲社会行为的辅导教育

亲社会行为有利于儿童与他人,尤其是和同伴之间形成、保持良好的关系。培养幼儿亲社会意识和行为是家长和教师共同的责任,是幼儿教育的重要内容。

(1)创造良好的环境,使用正确的教育方式。幼儿园的环境会影响儿童亲社会行为的发展,优美、舒适的环境,有利于儿童保持好的情绪,促进其亲社会行为的产生。教师是幼儿心中的偶像,其一言一行都是孩子模仿的对象。教师应该以身作则,要求孩子做到的,自己首先要做到。同时,教师和家长应该保持教育的一致性,父母的言行也会对儿童的发展造成影响,尤其是父母的教养方式,反映了亲子关系的实质,民主型的教养方式有利于幼儿产生安全感和信任感,形成愉快的情绪,从而更乐于作出友好的行为。因此,家长在教育孩子时,要考虑孩子的感受和需要,给予他们适当的独立和自由,慎用惩罚,多使用引导、说理的方式来处理问题,这也为儿童树立了良好的榜样。同时,父母还需要帮助幼儿选择适宜的电视节目、图书等,创造良好的家庭教育环境。

(2)使用适宜的强化。实验研究表明,受欢迎和受尊敬的成人通过对儿童的友善行为进行言语强化,能促进儿童的亲社会行为。儿童往往会力求实现由自己所尊重的成人制订的目标,而成人对其友好行为进行的评价则会使儿童明白自己是否已达到这一目标。成人可以通过强化来塑造幼儿的亲社会行为。常用的强化手段包括口头表扬、物质奖励、发代金券等。此外,榜样示范也是重要的替代性强化手段。大量研究表明,儿童接触到的利他行为榜样有利于儿童作出相应的行为,促进其自身亲社会行为的发展。

【资料窗口】

　　萌萌今天带来一个新玩具,但是她只愿意与天天进行分享,并说道:"你们都不是我的好朋友,我才不会借给你们玩。"老师见到萌萌的这种行为赶紧走过来,轻声对萌萌说:"你只想把自己的玩具和好朋友分享,但别人想玩怎么办呢?你想一想,如果今天是别的小朋友带来了新玩具,你也想玩但是他不借给你玩,你会不会很难过?"在教师的耐心引导下,萌萌终于愿意和大家一起分享自己的新玩具了。

　　(3)进行正确的引导。儿童亲社会行为的发展需要成人的正确引导和**教育**。家长和教师必须保持耐心。如幼儿园经常会发生争抢物品、玩具、**游戏场地**等行为,教师应善于抓住教育时机,及时加以引导。

【资料窗口】

对亲社会行为理解上的文化差异

　　在崇尚个人主义的西方文化中,儿童认为亲社会行为是值得赞扬的,他们会因所做的自我牺牲而受到好评。相反,在重视集体主义的社会——中国的儿童,不但认为亲社会行为是一种必要和责任,而且他们接受的教育是鼓励谦虚和回避自我赞扬的,所以对自己良好的行为表现,他们并不追求奖励或荣誉。这些教育是如何影响中国儿童对亲社会问题的思考的?

要明确这个问题,李(Kang Lee)及其同事(1997)对加拿大和中国7岁、9岁及11岁儿童进行了一个有趣的跨文化研究,要求他们对四个简短的故事进行评价,它们分别是两个亲社会行为故事和两个反社会行为故事。其中两个亲社会行为故事的前提都是一个儿童做了好事(如给一个没钱参加实地考察旅行的同学匿名捐款),所不同的是当老师询问"是谁做了好事"时,两个故事中的主人公的回答有所区别,一个是坦白承认,另一个则是不承认这件事是自己做的(如不是我做的)。另外,两个反社会行为故事也是相同的前提,主人公的处理方式,或是坦白承认或是不承认。每听完一个故事,都要求被试儿童评价主人公的行为以及他们对自己行为的陈述。

有趣的是,对于反社会行为的故事,无论是对主人公的反社会行为(通常是认为不好的行为),还是对主人公陈述的评价,两国儿童都没有表现出明显的跨文化差异。他们都认为,做了错事坦白承认是好的,而对自己的错误撒谎、遮掩、回避则是非常有害的。同样,中国和加拿大儿童对亲社会行为的评价也是非常积极的。但是,他们在对承认还是隐瞒亲社会行为的看法上却存在很大差异。

所有年龄组的加拿大儿童都认为主人公应该爽快地承认自己所做的好事(即说明真相并接受表扬),他们认为否认的行为(撒谎)是不好的,或者说是很傻的。相反,在中国的儿童中,随着年龄的增长,越来越多的儿童对亲社会行为中赢得表扬持冷淡态度,相反,他们把否认自己所做的好事看作更加积极的行为。实际上,中国文化极为强调谦逊和虚心,甚至超过儿童对撒谎的抗拒,所以,对于那些好孩子应该做的事,中国的儿童认为对自己的行为表示谦逊比坦率说出或赢得他人的注意更加值得赞扬。

总之,李的研究表明,不同文化背景的儿童对有关亲社会行为价值观的看法存在很大差异。

(资料来源:[美]劳拉.E.贝克著,吴颖等译:《儿童发展》,南京:江苏教育出版社,2002年。)

参考文献

[1] 朱曼殊主编.儿童语言发展研究.上海,华东师范大学出版社,1986.

[2] 朱智贤,林崇德.儿童心理学史.北京:北京师范大学出版社,1988.

[3] 史慧中.3～6岁儿童言语发展与教育.北京:中国卓越出版公司,1990.

[4] 朱智贤.儿童心理学.北京:人民教育出版社,1994.

[5] 刘金花.儿童发展心理学(修订版).上海:华东师范大学出版社,1997.

[6] 王振宇编著.儿童心理发展理论.上海:华东师范大学出版社,2000.

[7] [英]朱莉娅o贝里曼等著.陈萍,王茜译.发展心理学与你.北京:北京大学出版社,2000.

[8] [美]L. A. 珀文著.周榕,陈红,杨炳钧,梁秀清译.人格科学.上海:华东师范大学出版社,2001.

[9] [瑞士]英海尔德,[瑞士]辛克莱,[瑞士]博维尔著.李其维译.学习与认知发展.上海:华东师范大学出版社,2001.

[10] 林崇德.发展心理学.杭州:浙江教育出版社,2002.

[11] 周兢.儿童语言运用能力的发展.南京,南京师范大学出版社,2002.

[12] [美]劳拉·E.贝克著.吴颖等译.儿童发展.南京:江苏教育出版社,2002.

[13] 白学军.智力发展心理学.合肥:安徽教育出版社,2004.

[14] 张文新,谷传华.创造力发展心理学.合肥:安徽教育出版社,2004.

[15] 俞国良等.社会性发展心理学.合肥:安徽教育出版社,2004.

[16] [美]David R. Shaffer著,邹泓译.发展心理学——儿童与青少年(第

六版).北京:中国轻工业出版社,2005.

[17] 杨丽珠,刘文主编. 毕生发展心理学. 北京:高等教育出版社,2006.

[18] 张莉编著. 儿童发展心理学. 武汉:华中师范大学出版社,2006.

[19] 谢培松,秦平主编. 学生心理辅导. 北京:人民教育出版社,2007.

[20] 张明主编. 跟踪成熟的轨迹:发展心理学. 北京:科学出版社,2009.

[21] 桑标主编. 儿童发展心理学. 北京:高等教育出版社,2009.

[22] [美]罗杰·霍克著. 白学军等译. 改变心理学的40项研究. 北京:人民邮电出版社,2010.

[23] 彭聃龄主编. 普通心理学(第4版). 北京:北京师范大学出版社,2012.

[24] [美]戴耘著. 刘倩译. 超常能力的本质和培养:超常教育理论的前沿探索. 上海:华东师范大学出版社,2013.

[25] [爱尔兰]卡尔著,丁丹等译. 积极心理学. 北京:中国轻工业出版社,2013.

[26] [美]劳拉·E·伯克著,陈会昌等译. 毕生发展心理学(从0岁到青少年). 北京:中国人民大学出版社,2014.

[27] [美]罗斯·D·帕克等著,俞国良等译. 社会性发展. 北京:中国人民大学出版社,2014.

[28] 雷雳. 毕生发展心理学——发展主题的视角. 北京:中国人民大学出版社,2014.

[29] 邹晓燕主编. 学前儿童社会性发展与教育. 北京:北京师范大学出版社,2015.

[30] 吴鸿业,朱霁青. 2~6岁儿童语言发展的调查. 广东心理学会1980年年会论文.

[31] 武进之,朱曼殊. 影响儿童语言获得的几个因素. 心理科学通讯,1982,(05).

[32] 梁卫兰等. 幼儿中文语言词汇发展的研究. 中华儿科杂志,2002,(11).

[33] 李甦等. 3~6岁儿童图画讲述能力的发展特点. 心理科学,2006,(01).

[34] 林崇德,辛自强. 发展心理学的现实转向. 心理发展与教育,2010,(01).

[35] 林崇德,胡卫平. 思维型课堂教学的理论与实践. 北京师范大学学报(社会科学版),2010,(01).

[36] Sternberg, R. J., & Williams, W. M. (1996). How to develop student creativity. Alexandria, VA: Association for supervision and curriculum development. 3—4, 16—22.

[37] Sternberg, R. J. (Ed.). (1999). Handbook of creativity. Cambridge University Press.

[38] Runco, M. A. (2010). Education based on a parsimonious theory of creativity. In R. A. Beghetto & J. C. Kaufman (Eds.), Nurturing creativity in the classroom (pp. 235—251). New York, NY: Cambridge University Press.

[39] Nisbett, R. E., Aronson, J., Blair, C., Dickens, W., Flynn, J., Halpern, D. F., & Turkheimer, E. (2012). Intelligence: new findings and theoretical developments. American psychologist, 67(2), 130.

[40] Kleibeuker, S. W., De Dreu, C. K., & Crone, E. A. (2013). The development of creative cognition across adolescence: distinct trajectories for insight and divergent thinking. Developmental science, 16(1), 2—12.